黑 山 日 錄

국역 『흑산일록』

대구감옥 127일, 그 고난의 기록

지은이

장석영(1851~1926)

경상북도 칠곡의 녹리(甪里) 출신으로 일명 석교(碩敎)이며, 자는 순화(舜華), 호는 추관(秋觀) 또는 회당(晦堂), 본관은 인동(仁同)으로 장현광(張顯光)의 9대손이다. 1905년 일제가 을사조약을 강제로 체결하고 국권을 박탈하자 이승희(李承熙)·곽종석(郭鍾錫)과 함께 이 조약의 파기와 을사오적의 처형을 요청하는 「청참오적소(請斬五賊疏)」를 올렸으며, 1907년 대구에서 국채보상운동이 일어나 전국으로 파급될 때 칠곡 지역의 보상회 회장으로 추대되었다. 1977년에 건국공로 대통령 표창이, 1980년에 건국훈장 국민장이 추서되었다. 저서로는 『회당집』 45권 23책과 『대례관견(戴禮管見)』 등의 예서 및 『선문별집(先文別集)』 4책 등이 있다.

옮긴이

정우락

경상북도 성주의 지촌(枝村) 출신으로 자는 오성(五成), 본관은 청주(淸州)이며 정구(鄭逑)의 15대손이다. 경북대학교 인문대학 국어국문학과를 졸업하고, 같은 대학의 대학원에서 문학박사학위를 받았다. 중국 북경대학 방문학자를 지냈으며, 현재 경상북도 문화재위원, 경북대학교 국어국문학과 교수이다. 한국문학사상을 중심으로 연구하고 있으며, 저서로는 『남명문학의 철학적 접근』(1998), 『남명학파의 문학적 상상력』(2009), 『조선의 서정시인 퇴계 이황』(2009), 『안동 퇴계 이황 종가』(2011), 『삼국유사, 원시와 문명 사이』(2012), 『상주 우복 정경세 종가』(2013), 『한강 정구와 무흘구곡 이야기』(2014), 『남명학의 생성공간』(2014) 등이 있고, 역서로는 『영총』(2007, 공역), 『고대일록』(2009, 공역) 등이 있다.

국역 『흑산일록(黑山日錄)』

대구감옥 127일, 그 고난의 기록

찍은 날 2019년 2월 12일
펴낸 날 2019년 2월 25일
지 은 이 장석영
옮 긴 이 정우락
펴 낸 이 김상동
펴낸 곳 경북대학교출판부
출판등록 1973년 10월 10일 ㉑97호
주 소 대구광역시 북구 대학로 80
전 화 053-950-6741~3
팩 스 053-953-4692
이 메 일 press@knu.ac.kr
홈페이지 http://knupress.com
I S B N 978-89-7180-517-6 93900

정가는 뒤표지에 있습니다. 파본은 바꾸어 드립니다.

국역

『흑산일록』

黑山日錄

대구감옥 127일, 그 고난의 기록

장석영 지음 · 정우락 옮김

경북대학교출판부

黑山日錄

"재판소는 송사를 결정하는 곳이니, 내가 송사하는 이치로 말을 하겠소. 지금 어떤 사람이 남의 토지를 빼앗았다고 합시다. 빼앗긴 사람이 토지를 다시 찾으려고 한다면, 빼앗은 사람이 도적이오 찾으려는 사람이 도적이오? 찾으려는 사람과 빼앗은 사람이 재판소에 와서 송사를 한다면, 재판관은 장차 누구를 도적이라 하겠소?"

–『흑산일록』 본문 중에서

"우리나라가 비록 일본에게 병탄되었지만 선왕(先王)의 교화가 살과 골수에 이미 무젖어 있고, 조국 사랑을 자나 깨나 잊지 않고 있으니, 하루아침에 일본인에게 강제되었다고 하지만 한 사람도 그들의 신복(臣僕)이 되고자 하지 않습니다. 저들이 세계의 여러 나라에 거짓으로 알려 우리가 마음으로 바라는 것이라고 하고 있습니다. 아! 하늘이 내려다보고 만국의 이목이 있으니 또 속여 넘길 수 있겠습니까? 이것은 마땅히 억조창생(億兆蒼生)의 뜨거운 피가 창자 속에 응결되어 있다가 그 때를 기다려 스스로 솟구친 것이니, 그 기세가 그렇지 않을 수 없었던 것입니다."

– 장석영의 「파리장서」 중에서

머리말

음력 1919년 4월 21일(양 5.20.), 장석영은 대구지방법원 초심 공판에서 보안법 위반으로 징역 2년 형을 언도받았다. 감옥으로 돌아온 그는 문틈으로 팔공산 위를 자유롭게 오가는 구름을 보았다. 그리고 '감옥'과 '구름', '구속'과 '자유'를 생각한다. 파리장서 집필자이면서 서명자로 피체·투옥된 그는 백이(伯夷) 숙제(叔齊)의 뒤를 따라 죽기를 결심하였다. 그러나 그의 구속은 감옥에 갇힌 일신(一身)에 한정되지 않았고, 바로 죽는다면 죄를 인정하는 꼴이 되었다. 이에 그는 무죄를 밝히며 살아서 투쟁하기로 마음먹는다.

장석영은 팔공산과 함께 금호강도 떠올렸다. 속도감 있게 흐르는 강물을 그는 조선의 원옥루(冤獄淚)라 생각했다. 명성황후 민씨가 일본 낭인에 의해 살해되고, 송병준과 이완용 등이 나라를 팔아넘기자, 민영환과 조병세 등의 대신을 비롯하여 초야의 선비들도 목숨을 끊었고, 이준 등은 해외에서 폭사(暴死)하여 우리의 사정을 국제사회에 알렸다. 드디어 전국 방방곡곡의 군중은 고종의 인산일을 맞아 '대한독립만세'를 목이 터지도록 외쳤다. 이러한 저항 과정에서 수많은 사람들이 투옥되었으니, 원통하게 옥에 갇힌 사람들의 눈물이 강이 되어 흘렀던 것이다.

장석영은 조선 성리학의 마지막 봉우리라 일컬어지는 이진상의 대표적인 제자로, 민족의 독립을 위해 헌신한 인물이다. 1905년 일제가 을사조약을 강제 체결하고 국권을 박탈하자 이것을 강력히 규탄하며 「청참오적소(請斬五賊疏)」를 올렸고, 1907년에는 칠곡 지역 국채보상회의 회장을 맡았다. 그리고 1912년에는 만주 지역 일대를 기행하며 독립운동 기지를 물색하였고, 1915년에 결성된 대구의 조선국권회복단 단원으로 활동하기도 하였으며, 1919년에는 파리평화회의에 제출할 독립청원서인 「파리장서」를 작성·서명하였다. 『흑산일록』은 이 가운데 「파리장서」와 관련한 피체 과정과 옥중 생활을 적은 고난의 기록이다.

『흑산일록』은 지난 2009년 6월에 대구 MBC가 파리장서운동 90주년을 기념하여 〈붓(筆)의 투쟁〉이라는 3부작 특집 다큐멘터리를 만드는 과정에서 처음 발굴되었다. 나는 당시 전문가의 자격으로 이 프로그램에 참여하여 『흑산일록』의 중요성을 자세하게 소개하였다. 방송이 끝나고 바로 번역을 시작하여 초고를 거의 완성하였으나, 이런저런 일로 탈고를 미루고 있었다. 올해는 2019년으로, 3·1운동과 파리장서운동 100주년이 되는 해이다. 이를 기념하여 10년 전의 원고를 다시 찾아 번역을 완료하여 세상에 내놓는다. 나로서는 밀린 숙제를 한 셈이다.

이 책의 제목에서 '대구감옥 127일'을 내세운 데는 특별한 이유가 있다. 이 일기에는 그동안 잘 알려져 있지 않았던 일제강점기 대구감옥의 구조와 죄수들의 옥중 생활이 자세하게 기록되어 있기 때문이다. 또한 『흑산일록』의 옥중 일기적 성격을 고려한 것이기도 하다. 그러나 『흑산일록』의 기록 범위는 이를 훨씬 뛰어넘고 있다. 고종의 인산일인 1919년 3월 3일부터 시작하여 장석영의 「파리장서」 작성 과정과 피체 과정, 성주경찰서에서의 구류 8일, 대구감옥에서의 수감 127일의 기록을 포괄하고 있기 때문이다. 이러한 기록을 통해 우리는 장석영의 파리장서운동은 물론이고 한국 독립운동에 따른 고난의 역사를 매우 사실적으로 이해하게 된다.

이 책은 총 4부로 이루어져 있다. 제1부에는 교정본 『흑산일록』을 번역해 실었다. 『흑산일록』은 장석영의 초고본과 후인의 교정본이 있다. 교정본은 초고본을 문집의 형식에 맞게 새로 편집한 것으로, 초고본에 비해 자세하고 체계적이다. 장석영의 형인 장석신(張錫藎)의 시도 부록에 실어 내용을 풍부하게 하였다. 이러한 사정을 고려하여 이 책은 교정본을 중심으로 번역하였으며, 상이한 부분은 각주를 달아 초고본과의 차이를 쉽게 알아볼 수 있도록 했다. 그리고 번역 과정에서 일기에 없는 날짜별 제목을 붙여 두었다. 사건의 전체적 흐름을 쉽게 파악하기 위한 조처다.

제2부에는 「장석영의 항일투쟁기 『흑산일록』」이라는 논고를 실었다. 이 글은 나의 글 「회당 장석영이 쓴 『흑산록』의 서술 방식과 가치」(『영남학』 23, 경북대학교 영남문화연구원, 2013)에 실었던 것을 이 책의 성격에 맞게 개고한 것이다. 여기에서는 『흑산일록』의 발굴 경위, 초고본과 교정본의 대조, 서술 방식과 구조, 주요 내용과 가치 등을 두루 논의하고, 나아가 앞으로 새롭게 따져 보아야 할 문제도 제언의 형식으로 언급해 두었다. 이 논고는 해제적 성격을 지니고 있기에 『흑산일록』을 전반적으로 이해하는 데 도움이 될 것이다.

제3부에서는 『흑산일록』의 초고본과 교정본에 대한 원문 교감(校勘)을 하였다. 교정본의 기본 방침이 자세하고 체계적으로 재구성하는 것이었기 때문에, 초고본에서 어떤 인물의 자(字)만 제시되었던 것이 교정본에서는 구체적인 명(名)이 추가되었고, 내용의 체계에 따라 앞뒤로 문장이 바뀐 부분도 있으며, 글자의 출입과 문장이 추가되거나 삭제된 부분도 있다. 이를 일일이 대조하여 차이가 나는 부분은 각주로 달아 두 본이 어떻게 같고 다른지를 한눈에 볼 수 있도록 했다. 또한 초고본은 물론이고 교정본 『흑산일록』에도 오기가 간혹 발견되어, 이를 바로잡아 연구의 편의를 제공하고자 하였다.

제4부에는 『흑산일록』의 초고본과 교정본, 대구지방법원과 대구복심법원의 판결문을 영인하여 실어 두었다. 교정본은 2009년 대구 MBC의 특집 다큐멘터리 제작 과정에서 발굴되었고, 초고본은 2014년 인동장씨 남산파 회당고택에서 한국국학진흥원에 고문헌을 기탁하는 과정에서 새롭게 발굴되었다. 이 둘은 문헌의 형태, 필사 방법 등 형식적인 측면은 물론이고, 장석신의 시 8수의 유무 등 내용적 측면에서도 차이가 있다. 그리고 대구지방법원과 대구복심법원에서 진행되었던 장석영 재판의 판결문도 함께 실어 두

었다. 일기와 판결문은 상호 유기적인 관계를 맺고 있기 때문에 『흑산일록』을 이해하는 데 많은 도움이 될 것이다.

『흑산일록』의 최대 가치는 장석영이 쓴 「파리장서」 원본이 고스란히 실려 있다는 점이다. 지금까지 이 방면의 연구자들은 다양한 자료에서 회당본 「파리장서」가 존재한다는 사실은 확인하였지만, 그 실물을 보지는 못했다. 이러한 측면에서 이 자료를 원문과 함께 번역해서 공개하는 것은 그 자체로 의미 있는 일이다. 또한 곽종석이 쓴 최초의 면우본 「파리장서」도 원문과 함께 온전한 형태로 실려 있어 여타의 「파리장서」와 대조를 가능케 한다. 면우본 「파리장서」의 발전 과정을 이로써 이해할 수 있을 것이다.

이 조그마한 책을 내는 데는 여러 사람들의 도움이 필요했다. 장석영의 주손 세민(世珉) 씨는 나에게 적극적으로 자료를 제공하여 번역의 기반을 다질 수 있게 하였다. 그리고 함께 공부하는 백운용, 황명환, 전설련 동학은 나의 거친 원고를 교정해 주었으며, 장준이 선생 등 경북대학교출판부 편집진은 책을 예쁘고 정확하게 만들기 위해 많은 노력을 하였다. 이 세상에 혼자 힘으로 되는 일은 하나도 없다는 사실을 이분들로부터 다시 깨닫게 되었다. 이 자리를 빌려 감사의 마음을 전한다.

"대한독립만세!" 만세 소리가 다시 울리는 듯하다. 3·1만세운동이 민중에 의한 국내용 항일투쟁이었다면, 파리장서운동은 유가 지식인이 외교적인 문제로 한국의 독립을 쟁취하기 위해 목숨을 건 한판 싸움이었다. 이즈음 나는 오늘날 우리의 지식인 군상을 다시 생각한다. 장석영은 어쩌면 경서를 공부하던 시골 서생에 지나지 않았다. 그러나 그의 학문은 민족적 시련기에 강력한 실천의지로 빛을 발하였고, 이 같은 힘의 결집이 우리 민족을 다시 살아나게 하였다. 사정이 이러할진대, 3·1운동 100주년이 되는 오늘날 우리는 어떤 자세로 역사 앞에 서 있는가. 시름만 깊어 가는 기해년 새해 아침이다.

3·1운동 100주년을 맞으며

2019년 새해 아침 정 우 락

목 차 |

제1부

국역『흑산일록』 1

대구감옥 127일, 그 고난의 기록

제2부 **논고:**

대구감옥 127일, 그 고난의 기록

장석영의 항일투쟁기 『흑산일록』 2

대구감옥 127일, 그 고난의 기록

제3부 『흑산일록』 원문 교감 3

대구감옥 127일, 그 고난의 기록

제4부 『흑산일록』과 판결문 영인 4

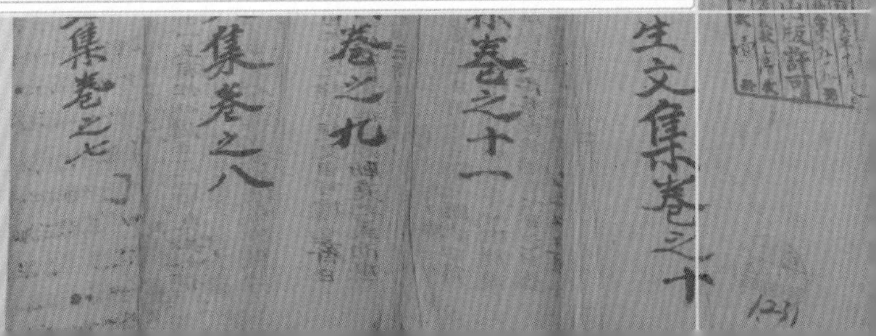

대구감옥 127일, 그 고난의 기록

-제1부-

국역

『흑산일록』

1

「기미독립선언문」 낭독,
파고다공원

1. 전언: 장석영, 「파리장서」를 쓰다[1]

이해 기미년(己未年, 1919) 2월 2일(양력 3월 3일)[2]은 우리 대행황제(大行皇帝, 고종)[3]의 장삿날이었다. 이틀 전에 서울의 학생들이 곳곳에서 봉기(蜂起)하여 대한독립의 깃발을 세우고 크게 '대한독립만만세(大韓獨立萬萬歲)'를 외쳤다. 이보다 앞서 파리만국평화회의(巴里萬國平和會議)[4]에서 5대국이 맹주가 되어 약소국에 독립의 권한을 허락하였는데, 우리나라 사람 이승만(李承晩)이 본국의 원통함을 밝히니 여러 대국에서 모두 그 지성에 감동하였다고 한다.

---

1 『흑산일록』에는 일기의 전개 과정에 따른 제목이 따로 제시되어 있지 않다. 그러나 이 번역서에서는 독자의 편의를 위하여 중심 내용에 따라 날짜별로 제목을 설정해 두기로 한다.

2 기미년(己未年, 1919) 2월 2일: 음력이며, 양력으로는 3월 3일이다. 『흑산일록』 초고본과 교정본에는 모두 '음력 2월 4일'로 기록되어 있다. 그러나 고종의 인산일이 음력 2월 2일(양력 3월 3일)이므로 이를 바로잡는다. 『흑산일록』에는 날짜가 모두 음력으로 기록되어 있다. 이 책 제1부에서는 양력을 병기해 독자의 이해를 돕기로 한다.

3 대행황제(大行皇帝): 조선 제26대 임금인 고종 이희(李熙, 1852~1919, 재위: 1863~1907)이다. '대행'은 천자(天子)가 승하한 후 중국으로부터 시호를 받기 전까지 임시로 부르던 호칭이다.

4 파리만국평화회의(巴里萬國平和會議): 제1차 세계대전이 끝난 후, 1919년에서 1920년까지 전쟁에 대한 책임과 유럽 각국의 영토 조정, 전후의 평화를 유지하기 위한 조치 등을 협의하기 위한 일련의 회의를 말한다.

그림 1 고종 국장 행렬

그림 2 고종의 인산일에 모인 군중들

우리나라 사람 손병희(孫秉熙)[5]가 이 일을 탐지하고, 이 인산일(因山日)[6]을 맞이하여 팔도의 사람들이 크게 모일 때 드디어 각 학도(學徒)들에게 크게 만세를 불러 군중의 마음을 불러일으키게 하니, 하룻밤 사이에 서울이 진동하고 소문이 퍼져 나가 각 항구와 고을까지 미쳤다. 며칠 사이에 여덟 지역이 하나의 소리로 산골의 백성과 들판의 늙은이, 부인과 어린아이들에 이르기까지 부르고 화답하니 천지가 크게 진동하였다. 대개 이것은 하늘의 뜻이지 사람이 도모해서 미칠 바가 아니었다.

내가 생각하건대, 이때 모든 인류가 준동(蠢動)하지 않음이 없었지만, 명색이 유생이라는 자가 10년 동안 혀를 가두고 문을 막아 울음만을 삼켜 오다가 지금 천재일우(千載一遇)의 기회를 만났으니 어찌 한마디 말을 하지 않으랴! 다만 생각건대, 만세를 외치는 것은 이미 온 나라가 함께하는 것이니, 우리 선비들의 일은 다만 문자로써 밝게 의리를 펴는 것일 뿐이다. 마침내 한 편의 글을 지어 도내에 통고하였으니, 그 글은 다음과 같다.

> 아! 우리가 모두 꼼짝도 못 하는 이부(貳負)[7] 같은 사람이란 말인가? 오백 년 동안 선왕의 교화를 입었지만 몸이 이 같은 세상을 만나 문을 닫고 밥만 먹고 있으니, 무회씨(無懷氏)[8]의 백성이 되겠는가. 하늘의 운수는 순환하여 가서 돌아오지 않음이 없도다. 얼핏 들으니 요즘 시기가 일변하여 여러 나라의 공의(公議)가 사라지지 않고, 천하의 대의(大義)가 마침내 드러나 서울 이하 이

---

5 손병희(孫秉熙): 1861~1922. 본관은 밀양(密陽), 초명은 응구(應九), 그 뒤 규동(奎東)으로 고쳤으며, 일본 망명 때에는 이상헌(李祥憲)이라는 가명을 썼다. 호는 소소거사(笑笑居士), 도호(道號)는 의암(義菴). 한말 천도교의 지도자이며 독립운동가로 천도교 제3세 교주를 지냈다. 민족대표 33인 중 한 명으로, 3·1운동을 주도하였다.

6 인산일(因山日): '인산위릉(因山爲陵)'의 줄임말로, 왕의 장례식을 거행하는 날을 일컫는다.

7 이부(貳負): 이부가 알류를 죽였으므로 천제(天帝)가 그를 소속산(疏屬山)에다 묶어 두면서 오른쪽 발에는 차꼬를 채우고 두 손은 뒤로 묶어 나무에 매달아 두었다고 한다. 『산해경(山海經)』「해내서경(海內西經)」

8 무회씨(無懷氏): 태고(太古)의 황제(皇帝) 이름. 무회씨는 태호씨(太昊氏)보다 먼저 황제가 되었는데, 도덕(道德)으로 세상을 잘 다스렸다고 한다. 『노사(路史)』「선통기(禪通記)」

름 있는 도시와 큰 항구의 모든 백성들이 고무되어 남녀가 함께 만세를 부른다 하니, 천의(天意)와 인심(人心)을 이로써 알 만하다. 본성을 지니고 있는 사람은 감동하는 바다.

가만히 생각건대, 우리들이 평생토록 읽었던 것은 무슨 책이었으며, 강론하였던 것은 무슨 의리였던가? 종사(宗社)가 무너진 이후로 한 가지 일도 하지 못하다가 이제 천재일우(千載一遇)의 기회를 만났는데, 한마디 소리도 내지 못하고 기꺼이 저자들의 포로가 될 것인가? 무릇 선비란 도를 위하여 죽을지언정 일찍이 사직(社稷)을 위하여 죽을 책임은 없다.

그러나 오늘날의 의리는 또한 다름이 있도다. 아! 저 나라를 팔아먹은 적도들이 우리 황상(皇上)을 시해하였으니, 춘추의리(春秋義理)에 따라 난신적자(亂臣賊子)들은 사람마다 그 죄를 나열하며 꾸짖는 것이 옳을 것이다. 또 저 적신들은 유림의 대표로 가장하여 몰래 각국과 내통하며 천하의 의론을 현혹해 독립의 일을 막고 있다. 이것을 만약 방임하고 우리의 분명한 입장을 스스로 밝히지 않는다면, 이른바 유림은 장차 국적(國賊)과 함께 같은 죄과(罪科)를 받게 될 것이다.

천하 사람들이 또한 어찌 우리나라의 사정을 알겠는가? 우리들은 분하고 억울함을 견디지 못하고 이에 감히 동지들께 널리 알리노니, 오직 여러분들은 그 처지에 따라 충정(衷情)을 발휘하여 우리 동포로 하여금 분노하고 미워하는 마음을 함께할 수 있도록 하라. 또 한 편의 글을 써서 천하에 포고(布告)하여 우리 일국의 마음을 널리 밝히고, 역신(逆臣)들의 죄를 성토하여 천하에 용납하지 못하게 한다면 나라에 다행일 것이다.

이미 도내에 널리 알리고, 또 한 편의 글을 지어 총독부에 보냈다. 그 글은 다음과 같다.

영남 유생 곽종석(郭鍾錫)[9](곽종석을 가장 먼저 적으려 한다.—원주), 장석영(張錫

9 곽종석(郭鍾錫): 1846~1919. 본관은 현풍(玄風), 자는 명원(鳴遠), 호는 면우(俛宇), 경술국치 후

그림 3 조선총독부(1995년 철거)

英),[10] 이능학(李能學)[11] 등은 삼가 총독부 총독 각하께 글을 쓰나이다. 무릇 대체(大體)에 통달한 자는 천리의 순역(順逆)을 알고, 치도(治道)에 밝은 자는 인심의 향배(向背)를 살핍니다. 푸르디푸른 하늘은 보고 들음이 없는 듯하지만 듣기를 메아리같이 하고, 몹시 어리석은 백성들은 아는 바가 없는 듯하지만

에는 곽도(郭鍧)라 부르기도 했다. 경상남도 단성(丹城) 출신으로, 파리장서운동 당시에는 경상남도 거창군 다전(茶田)에 살았다. 을사조약 체결 후 매국노를 처형하라고 상소하였고, 파리의 만국평화회의에 조선 독립을 호소하는 장서를 보내고 옥고를 치렀다. 1963년 건국훈장 독립장이 추서되었다.

10 장석영(張錫英): 1851~1926. 본관은 인동(仁同), 자는 순화(舜華), 호는 회당(晦堂), 일명 석교(碩教)이다. 경상북도 칠곡 출신으로, 을사조약의 파기와 을사오적의 처형을 요청하는 「청참오적소(請斬五賊疏)」를 이승희(李承熙)·곽종석(郭鍾錫)과 함께 올렸다. 이 번역서의 대본인 『흑산일록』의 저자인데, 당시 그는 69세였다.

11 이능학(李能學): 1841~1925. 본관은 여주(驪州), 자는 명가(明可), 호는 긍와(肯窩)이며 선산에 살았다. 이언적(李彦迪)의 후손이다. 「대암기(大巖記)」를 지어 군위군 소보면 모로동의 대암(大巖)을 중심으로 한 자연경관을 사실적으로 묘사한 적이 있다. 「파리장서」에 서명하여 옥고를 치렀으며, 1995년 건국포장이 추서되었다.

알기를 귀신과 같이 합니다. 하늘이 어찌 말을 하겠습니까? 사람의 마음이 바로 하늘의 뜻입니다. 하늘에 순종하는 자는 창성하고 하늘을 거스르는 자는 망하니 두렵지 않습니까?

아! 우리 한인(韓人)은 합방(合邦) 이후로 십 년간 입을 다물고 혀를 가두어 감히 누구도 어찌하지 못하였으니, 귀방(貴邦)은 마음으로 복종한다고 하십니까? 우리 태상황제께서 승하하신 이후로 온 나라가 어수선하여 위로는 서울로부터 아래로는 시골의 골목에 이르기까지 독립의 깃발을 세우고 온 백성들이 마음을 같이하여 모든 사람들이 함께 만세를 외치며 비록 백 번 죽더라도 후회하지 않으니, 이것을 누가 시켜서 그러하겠습니까? 하늘의 뜻이지 인간의 힘으로 될 일이 아닙니다.

대개 일찍이 말하노니, 귀국이 매국(賣國)의 역신에게 나라를 얻은 것은 이미 천리(天理)의 정도가 아니며, 우리 한인들도 일찍이 마음으로 복종하지 않았습니다. 마음으로 복종하지 않고서 오랫동안 거짓으로 복종할 수 있겠습니까? 지금 여기에 병든 사람이 있다면, 그 안을 다스리지 않고 그 밖을 임시로 치료하고서 스스로 그 병이 나았다고 하는 자는 드물 것입니다. 또 밥을 먹지 않으면 하루아침이 지나지 않아 쓰러지고 말 것이니, 이것은 필연의 이치입니다.

귀국이 나라를 얻은 이후로 오히려 압박하는 수단만 쓰고 있지만, 지금 만세를 부르는 자리마다 갇히는 사람이 넘쳐 나고 포성이 하늘에 진동하며 쌓인 시체가 길에 가득합니다. 이것은 요원의 불길을 끄고자 하면서도 바람을 불게 하여 불길이 더욱 거세지게 하는 것과 같습니다. 대개 삶을 좋아하고 죽음을 싫어하는 것은 인지상정(人之常情)입니다. 지금 우리 한인이 흰 칼날을 무릅쓰고 북쪽으로 머리를 돌려 죽기를 각오하고 싸우는 자[12]가 어찌 삶을 싫어하고 죽음을 즐거워하여 그러하겠습니까? 바로 나라가 회복되면 죽음이 오히려 영광이요, 나라가 회복되지 않으면 살아도 죽은 것만 못하기 때문입니다.

---

12 흰 칼날을~싸우는 자: 『한서(漢書)』에 "피로써 얼굴을 적시고 눈물을 삼키면서 빈 활을 당기고, 적의 흰 칼날을 무릅쓰며 북쪽으로 머리를 돌리고 죽음으로써 적과 싸우고자 하였다.[沫血飮泣, 張空弮, 冒白刃, 北首爭死敵.]"라는 구절이 보인다. 『한서』 권62, 「사마천전(司馬遷傳)」

이천만 백성들이 모두 삶을 버리어 나라가 회복되기를 원하고 있으니 그 마음이 단결되었다는 것을 이미 알 만합니다. 사람의 마음이 단결되었다면 자국의 독립을 허락하는 것은 오늘날의 만국 공법(公法)이 아닙니까? 모든 나라가 함께 들음이 저절로 있게 되었으니, 천하의 이목을 위박(衛朴)[13] 같은 역술가(易術家)라도 가릴 수 없을 것입니다.

귀국은 만국의 공의(公義)를 생각하지 않고, 또한 우리나라 사람들이 복종하지 않는 것을 생각하지 않고서 오로지 강제하는 것만을 일삼아 시일을 지체하고 대중의 마음을 거스르고[14] 있습니다. 오히려 독립의 권한을 허락하지 않고, 장차 백성을 어육(魚肉)으로 만들어 천지를 뒤흔든다면, 이것을 두고 '천리를 따르고 인심을 살핀다'라고 할 수 있겠습니까?

가만히 생각건대, 각하는 전권(全權)을 가진 신하로서 일방(一方)의 목숨을 위탁받아 눈으로 직접 한인의 사정을 보았을 것입니다. 가령, 이천만 민족이 하루아침에 모두 멸망한다면 이미 말할 것이 없겠지만 진실로 조금이라도 남은 백성[15]이 있다면, 장차 불복(不服)하는 마음을 금하지 않을 것입니다.

바라건대 각하는 천만 번 자세히 생각하여 만국의 공의(公議)를 펼치소서.

---

13 위박(衛朴): 송나라 회남(淮南)의 평민 출신으로, 역산(曆算)에 정통하여 고금(古今)의 일식과 월식을 계산할 수 있었다 한다. 위박의 물시계 제작에 대해 소식은 "서주에서만은 장님 위박이 만든 것을 사용하였는데, 바른 제작법을 버리고 임의대로 만들어 물통은 있지만 시간을 가리키는 화살을 없앴으니, 자신이 보지 못한다고 천하 사람들이 보는 것을 없애 버린 것이다.[徐州獨用瞽人衛朴所造, 廢法而任意, 有壺而無箭, 自以無目而廢天下之視.]"라 한 적이 있다. 『동파집(東坡集)』「서주연화루명(徐州蓮花漏銘)」

14 시일을~거스르고: 원문에서는 '유시역중(留時逆衆)'이라 하였다. 이는 동한(東漢) 시대 개국 명장인 경순(耿純)이 소왕(蕭王, 유수)에게 "지금 대왕께서 시일을 지체하고 대중의 마음을 거슬러 황제의 칭호와 지위를 바로잡지 않으시니, 저는 천하의 사대부(士大夫)들이 희망이 끊어지고 계책이 궁해지면 고향으로 돌아가려는 생각을 두어 오랫동안 스스로 괴로워하지 않을까 두려우니, 큰 무리가 한번 흩어지면 다시 모으기가 어렵습니다.[今大王, 留時逆衆, 不正號位, 純, 恐士大夫望絕計窮, 則有去歸之思, 無爲久自苦也, 大衆, 一散, 難可復合.]"라고 한 대목에서 나타난다. 『통감(通鑑)』「동한기(東漢紀)」

15 조금이라도 남은 백성: 원문의 '혈유지민(孑遺之民)'은 『시경(詩經)』의 "주나라에 남아 있는 백성이라곤 한 명도 없다.[周餘黎民, 靡有孑遺.]"에서 용사한 것이다. 『시경』「운한(雲漢)」

그림 4 송준필과 그 문인들이 만세운동을 주도한 백세각(百世閣), 성주군 초전면 고산정 소재

특히 당초의 마관조약(馬關條約, 시모노세키조약)[16]에 따라 우리 한국(韓國)은 옛날처럼 독립을 하고 귀국은 본국으로 돌아가서 양국이 수호(修好)하여 다시 삼백 년 우방의 의리를 되찾는다면, 하늘과 사람이 서로 기뻐하고 장차 그 말이 천하 만세에 길이 남을 것입니다.

우리들은 산야(山野)에 사는 천한 선비로, 독서하며 궁색하게 살아 천하의 일에 대하여 감히 함부로 말하지 못하지만, 우리도 이천만 국민 가운데 한 사람이니 다급한 목소리로 한번 부르짖어 우국의 정성을 드러내려는 것입니다. 진실로 요설(蕘說: 보잘것없는 말)[17]에서도 들을 만한 것이 있다면 참으로 다행이겠습니다.

---

16 마관조약(馬關條約): 청일전쟁의 전후 처리를 위해 1895년 4월 17일 청나라와 일본이 일본의 시모노세키에서 체결한 강화조약이다. 이 조약의 제1조에는 "청국은 조선국이 완전한 자주독립국임을 인정한다."라고 명시되어 있다.

17 요설(蕘說): 보잘것없이 들리는 나무꾼의 말이라는 뜻으로, 『시경(詩經)』의 "옛날 성현 말씀에 나무꾼의 말이라도 들어 보라 하셨다네.[先民有言, 詢于芻蕘.]"에서 용사한 것이다. 『시경(詩經)』 「판(板)」

글이 이미 이루어져서 고산정(高山亭)[18]의 송순좌(宋舜佐: 浚弼－원주)[19]에게 편지를 보내어, "나는 이 두 글을 써서 하나는 도내(道內)에 알리고, 다른 하나는 총독에게 보내고자 했습니다. 다만 생각해 보니 도내와 국내의 사람들은 이미 모두 고무되어 있어, 이 글의 통고를 기다리지 않아도 될 듯하고, 또 총독으로 말하자면 그는 다만 일방(一方)의 정치를 관할할 따름이지 독립을 허가함은 곧 일황(日皇)이 하는 일이요, 총독이 할 수 있는 일이 아닙니다. 이에 이 두 일을 모두 그만두고, 혹 파리국회(巴理國會)에 장서(長書)를 보내 우리 일국 백성들의 사정을 밝히고자 합니다. 속히 회신하여 그 가부를 분명히 말씀해 주시기 바랍니다."라고 하였다.

순좌가 답신하여, 도내에 고하는 것이 가장 마땅하다고 하면서, 젊은 사람들로 하여금 나의 글을 활자로 인쇄하여 장차 수일 내로 널리 알릴 것이라 했다.

나는 또한 곽면우(郭俛宇: 곽종석)에게 편지를 보내, "시사(時事)가 이 지경에 이르렀는데도 우리들이 한 번 죽는 것을 애석히 여겨 말하지 않아서야 되겠습니까? 만일 말을 하고자 한다면 파리에 장서를 보내는 것만 같음이 없고, 만약 파리에 장서를 보내고자 한다면 영공(令公)[20]께서 그 이름을 가장 먼저 적지 않을 수 없을 것입니다. 대개 지금 사람들은 모두 영형(令兄: 곽종석)을 두고 죽는 것을 애석히 여기는 사람이라고 생각합니다. 지금 만약 숨어서 침묵을 지킨다면 영형께서는 비록 살아 있어도 죽은 것이나 마찬가지일 것이니, 영공께서는 도모하시기 바랍니다."라고 하였다.

18 고산정(高山亭): 경상북도 성주군 초전면 고산리로 1919년 3·1운동 당시 성주군 지역 항일운동의 요람이다. 당시 송준필이 이 마을에 살고 있었으며, 야성송씨(冶城宋氏)의 세거지다.

19 송준필(宋浚弼): 1869~1943. 본관은 야성(冶城), 자는 순좌(舜佐), 호는 공산(恭山). 1919년 유림의 독립청원운동인 파리장서운동(巴里長書運動)에서 곽종석(郭鍾錫)·장석영(張錫英) 등과 함께 활동하다가 대구감옥에 투옥되었다. 만년에는 김천에서 살았으며, 1990년 건국훈장 애족장이 추서되었다.

20 영공(令公): 벼슬아치를 높여 부르는 말로, 곽종석이 의정부 참찬 등에 제수되었기에 '영공'이라 한 것이다.

그림 5 경남 거창군 다전마을

그림 6 곽종석을 추모하기 위해 세운 다천서당(茶川書堂), 경남 거창군 가조면 소재

면우가 답신을 보내와, "내가 죽는 것을 애석하게 생각하는 것이 아니라, 다만 헛되이 죽는 것이 두려울 따름입니다. 형 또한 나에게 죽는 것을 애석해 한다고 하십니까? 파리에 보내는 글은 나 또한 생각을 하고 있었으니 이것은 그만둘 수가 없는 일입니다. 만세를 부르는 일은 우리들이 할 일이 아닙니다. 운운"이라고 하였다.

그 답신을 보니 나의 견해와 대단히 합치되었으므로 드디어 「파리장서」 한 편을 썼다. 그 글은 이러하다.

한국 유생 곽종석, 장석영 등은 파리 회중(巴里會中)에 절하고 이 글을 씁니다. 종석 등이 망국의 비천한 선비로서, 죽지도 못하고 쇠잔한 목숨을 부지하며 10년 동안 혀를 감추고 감히 천하의 사람들에게 알릴 수 없었던 것은, 다른 사람의 압박이 있었기 때문입니다. 이제 말할 수 있는 기회가 되었으니, 그 품고 있던 생각을 스스로 만국평화회의 석상에 개진하지 않을 수 있겠습니까?

종석 등이 가만히 듣건대, 파리에서 열리는 만국회의에서는 파란(波蘭, 폴란드) 등의 여러 외롭고 약한 나라에게 독립의 권한을 허락하는 데 이르렀다고 합니다. 그런데 우리 한국의 사정만 유독 여러분들께서 불쌍히 여기는 데 미치지 못하고 있으니, 이것은 진실로 태양이 하늘에 떠서 만물을 다 비추지만 오직 뒤집어 놓은 동이 아래는 비추지 못하는 것과 같습니다.

아! 우리나라가 일본에 먹힌 것이 지금 10년이나 되었습니다. 일본과의 전후 사정을 말씀드리겠습니다. 우리나라는 일본과 300년 동안 우의를 맺어 온 이웃 나라였습니다. 지난 병자년(1876)에 일본의 정상형(井上馨, 이노우에 가오루)[21] 등과 강화도조약을 체결하였고, 을미년(1895)에는 일본의 이등박문(伊藤博文, 이토 히로부미)[22]과 청나라의 이홍장(李鴻章)[23]이 마관조약(馬關條約)을 맺었는데, 모두 조선의 자주독립을 허락하였습니다. 그 후 일본이 아국(俄國, 러시아)에 선전포고를 할 때도 유럽과 서양 열국에 통첩하여, 또한 한국의 자주독립을 공고히 한다고 하였습니다. 이러한 몇 가지 조약은 천하의 사람들이 모두 다 아는 바입니다.

---

21 정상형(井上馨): 1836~1915. 제1차 이토(伊藤) 내각의 외상과 농상무상, 내상, 장상 등을 지냈으며, 1876년에 전권대사로 우리나라와 강화도조약을 맺고 임오군란 때는 일본 대표로 우리나라와 한성조약을 맺었다.

22 이등박문(伊藤博文): 1841~1909. 명치(明治, 메이지) 유신 이후 일본의 총리대신으로서 우리나라를 일본의 식민지로 만드는 데 주도적 역할을 했다. 1909년에 중국의 하얼빈 역에서 안중근 의사에게 사살되었다.

23 이홍장(李鴻章): 1823~1901. 본명은 장동(章銅), 자는 점보(漸甫) 혹은 자불(子黻), 호는 소전(少荃), 의수(儀叟), 성심(省心). 안휘성(安徽省) 출신이다. 조선에 와서 일본의 독점적 세력을 방지하기 위하여 한국 대표 김윤식(金允植) 공사에게 한미통상조약 체결을 적극 권면하였으며, 한국의 사대당 사람들과 결탁하여 김옥균(金玉均)을 암살한 홍종우(洪鍾宇)를 보호하고 지원하였다.

그림 7 이등박문(1841~1909)

그림 8 이홍장(1823~1901)

그런데 저 일본은 바깥으로는 이웃과 수호한다고 하면서, 실제로는 한국 사람에게 자행하는 것이 다른 사람에게 다른 일을 행하는 것처럼 하였습니다. 갑신년(1884)에 죽첨광홍(竹添光鴻, 다케조에 고코)[24]이 우리 황제를 협박해서 궁(宮)을 옮기게 하였고,[25] 우리 대신들을 죽였으며,[26] 을미년(1895)에는 삼포오루(三浦梧樓, 미우라 고로)[27]가 병사들을 잠입시키고 대궐을 침범하여 우리 황후 민씨(閔氏)를 시해하였습니다. 을사년(1905)에는 이등박문이 몰래 적신 송병준(宋秉畯)[28]과 결탁하여 일진회(一進會)를 만들어, 스스로 일본국이 보

---

24 죽첨광홍(竹添光鴻): 1842~1917. 1880년 천진 영사, 1882년 조선국 변리공사가 되어 조선의 개화파를 지원, 갑신정변에 깊이 관여하였다. 정변 사후 처리 때문에 공사직을 사임하고 제국대학에서 경서를 강독하였다. 이후 저작활동에 전념하여 1914년 제국학사원상을 받았다.

25 우리 황제를~옮기게 하였고: 김옥균 등이 갑신정변을 일으켜 고종과 명성황후를 창덕궁(昌德宮)에서 경우궁(景祐宮)으로 옮기게 한 것을 말한다.

26 우리 대신들을 죽였으며: 갑신정변(1884년, 고종 21)으로 죽은 윤태준(尹泰駿), 이조연(李祖淵), 한규직(韓圭稷), 조영하(趙寧夏), 민영목(閔泳穆), 민태호(閔台鎬) 등을 말한다.

27 삼포오루(三浦梧樓): 1846~1926. 명치 유신 후 신정부의 군인이 되어 1878년 육군중장이 되었다가, 1888년 예편 후 1890년에 귀족원 의원, 1895년 정상형(井上馨)의 후임으로 조선에 공사로 부임했다. 그해 10월 러시아 세력을 조선에서 몰아내기 위해 일본 낭인(浪人)들을 동원, 을미사변을 일으켜 명성황후를 살해하였다.

28 송병준(宋秉畯): 1858~1925. 본관은 은진(恩津), 호는 연사(蓮史) 혹은 제암(濟庵), 함경남도 장진 출신으로 친일반민족행위자. 1907년 이완용(李完用) 내각에서 농상공부대신·내부대신을 지내고 일본으로 건너가 국권 침탈의 공로로 일본으로부터 백작(伯爵)의 작위를 받았다.

호하는 것은 국민이 원하는 것이라 하고 그해 10월에 적신 이완용(李完用)[29] 등과 함께 스스로 다섯 가지 조약을 맺어 우리 황제를 협박하여 강제로 국새(國璽)를 찍게 하였습니다.

우리 황제께서 스스로 사직을 위해 죽기를 맹세하시니, 대신 민영환(閔泳煥),[30] 조병세(趙秉世)[31] 등은 모두 죽고, 기타 벼슬아치와 유생, 무사와 호위병, 초야의 선비들은 혹은 스스로 목숨을 끊고, 혹은 구금되어 죽음에 이른 자가 천백(千百)을 헤아리게 되었습니다. 급기야 저 해아(海牙, 헤이그) 회의에서는 이준(李儁)[32] 등이 할복(割腹)하여 피를 뿌리며 본국의 실정을 밝혔습니다. 이것은 천하의 사람들이 함께 눈으로 본 것입니다.

그 후 경술년(1910)에 일본이 역신 완용 등 여러 적도들과 함께 임금을 협박하여 나라를 넘겨준다고 칭탁하여 드디어 합방을 강행하며 고관들에게는 많은 돈으로 보상을 하였습니다. 역신들은 우리 황상(皇上)의 직위를 떨어뜨려 별궁에 가두고 우리 백성들을 학대하여 짐승같이 취급하였으며, 한인들을 사나운 불꽃 속으로 몰아넣어 스스로 한마디 소리도 내지 못하게 하였습

---

29 이완용(李完用): 1858~1926. 본관은 우봉(牛峰), 자는 경덕(敬德), 호는 일당(一堂). 한말 을사 5적의 한 사람이다. 고종을 협박하여 을사조약 체결과 서명을 주도하였으며, 의정부를 내각으로 고친 후 내각총리대신이 되었다. 헤이그 특사 사건 이후 고종에게 책임을 추궁하여 물러날 것을 강요했고, 순종을 즉위시켰다. 총리대신으로 일본과 한일병합조약을 체결했다.

30 민영환(閔泳煥): 1861~1905. 본관은 여흥(驪興), 자는 문약(文若), 호는 계정(桂庭). 한말의 문신·순국지사. 예조판서, 병조판서, 형조판서 등을 지냈으며, 일본의 내정간섭을 강력히 비판하였다. 을사조약 체결 후 조병세와 백관을 인솔하여 대궐에 나아가 반대 시위를 했으나 일본 헌병들의 강제 해산으로 실패하였고, 대세가 기운 것을 보고 11월 30일에 자결하였다. 1962년 건국훈장 대한민국장이 추서되었다.

31 조병세(趙秉世): 1827~1905. 본관은 양주(楊州), 자는 치현(穉顯), 호는 산재(山齋), 시호는 충정(忠正). 을사조약이 체결되자 조약의 무효와 을사 5적의 처형 등을 연소(聯疏)하다가 일본군에 의해 해산당하고 표훈원(表勳院)에 연금되었다. 그 후 가평 향제로 추방되었으나 다시 상경하여 표훈원에서 유소(遺疏)와 각국 공사 및 동포에게 보내는 유서를 남기고 음독자결하였다. 1962년 건국훈장 대한민국장이 추서되었다.

32 이준(李儁): 1859~1907. 본관은 전주(全州), 초명은 성재(性在), 자는 순칠(舜七), 호는 일성(一醒)·해사(海史)·청하(靑霞)·해옥(海玉). 독립협회에 참여하고, 개혁당, 대한보안회, 공진회, 헌정연구회 등을 조직했다. 보광·오성학교를 세웠다. 1907년 헤이그 만국평화회의에 이상설·이위종 등과 합류했으나, 일본 측의 방해로 참석하지 못하고 순국했다.

그림 9 이준 열사 묘역의 이준(1859~1907) 부조

니다. 우리는 10년 동안 어미의 젖을 잃은 어린아이와 같이 눈물을 뿌리며 피를 머금을 뿐 의지할 곳이 없었습니다.

지난해 파리에서 열린 만국회의는 강폭한 자를 누르고 외롭고 약한 자를 구휼하기 위한 것인지라, 우리나라같이 하소연할 데가 없는 자는 오히려 그 남은 혜택을 빌릴 수 있었습니다. 그런데 역적 완용 등이 먼저 이 기미를 알아채고 혹 독립에 관한 일이 있을까 염려하여, 자칭 본국의 대표라고 하면서 우리 대행황제를 협박하여 국새(國璽)를 받아 그 말을 실증하고자 하였으나 황상께서 따르지 않았습니다. 그러다가 마침내 하룻밤 사이에 황상께서 갑자기 붕어(崩御)하게 되었습니다. 아! 어찌 차마 말로 다하겠습니까?

국장을 치르는 날이 되어 온 나라 사람들이 서울에 크게 모이니, 우리나라 사람 손병희(孫秉熙) 등이 몸소 먼저 일어나 파리의 일로 군중을 향해 선언(宣言)하였습니다. 전해 들은 곳마다 수많은 백성들이 환호하였으며, 대한독립의 깃발을 세우고 '대한독립만세'를 부르짖었습니다. 안으로는 서울로부터 밖으로는 각 고을과 마을에 이르기까지 동시에 만세를 부르니, 그 소리가 천지에 진동하였습니다.

일본이 사람을 묶어 몸은 비록 묶여 있었지만 입으로는 만세 소리가 끊이

지 않았고, 비록 사정을 모르는 어린아이라 할지라도 모두 뛰면서 환호하였습니다. 궁벽한 산골 벽지의 이름 없는 평범한 사람일지라도 모여들어 고무되지 않은 이가 없었습니다. 저 일본인들이 강제로 제어하고자 묶고 협박하여 갇히는 사람이 넘쳐 났지만, 인심의 단결은 날이 갈수록 강해져 온 나라가 술렁거리며 모두 죽기를 각오하고 해산할 마음이 없었습니다. 이것은 하늘의 뜻이 있는 바이니, 사람의 힘으로는 도저히 이를 수 있는 것이 아닙니다.

대개 말을 하자면, 우리나라가 비록 일본에게 병탄되었지만 선왕(先王)의 교화가 살과 골수에 이미 무젖어 있고, 조국 사랑을 자나 깨나 잊지 않고 있으니, 하루아침에 일본인에게 강제되었다고 하지만 한 사람도 그들의 신복(臣僕)이 되고자 하지 않습니다. 저들이 세계의 여러 나라에 거짓으로 알려 우리가 마음으로 바라는 것이라고 하고 있습니다. 아! 하늘이 내려다보고 만국의 이목이 있으니 또 속여 넘길 수 있겠습니까? 이것은 마땅히 억조창생(億兆蒼生)의 뜨거운 피가 창자 속에 응결되어 있다가 그 때를 기다려 스스로 솟구친 것이니, 그 기세가 그렇지 않을 수 없었던 것입니다.

다만 생각건대, 지금 천하에 사람은 모두 평등하고 나라는 모두 자주(自主)인데, 어찌 유독 우리나라 사람들만이 자립을 얻지 못하고 다른 나라 사람의 압박을 받으며 처량하고 초췌하게 구렁텅이 속에서 죽어야 하겠습니까? 만국의 여러분들께서는 세계의 일을 통솔하며 평화의 책무를 맡고 계시니 천하의 일에 대해서는 아무리 작아도 밝히지 않는 것이 없어야 할 것입니다. 그런데 유독 우리나라만이 평화의 은택을 입을 수 없는 것입니까?

돌아보건대, 이제 시기가 일변하여 백성들의 지혜가 이미 발달하였고 인심도 이미 결집되어, 종석 등이 감히 우리나라의 자세한 상황을 우러러 합하(閤下)께 알리지 않을 수 없습니다. 엎드려 원하옵건대, 여러 대인(大人)께서는 본래의 정황을 세밀하게 살피시고, 특히 마관조약과 유럽 및 서양에 보낸 통첩의 예에 따라 우리들에게 예전처럼 독립과 자주의 권한을 허락하시어, 일본인의 그물로부터 벗어나 온 세계의 동포들과 나란히 서게 해 주시기 바랍니다. 이것이 어찌 유독 우리 작은 나라만의 행운이겠습니까? 실로 천하 만방의 공의(公義)일 것입니다.

그림 10 성주 관왕묘 외부(일제강점기)

만일 종석 등이 사실이 아닌 말로 만국을 엄청나게 속였다고 여기신다면, 일본 위원들과 회의석상에 나란히 앉아 그 곡직(曲直)을 질정하게 해 주십시오. 이치가 바르지 않고 말이 막히게 되면 기꺼이 만국을 기망(欺罔)한 벌을 받겠나이다. 부디 살펴 주시기 바랍니다.

글이 이미 완성되어 순좌에게 보였더니, 그의 뜻을 편지로 보내왔다. 자제 문생과 함께 관왕묘(關王廟)[33] 등에 나가서 유림의 깃발을 세우고 한번 만세를 불러 대중들의 마음을 고무시켜 일으키려고 한다고 하였다. 그의 편지에 답을 하였는데, 대략 '우리 유자(儒者)는 반드시 만세를 부를 필요는 없다. 이미 만세

33 관왕묘(關王廟): 성주군 성주읍 경산리 526-1번지 소재. 중국 삼국 시대의 관우(關羽)를 모시는 사당이다. 관우는 죽은 후에 무신(武神)으로 신앙되었는데, 임진왜란 때 명나라 군사들이 위패를 가지고 들어와서 각처에 관왕묘를 세우고 제사를 드렸다. 성주의 관왕묘(關王廟)는 1597년(선조 30) 명나라 장수인 모국기(茅國器), 조승훈(祖承訓), 노득공(盧得功) 등이 성주읍 동문(東門) 밖에 세운 것으로, 봄에는 경칩(驚蟄), 가을에는 상강(霜降)에 제사를 올리게 하였다.

그림 11 성주 관왕묘 내부(현재)

를 부르지 않는다면 파리에 장서 보내는 것을 반드시 해야 한다.'라고 하였다. 이로 인해 이 글을 베껴 연명(聯名)을 청하였다.

마침 김창숙(金昌淑)[34]이 서울에서 돌아와 말하기를, 13도 유생들이 바야흐로 서울에 모여서 장차 독립의 일로 파리에 글을 보내려 하는데, 곽면우(郭俛宇)가 아니면 이 글을 쓰지 못한다고 하면서 자신으로 하여금 급히 내려가 면우에게 글을 청하게 하였다고 한다. 그런데 면우가 "나는 지금 늙어 정신이 흐릿하여 글을 쓸 수가 없으니, 반드시 장회당(張晦堂)의 글을 얻는 것이 좋을 것이다."라고 하였다 한다. 이로 인해 나에게 편지를 보내 굳이 한 편의 글을 짓도록 하고, 창숙(昌淑)을 보내 이미 이 말을 전한 후, 마침내 좌도(左道)로 가서

---

34 김창숙(金昌淑): 1879~1962. 본관은 의성(義城), 자는 문좌(文佐), 호는 심산(心山) 혹은 벽옹(躄翁)으로 성주군 대가면 사도실 출신이다. 곽종석(郭鍾錫)과 이승희(李承熙)의 문인으로, 3·1운동 후 전국의 유림을 규합해 한국 독립을 호소하는 진정서를 작성하여 중국으로 건너가 파리만국평화회의에 우편으로 제출하였다. 서로군정서를 조직하여 군사선전위원장으로 활약하였으며, 성균관대학교의 초대 총장으로 취임하였다.

안동·예안 유림의 이름을 얻어서 함께 참여하도록 하였다.

내가 드디어 파리에 보낼 글 한 본(本)을 써서 가질(家姪) 시원(始遠)[35]에게 다전(茶田)[36]으로 갖고 가, 면옹(俛翁, 곽종석)과 함께 가부를 의논케 하였다. 돌아와서 면우가 쓴 편지를 보였는데, 거기에 "이 글이 너무 과격하여 사용하기에 합당하지 않다."라고 하면서, 부득이 자신이 지은 글 한 본을 보내와 나에게 수정해 주기를 요청하였다. 그 글은 이러하였다.

조선의 천한 선비 곽종석(郭鍾錫), 장석영(張錫英) 등은 감히 파리평화회의의 여러 대표 각하(閣下)께 하소연하며 아뢰나이다.

하늘이 덮어 주고 땅이 실어 주어 만물이 그 사이에서 나란히 생육하니, 햇빛의 비춤과 큰 덕화의 운행에서 그러한 도를 알 수가 있습니다. 대개 쟁탈의 분쟁이 일어나면 강약(强弱)의 세력이 나누어지고, 겸병(兼并)의 권세가 사용되어 대소의 형세가 달라져서 마침내 남의 생명을 해쳐 가며 그 위세를 마음대로 부리고, 남의 나라를 도적질하여 자기 소유로 삼는 데까지 이르게 되었습니다. 아! 천하에는 한결같이 이러한 일이 어찌 이다지도 많습니까!

이 때문에 하늘이 어질고도 힘 있는 분을 오늘 내려 보내시어 천지의 마음을 받들어 햇빛을 비추고 큰 덕화를 운행하여, 천하를 통일시켜 대동(大同)으로 돌아가게 하고, 만물로 하여금 각기 그 본성을 이루게 하는 것입니다. 이에 만국이 모두 보고 온 세계가 한결같이 편안한데, 혹 이러한 소문을 듣고서도 실질적인 혜택을 얻지 못하고, 원통함을 품고서도 공의(公義)에 호소할 기회를 갖지 못함이 있으니, 어찌 여러 대표분들의 마음 씀이 오직 여기에서 달라지는 것입니까? 혹시 다른 까닭이라도 있는 것입니까? 그 피를 뿌리고 울분을 쏟아 내며 머리를 치켜들고 부르짖는 것은 또한 지극히 비통하고 절

---

35 시원(始遠): 장석영의 조카인 장시원(1900~1950)이다. 초명은 지원(志遠), 자는 대경(大經), 호는 만당(晩堂). 1900년(광무 4)에 태학 경학과(太學經學科)를 거쳐 같은 해 10월 7일에 성균박사(成均博士)가 되었다.

36 다전(茶田): 경상남도 거창군 가북면에 있는 마을로, 파리장서운동 당시 곽종석이 이 마을에 은거하고 있었다.

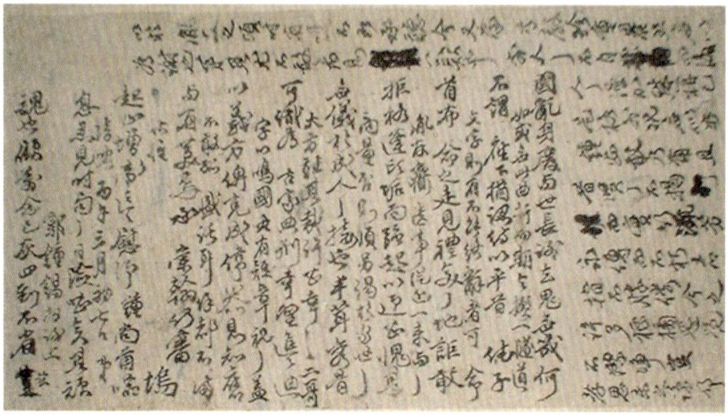

그림 12 곽종석의 필적

박한 데서 나온 것이지 자기의 욕심에 의한 것이 아닙니다. 오직 여러 대표께서는 살펴 주시기 바랍니다.

아! 우리 한국은 천하에서 진실로 일개 작은 나라입니다. 여러 큰 나라의 대열에 나란히 설 수야 없겠지만, 오히려 신성(神聖)의 뒤를 이어 강역이 3천리요, 인구가 2천만이며, 유지하고 보존되어 온 역사가 4천여 년으로, 반도의 문명국이라는 칭송을 잃지 않았으니 또한 세계의 여러 나라가 버릴 수 없는 바입니다. 불행히도 근래 하늘이 긍휼히 여기지 않아 문약(文弱)한 것이 습성이 되고 국위가 떨쳐지지 않아, 적신(賊臣)이 안에서 무너뜨리고 강포(强暴)한 이웃이 밖에서 엿보아 무력을 빙자하고 속이는 지혜를 갖고서 임금을 협박하고 백성에게 칼을 씌워 강압적으로 조약을 맺었습니다. 이어서 국토를 빼앗고 왕위를 폐하여 우리 한국은 천하에서 사라지게 되었습니다.

아! 일본이 자행한 바를 대략 거론해 보겠습니다. 병자년(1876)에 우리나라의 대신들과 강화도조약(江華島條約)을 체결하였고, 을미년(1895)에는 청국의 대신들과 마관조약을 체결하였습니다. 모두 우리 한국의 자주독립을 영원히 준수하자는 안(案)이었습니다. 게다가 계묘년(1903)[37]에 아국(俄國, 러시아)에

37 계묘년(1903): 일본이 러시아에 선전포고를 한 것은 1904년 2월 10일이다. 따라서 계묘년은 음력으로 1903년 12월 25일을 말한다.

그림 13 강화도조약 장면

선전포고를 할 때, 열국에 통첩하여 변함없이 우리 한국의 독립을 공고히 하겠다고 성명(聲明)하였으니 이것은 세계의 여러 나라들이 모두 아는 바입니다.

얼마 후, 온갖 속임수를 수없이 만들어 안으로 우리를 협박하고 밖으로 세상을 속여, 독립이 변하여 보호가 되고 보호가 변하여 병탄(倂呑)이 되었습니다. 한국 백성의 마음이라 핑계 대면서 만국의 공의(公議)를 벗어나고자 하였습니다. 이것은 한국을 없애는 수단일 뿐만 아니라 기실은 세계의 여러 나라도 심중(心中)에 두지 않았던 것입니다. 알지 못하겠습니다만, 세계의 여러분들은 참으로 일본이 우리 한국에 한 짓이 공의를 해치지 않는다고 생각하시며, 세계에 신의를 잃지 않았다고 생각하십니까?

우리나라의 신민(臣民)들은 맨주먹과 빈손으로 스스로 분발해도 일을 해낼 수 없다는 것을 잘 알고 있습니다. 그러나 신음하고 길이 탄식하면서 밤낮으로 우리 임금, 우리나라를 생각하며 하늘이 우리를 살펴 주시어 큰 운수가 되돌아오기를 바라면서, 부끄러움을 안고 치욕을 참아 가며 모진 어려움을 견뎌온 지 이제 10년이나 되었습니다. 여러 대표분께서 평화대회를 개최한다는 소식을 들은 후로 우리나라의 인민들은 기뻐서 뛰고 감격하며 '진실로 만국에 평화가 온다면, 우리 한국 또한 만국의 하나이니 어찌 유독 우리나라에게만 평화를 없게 하겠는가?'라고 생각하였습니다.

다시 들으니 파란(波蘭, 폴란드)과 여러 나라가 모두 독립을 하였다 하고, 또 다시금 많은 사람들이 모여 만세를 부르며 "평화회의에서 이미 결정되었다. 저 나라는 어떤 나라이며, 우리는 어떤 나라인가. 세계를 하나로 보는 인덕(仁德)이 이와 같을 따름이다."라고 하였습니다.

하늘의 뜻은 때가 되면 좋은 시절로 돌아오나니, 여러 대표분들께서 이에 따라 그 맡은 바의 일을 잘 마치신다면, 우리들도 이제 나라를 회복하게 될 것입니다. 이에 우리는 당장 죽어 구렁 속을 뒹굴어도 백골 또한 썩지 않고 눈을 부릅뜬 채 좋은 소식을 몹시 기다렸습니다. 그런데 시간이 늦어지는 사이에 하늘 또한 돕지 않으시어 우리 임금님께서 갑자기 승하(昇遐)하시니, 온 나라가 흉흉하고 애통한 마음이 하늘과 땅에 가득 차게 되었습니다.

이에 국장을 치르던 날에는 각 학교와 단체, 개인 남녀가 오히려 독립만세를 외쳐 우리 임금님의 영혼을 받들어 위로하였습니다. 비록 눈앞에서 포박과 매질이 가해졌지만 맨손으로 앞을 다투며 죽음에 나아가더라도 후회하지 않았습니다. 여기에서 답답하게 막힌 마음이 오래도록 쌓이면 반드시 폭발한다는 것을 볼 수가 있습니다. 또한 여러 대표께서 기회를 열어 주시고 용기를 북돋아 주셨기 때문입니다.

그러나 머뭇거리며 세월만 보내는 사이에 아무런 획기적인 지점(地點)도 보이지 않아 한편으로 의심하고 한편으로 두려워하였습니다. 우리나라의 실정을 스스로 알릴 방법이 없었는데, 중간에서 간교를 부리는 자들이 거듭 속여 여러 대표들께서 보고 들으심을 현혹하였던 것입니다.

청하옵건대, 다시 분변(分辨)하여 밝히고자 합니다. 하늘이 만물을 냄에 반드시 이 사물에 능력을 부여하였으니, 작게는 조개와 물고기 혹은 곤충이 모두 자유롭게 활동할 수 있습니다. 사람이 스스로 사람이 되고 나라가 스스로 나라가 됨에 진실로 또한 스스로 사람과 나라로서 다스리는 능력이 있는 것입니다. 우리 한국이 비록 작기는 하지만 둘레가 3천 리요 인구가 2천만 명이며, 역사가 4천 년이나 되어 그 능력이 모자라지 않는데, 당초 어찌 다른 나라가 대신 다스리기를 기다리겠습니까?

천 리마다 분위기가 다르고 백 리마다 풍속이 같지 않은데, 저들은 우리 한국이 독립할 능력이 없다고 하면서 저들이 자기 나라를 다스리는 방법으로 우리 한국의 풍속에 더하고자 한다면 풍속은 끝내 변화하지 않을 것입니다. 이른바 치리(治理)라고 하는 것은 다만 혼란을 일으키는 원인이 될 뿐이므로, 행할 수 없음이 자명한 것입니다. 치리를 마침내 행할 수 없으면서 공회(公會)에서는 "한국 백성들이 일본에 귀속되기를 바란 지 오래다."라고 말하고 있습니다.

한국 백성이 스스로 한국의 백성이 된 것은 강역과 풍토가 이미 정해져 있어서 그러한 것일 뿐만 아니라 타고난 천성 또한 그러한 것입니다. 이 때문에 차라리 한때 굴종하면서 겉으로 위협을 받아들일지언정 그 마음은 굳세어 장차 천만 년이 지나더라도 한국의 백성임을 잊지 않을 것입니다. 본심을 지니고 있는데 어찌 속일 수 있겠습니까? 본심을 끝내 속일 수 없는데도, 만국과 함께하는 권위[38]를 이용하여 수많은 사람이 한결같이 말하는 공의(公義)를 누르고자 한다면, 이것은 일본에게도 좋은 계책이 아닐 것입니다.

지난날 해아(海牙, 헤이그) 회의에서 우리나라의 신하 이준(李儁)이 우리 임금의 명령을 받들어 밤에는 가고 낮에는 숨어 수많은 고난을 무릅쓰면서 공회(公會) 자리에 나아가서 하소연하다가, 배를 가르고 심장을 찔러 그 원통함을 알리는 데까지 이르게 되었습니다. 회의에 참석했던 사람들이 혹은 눈길을 모아 탄식하면서도 마침내 어쩌지 못하기도 했지만, 그 마음을 말하며 뒷날을 도모하는 사람도 있었습니다. 우리나라 사람들은 지금도 서로 말하며, 일찍이 탄식과 근심으로 가슴 아파하다가 이어서 피눈물을 흘리지 않은 적이 없었습니다.

종석 등은 산야(山野)에 사는 쓸모없는 사람으로 외국의 사정을 자세히 듣지는 못하지만, 오히려 스스로는 옛 나라의 신하로 선왕(先王)의 유풍(遺風)에 의지하여 조금이나마 유교에 종사하고 있다고 생각합니다. 이제 세계가 거듭 새로워지는 날을 맞아 나라의 존재 여부가 이 한 일에 달렸습니다. 나라 없이 사는 것은 나라를 갖고 죽는 것만 못하니, 구석진 곳에서 스스로 말라

38 만국과 함께하는 권위: 원문에 '공폐(共廢)'라고 하였다. 이는 일본이 세계와 '죄도 함께하고 실패도 함께하려는[同罪共廢]' 의도를 말한다.

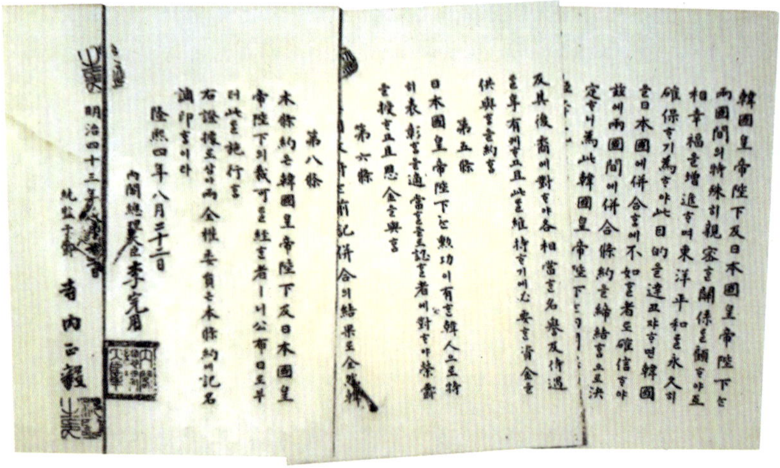

韓國皇帝陛下及日本國皇帝陛下ᄂᆞᆫ
兩國間의特殊히親密ᄒᆞᆫ關係를顧ᄒᆞ야互
相幸福을增進ᄒᆞ며東洋平和를永久히
確保ᄒᆞ기爲ᄒᆞ야此目的을達코자ᄒᆞ면韓國
을日本國에倂合ᄒᆞᆷ에不如ᄒᆞᆫ者로確信ᄒᆞ야
玆에兩國間에倂合條約을締結ᄒᆞ기로決
定ᄒᆞ니爲此韓國皇帝陛下ᄂᆞᆫ

及其後裔에對ᄒᆞ야各相當ᄒᆞᆫ名譽及待遇
를享有케ᄒᆞ고且此를維持ᄒᆞ기에必要ᄒᆞᆫ資金을
供與ᄒᆞᆷ을約ᄒᆞᆷ
第五條
日本國皇帝陛下ᄂᆞᆫ勳功이有ᄒᆞᆫ韓人으로特
히表彰ᄒᆞᆷ을適當ᄒᆞ도認ᄒᆞᆫ者에對ᄒᆞ야榮爵
을授ᄒᆞ고且恩金을與ᄒᆞᆷ
第六條
前記倂合의結果로全然

第八條
本條約은韓國皇帝陛下及日本國皇
帝陛下의裁可를經ᄒᆞᆫ者ㅣ니公布日로부터
此를施行ᄒᆞᆷ
右證據로삼아兩全權委員은本條約에記名
調印ᄒᆞᆷ이라
隆熙四年八月二十二日
內閣總理大臣 李完用
明治四十三年八月二十二日
統監子爵 寺內正毅

그림 14 한일강제병합 문서(서대문형무소 역사관)

죽어 가는 것이 어찌 모든 사람들이 보고 듣는 자리에 나아가서 스스로 한번 그 억울함을 드러내고 그 진퇴를 기다리는 것만 하겠습니까!

바다와 육지의 길이 너무나 멀고 관문(關門)에서 금하는 것이 까다로워 혹시 길이 막히면[39] 이르지 못해 부르짖어도 듣게 할 수가 없습니다. 아침저녁을 헤아리는 이 목숨이 천지간의 지극한 애통에 미치지 못한다면, 이 세상에서 이 마음을 스스로 드러낼 가망이 영원히 없어지게 될 것입니다.

비록 여러 대표분들께서 어질면서 힘이 있다고 하시더라도 어찌 보지도 듣지도 못한 작고 궁벽한 나라에까지 생각이 미치기를 바라겠습니까? 이에 감히 짧은 글을 써서 한 부의 동정 어린 말로 10년 동안 받은 고통의 실상을 갖추어 하늘 끝 만 리 밖에서 글을 올립니다. 참으로 비통하고 절박한 심정에 말할 바를 알지 못하겠나이다.

바라건대 여러 대표들께서는 가련한 마음으로 살피시고 공판(公判)하는 의

---

39 길이 막히면: 원문에 '과족(裹足)'이라 하였다. 이는 길이 막힌 것이 발을 싸맨 것과 같아서 앞으로 나아가지 못하는 것을 말한다. 『사기(史記)』에 "입을 닫고 발을 싸매 감히 진나라로 향하지 못할 것이다.[杜口裹足 莫敢向秦.]"라고 하였다. 『사기(史記)』 「범수전(范睢傳)」

그림 15
송규선(1880~1948)

그림 16
김창숙(1879~1962)

그림 17
정종호(1875~1954)

그림 18
윤상태(1882~1942)

론을 더욱 넓히시어 햇빛이 두루 비추고 큰 덕화가 순조롭게 운행되게 해 주신다면, 종석 등은 나라를 잃었다가 나라를 되찾은 것일 뿐만 아니라, 다행히 도덕이 한 시대에 펼쳐지는 것이어서 여러 대표분들께서 맡으신 일도 마치게 될 것입니다.

만일 그렇게 되지 못한다면, 종석 등은 차라리 머리를 나란히 하여 죽음에 나아갈지언정, 맹세코 일본의 노예가 되지는 않을 것입니다. 우리 2천만 생명만이 유독 천지 화육(化育)의 은혜를 입지 못하고 펼쳐지는 화기(和氣)에 유감이 있어서야 되겠습니까? 오직 여러 대표분들께서는 살펴 주시기 바랍니다.

이 글을 보고 나는 더할 것은 더하고 삭제할 것은 삭제하여 고산(高山)의 송규선(宋圭善)[40]을 시켜 다전(茶田)으로 보냈다. 마침 이능학(李能學)이 찾아와 총독부에 보내는 글과 파리에 보내는 글을 보고 크게 기뻐하며 "내 나이 80이니 죽는 것이 어찌 애석하리요? 청컨대 내 이름도 함께 넣어 주시오."라고 말했다. 나는 그 뜻을 장하게 여겨 허락하고, 그 이름을 편지에 써서 다전으로 보냈다.

40 송규선(宋圭善): 1880~1948. 본관은 야성(冶城), 자는 자효(自孝)로 성주군 초전면 고산정에 살았다. 1919년 4월 2일 성주읍 장날을 이용하여 이기정(李基定) 등과 독립만세운동을 주도하였으며, 만세운동 후 일제에 피체되어 옥고를 치렀다. 1990년 건국훈장 애족장이 추서되었다.

2월 그믐쯤 김창숙(金昌淑)이 안동 예안에서 여러 사람들의 인명첩(人名帖)을 갖고 다전으로 갔다가, 다음 날 출발하여 북경(北京)을 거쳐 장차 돌아서 파리로 갔다.[41] 지촌(枝村)의 정종호(鄭宗鎬)[42]가 와서, "대구에 있는 거제(巨濟) 군수 윤상태(尹相泰)[43]는 뜻이 굳은 사람인데, 그간의 「파리장서」에 대한 일을 듣고 그 의리를 함께하고자 합니다."라고 하였다. 또 빠른 길로 가는 미국인이 있어 파리에 전달할 수 있을 것이라 하면서, 그 글을 얻어 편지로 부치고자 하여 마침내 한 본을 써서 상태(相泰)에게 전달했다. 대개 창숙(昌淑)의 일이 만에 하나라도 잘못된다면, 두 길로 나란히 부치는 것도 나쁘지 않을 듯해서였다.

1919년[44] 3월 2일(양 4. 2.)

2. 성주경찰서에 호출당하다

3월 초이튿날. 본 읍의 장날이다. 본 읍 유생(儒生) 및 교도(敎徒)와 시인(市人: 시장 사람)들이 이날을 맞아 크게 만세를 부를 것이라는 소문이 대단히 심하였다.

이날 식후에 읍의 순검(巡檢)[45] 두 사람이 와서,

---

41 「파리장서」가 완성되자 김창숙이 짚신으로 엮어서 상해 임시정부로 가져갔다. 임시정부에서는 이것을 다시 영문으로 번역하여 한문 원본과 함께 3천 부를 인쇄하여 파리강화회의는 물론 중국, 그리고 국내 각지에 배포하였다.

42 정종호(鄭宗鎬): 1875~1954. 본관은 서원(西原), 자는 한조(漢朝), 호는 뇌헌(磊軒)이며, 성주군 수륜면 지촌(枝村, 갓말)에 살았다. 정구(鄭逑)의 14대손으로, 중부(仲父)인 정재기(鄭在夔)는 「파리장서」 서명자 중 한 사람으로서 이와 관련하여 음독 자결하였다. 파리장서운동 때 정종호는 장석영으로부터 장서의 본문(本文)을 받아 대구의 윤상태(尹相泰)에게 전달하는 역할을 했다.

43 윤상태(尹相泰): 1882~1942. 자는 성민(聖玟) 또는 성천(聖天), 호는 향산(香山). 1905년 1월 거제(巨濟) 군수에 배명되었으나 그해 11월 을사조약이 강제로 체결되자 군수직을 사임하였다. 1913년 달성군 수성면 안일암에서 시회(詩會)를 가장한 비밀 결사체를 구성하였다. 1919년 3·1 운동이 일어나자 서상일 등과 함께 독립운동을 펼치기로 결의하였다. 이 사건으로 1920년 재판을 받았으나 내란죄가 성립되지 않는다 하여 면소 처분을 받고 석방되었다.

44 『흑산일록』은 모두 1919년에 작성된 것이므로 이하 연도를 생략한다.

45 순검(巡檢): 조선 말기의 경찰 관직인데, 대한제국은 1907년(융희 1) 7월 27일 개혁을 단행하여

"대구경부(大邱警部)[46]에서 한 사람이 본 읍에 와서 뵙기를 청합니다."

라고 하였다. 내가

"공문이 있느냐?"

라고 하니,

"없습니다."

라고 하였다.

"믿을 만한 것이 없다면 나는 갈 수가 없다."

라고 하자, 순검 한 사람이 바로 자전거를 타고 본 읍으로 달려가더니, 잠시 후 공문을 갖고 왔다. 이에 부득이 수레를 타고 가서 읍 근처에 이르자 만세 소리가 산악에 진동하였다.

드디어 교자(轎子)를 타고 바로 경찰서[47]에 들어가니 서장과 경부 김종원(金鍾元)이 나를 맞아 의자에 앉게 하였는데 대우가 매우 공손하였다. 경부가,

"달부(達府: 대구)에 있으면서 존명(尊名)을 이미 많이 들었으나, 여기 공무(公務)가 몹시 번거로워 직접 찾아와 뵙지 못하다가 이제 이렇게 뵙게 되었으니 용서해 주시기 바랍니다. 용서해 주시기 바랍니다."

라고 말했다. 내가 말하기를,

"무엇 때문에 만나기를 청하였소?"

라고 하니,

"노인장께서 유림(儒林)의 어른으로서 저 만세를 부르는 자들을 그만두게 하지 않으시고, 오히려 찬성을 하신다고 하니, 이런 까닭에 감히 그 이유

순검(巡檢)을 순사라 하였고, 경무서(警務署)는 경찰서로, 분서와 파출소는 순사주재소로 개칭하였다.

46 경부(警部): 일제강점기에 경찰 감옥 업무를 맡아보던 관청이다. 또한 경시(警視) 아래, 경부보(警部補) 위에 있던 판임(判任) 경찰관을 뜻하기도 하는데 을지서(乙地署)의 서장, 갑지서(甲地署)의 주임 등이 이에 해당하였다. 해방 후에 명칭이 경감(警監)으로 바뀌었다.

47 경찰서(警察署): 각 지방의 경찰 업무를 맡아보던 곳으로, 한말에 경무서(警務署)라 불렸으나 1907년(융희 1)에 경찰서로 개칭되었다.

를 묻는 것입니다."

라고 하였다.

내가 말했다.

"만세를 부르는 것은 시인(市人)들의 일이지, 내가 부르라고 한 것이 아니오. 또 일찍이 찬성한 것도 아니오. 그러나 오늘날 만세를 부르는 것은 곧 하늘의 뜻이지 인력(人力)이 아니니, 저 허다한 만세 부르는 사람이 나의 찬성을 기다렸겠소? 내가 찬성하지 않는다고 그들이 만세 부르는 것을 그만두겠느냐는 말이오! 또 내가 비록 일찍이 찬성을 하지는 않았지만, 내 마음은 저 만세를 부르는 사람들과 다르지 않소. 게다가 군(君) 또한 한인(韓人)이니 군이 비록 만세를 부르지는 않지만 그 마음이 저 사람들과 다른 것이 있겠소?"

김종원이,

"저 또한 한인이니 어찌 이러한 마음이 없겠습니까?"

라고 하였다.

서장이 이야기했다.

"듣건대, 노인장께서는 시회(詩會)를 즐겨 하신다던데,[48] 다시는 하시지 마오."

내가 말하기를,

"내가 젊었을 때 시를 잘 지었으나, 세상이 변한 이래로 입을 떼면 모두가 비분(悲憤)한 말이어서 시회를 전폐하였소."

라고 하니, 서장이,

"다른 할 말이 없으니, 가셔도 좋습니다."

라고 하였다. 서장 이하가 모두 대청[堂]에서 내려와 전송해 주었다.

---

48 시회(詩會)를 즐겨 하신다던데: 1915년 대구에서 조직된 조선국권회복단은 시회(詩會)를 가장한 안일암(安逸庵) 모임을 갖고, 국내외에서 항일운동을 전개하였다. 통령은 윤상태, 외교부장은 서상일이었으며, 장석영 또한 그 단원으로 참여하였다. 성주경찰서장의 시회 언급은 바로 이를 염두에 둔 것이다.

그림 19 대구 안일사 대웅전

막 경찰서 문을 나서자 시인 수백 명이 교자를 빽빽이 에워싸며 여관까지 따라와서 나에게 만세를 한번 부르라고 했다. 나는,

"날이 이미 저물어 돌아가지 않을 수 없소. 날이 저물었는데도 흩어지지 않으면 다른 변고가 생길까 두려우니, 그대들은 즉시 해산하시오."

라고 하였다.

드디어 교자를 재촉하여 출발하였다. 막 읍 밖을 벗어나는데 만세 소리가 또 한바탕 크게 일어났고 잠시 후 포성(砲聲) 역시 일어나더니, 시인(市人)들이 바람과 우박처럼 흩어졌다. 대개 수천 명의 시인들이 날이 저물어도 흩어지지 않고 캄캄한 밤인데도 곳곳에서 잇달아 만세를 부르니, 일본 사람이 변괴가 있을까 염려하여 드디어 발포를 하였던 것이다. 군에서 갖고 있는 포를 쏘았는데, 포에 맞아 죽은 사람이 6명, 중상을 당한 사람이 10여 명이라고 하였다. 아! 저 시인들로 하여금 일찍이 내 말을 듣게 하였더라면 일이 여기에 이르지 않았을 터인데, 필부(匹夫)를 깨우치기 어려운 것이 이와 같았다. 밤을 틈타 집으로 돌아왔다.

3월 9일(양 4. 9.)

3. 가택 수색을 당하고 성주경찰서에 구류되다

초아흐렛날. 본 읍의 경부 박재순(朴在純)이 순사 한 사람을 데리고 와서 집안의 문적(文蹟)을 뒤졌는데, 벽장이나 옷장, 그리고 소소한 서랍까지 열어 보지 않는 것이 없었다. 여러 벗들과 주고받은 편지를 일일이 찾아내어 낱낱이 살펴보고, 혹 시사(時事)와 관련된 말이 있으면 모두 가지고 갔다.

또, 「파리장서」의 일로 조사할 것이 있으니 나에게 읍으로 들어오라고 했다. 부득이 수레를 타고 함께 들어가 경찰서에 이르렀다. 송순좌(宋舜佐, 송준필)와 그의 자질(子姪) 두 사람(宋晦根,[49] 宋壽根[50]—원주) 및 이충부(李忠夫: 基定—원주),[51] 이성옥(李聲玉: 鳳熙—원주),[52] 이집중(李執中: 基允—원주),[53] 송현백(宋賢伯: 圭善—원주) 형제 등 10여 명이 「파리장서」의 일로, 혹은 만세의 일로 이미 먼저

---

49 송회근(宋晦根): 1877~1949. 본관은 야성(冶城), 자는 춘여(春汝), 호는 괴당(槐堂)으로 성주군 초전면 고산정에 살았다. 1919년 3월 「파리장서」에 서명하였으며, 1919년 4월 2일 성주읍 장날의 독립만세운동에도 적극 참여하였다. 이러한 혐의로 대구감옥에서 옥고를 치렀다. 1990년 건국훈장 애족장이 추서되었다.

50 송수근(宋壽根): 1896~1969. 본관은 야성(冶城), 자는 강숙(康叔), 호는 은포(隱圃)로 성주군 고산정에 살았다. 1919년 4월 2일 성주읍 장날의 만세시위운동에 적극 참여하였으며, 「파리장서」에 서명하는 등 항일활동을 적극적으로 추진하다가 일경에 피체되어 옥고를 치렀다. 출옥 후 신간회(新幹會) 성주지회(星州支會)를 조직하고 독립사상을 고취하였으며, 1990년에 건국훈장 애족장이 추서되었다.

51 이기정(李基定): 1883~1953. 본관은 성산(星山), 자는 충부(忠夫), 호는 이재(彝齋)로 성주군 월항면 대포(大浦, 한개)에 살았다. 1919년 4월 2일 성주 읍내에서 독립만세시위를 주동하였고, 「파리장서」에 서명하여 체포돼 옥고를 치렀다. 1926년 중국 상해로 망명한 김창숙의 명령을 받고 입국한 송영호(宋永祜)를 도와 비밀리에 군자금 모금활동을 벌이다가 일경에 체포되기도 했다. 1990년 건국훈장 애족장이 추서되었다.

52 이봉희(李鳳熙): 1880~1958. 본관은 성산(星山), 자는 성옥(聲玉), 호는 인와(忍窩)로 성주군 벽진면 택정(澤亭)에 살았다. 「파리장서」에 서명하였고, 만세운동으로 피체되어 대구감옥에서 옥고를 치렀다. 1983년 대통령 표창, 1990년 건국훈장 애족장이 추서되었다.

53 이기윤(李基允): 1891~1971. 본관은 성산(星山), 자는 집중(執中), 호는 극암(克菴)으로 성주군 월항면 대포(한개)에 살았다. 「파리장서」의 직접 연루자로서 여러 동지들과 함께 체포되어 대구감옥에서 옥고를 치렀다. 1996년 대통령 표창이 추서되었다.

그림 20 일제강점기의 일본 순사들

잡혀 와 옥중에 갇혀 있었다. 유독 순좌만 방에 구금되어 그 갓과 옷을 벗지 않고 있었는데, 대개 대우를 하는 것이었다.

이날 밤, 경부가 나를 불러 심문실로 들어오게 하여, 곽종석(郭鍾錫)과 함께 「파리장서」에 관여한 일이 있는지, 또 「통고도내문(通告道內文)」과 「총독부장서(總督府長書)」에 관여한 일이 있는지를 물었다. 내가 말했다.

"있소."

그가 말했다.

"이미 모두 전달하였소?"

내가 말했다.

"「통고도내문」은 젊은이들이 활자로 인쇄하였고, 총독부에 보내는 글은 위임한 사람이 있는데, 나와 송준필이 오늘 모두 구금당해 전달 여부를 알지 못하오. 파리에 보내는 글은 곽종석이 이미 발송하였소."

그가 말했다.

"그 글을 모두 기억해 외울 수 있소?"

내가,

"늙어 혼미한 사람이 어떻게 기억할 수 있겠소."

라고 하니, 그가,

"글의 내용이 무엇이오?"

라고 하기에, 그 글의 내용은 이러이러하다고 답했다.

그는 곧 일일이 그 말을 기록하고 나에게 지장(指章)을 찍으라 했다. 나는 그들에게 한번 읽게 하고, 그 글에 지장을 찍었다.

경부가 말하기를, 유림에 대한 대우는 다른 죄수들과 달리 의관(衣冠)을 그대로 하고 대청에 있게 한다고 하였다.

일전에 고산과 편지를 주고받을 때 석안기(石安基)가 글을 갖고 갔는데, 여기에 연루되어 죄를 받아, 내가 읍에 들어올 때 나를 따라 함께 들어와서 옥중에 구금되었다가 다음 날 나갔다.

이인광(李寅光)[54]이 일찍이 나에게 보낸 편지에 장서에 관한 일이 언급되어 있었기 때문에 그도 여기에 연루되어 잡혀 와 구속되었고, 이경재(李景載: 德厚-원주),[55] 성락현(成洛賢: 大湜-원주)[56] 또한 모두 장서에 이름이 들어 있다고 하여, 읍에 들어와 1차 심문을 한 후 바로 나가게 하였다.

순사들이 나에게 글 하나를 보여 주었는데, 곧 적신 완용(完用)의 경고문이었다. 내가,

"나는 이 사람의 글을 보고 싶지 않소."

---

54 이인광(李寅光): 1878~1934. 본관은 성산(星山)으로 고령에 살았다. 파리강화회의에 한국 독립을 호소하기 위한 「파리장서」에 서명하였으며, 이 일로 체포되어 옥고를 치렀다. 1995년 건국포장이 추서되었다.

55 이덕후(李德厚): 1855~1927. 본관은 벽진(碧珍), 자는 경재(景載), 호는 면와(勉窩)로 성주군 초전면 출신이다. 이진상(李震相)의 문인으로 예학에 조예가 깊었으며, 「파리장서」에 서명하는 등 항일운동을 전개하였다. 일경에게 체포되어 투옥되었으며, 1995년 건국포장이 추서되었다.

56 성대식(成大湜): 1869~1925. 본관은 창녕(昌寧), 자는 낙현(洛賢), 호는 오봉(五峰)으로 성주군 초전면 명곡(椧谷, 홈실)에 살았다. 「파리장서」에 서명하였고, 유생들에게 독립운동을 촉구하는 통문을 발송하는 등 항일운동을 전개하였다. 성주의 만세운동과 관련하여 일경에게 체포되어 옥고를 치렀다. 1995년 건국포장이 추서되었다.

라고 하자,

"그 말에 '독립이란 전혀 성사될 리가 없으니 뜬소문에 부화뇌동하지 말라.'라고 하였거늘, 이와 같은 지극한 말을 어찌 듣지 않고, 장서(長書)를 보낸단 말이오."

라고 하였다. 이에 내가,

"나는 이 사람의 이따위 말을 듣고 싶지 않소. 그대들은 그만두시오."

라고 하였다.

3월 13일(양 4. 13.)

4. 성현의 글에 따라 살고자 하노라

13일. 서장이 나에게,

"노인장은 전혀 개명(開明)이 되지 않아 세계의 형편에 대해서는 숙맥(菽麥)을 분별하지 못하는 것[57] 같소. 요즈음 개화와 관련한 글이 많은데 두루 보시었소?"

라고 하였다. 이에 내가,

"내가 아는 것은 성현의 글일 따름이오. 본디 개명 문자를 등한히 한 것은 아니지만, 지금 이미 해가 서쪽으로 넘어가고 있는데 어찌 머리를 돌려 다른 길로 가겠소? 내가 아는 것으로 나의 삶을 마감한다면, 그것으로 만족하오."

라고 했다.

57 숙맥(菽麥)을~못하는 것: 숙맥불변(菽麥不辨), 즉 콩과 보리도 구별하지 못한다는 뜻으로, 어리석은 사람을 말한다. 줄여서 '숙맥'이라 한다.

3월 16일(양 4.16.)

5. 대구감옥[58]으로 옮겨 수감되다

16일. 새벽에 경부가 나에게,

"오늘 대구로 옮겨 가서 상부(上府)의 처결을 들어야 하오. 이미 바깥에 부탁해 두었으니 교자 멜 사람을 기다리시오."

라고 알렸다.

잠시 후 교자를 타고 경찰서 문을 나서니, 나의 자질(子姪)과 각 집안의 자제들이 모두 문밖에서 기다리고 있었다. 이날 함께 이동한 사람은 21인이었는데, 모두 고산(高山)과 대포(大浦) 및 향내 사람들이었다.

쇠사슬로 두 손을 묶고 줄로 허리를 묶어 두 사람씩 짝을 이루어 길을 따라가니 눈에 참담함이 가득하여 이루 형용할 수 없었다. 순사 10여 명이 모두 칼을 차고 포군(砲軍) 10여 명이 모두 포(砲)를 메고 서로 사이를 두고 열을 지어 서서 좌우를 빼곡히 에워싸고 있었기에 각 집안의 자질(子姪)들이 모두 쫓겨나 감히 가까이 가지 못하였다.

마을 앞 가까이에 있는 가게에 이르니, 며느리가 여종에게 봉손(鳳孫)[59]을 업히고, 교자(轎子) 앞에 엎드려 울부짖었다. 보고 있자니 나도 모르게 가슴이 쓰렸다. 그러나 억지로 자신을 달래며,

"어찌 내가 죽어서 돌아오지 못할 것이라 여기느냐? 죽고 사는 것은 하늘에 달려 있으니 걱정할 것이 없느니라."

58 대구감옥(1908.7.~1923.4.)은 대구감옥서(1907.12.~1908.6.)를 인수하여 1908년 7월 개청하였으며, 1910년 4월 신축 이전하였다. 초기 바깥 담장은 판병(板塀)으로 신설되었으나 1921년에 일부를 벽돌조로 개축하였다. 1923년에는 총독부령 제72호에 따라 대구형무소(1923.5.~1945.8.)로 개칭되었다. 장석영이 투옥되었을 당시의 명칭은 '대구감옥'이었다.

59 봉손(鳳孫): 장석영의 증손 병인(炳仁)이다. 그는 자가 효백(孝伯)으로 병진생(丙辰生, 1916년생)인데 당시 4세였다.

그림 21 각료(脚鐐: 발에 묶는 쇠사슬), 중국 여순감옥

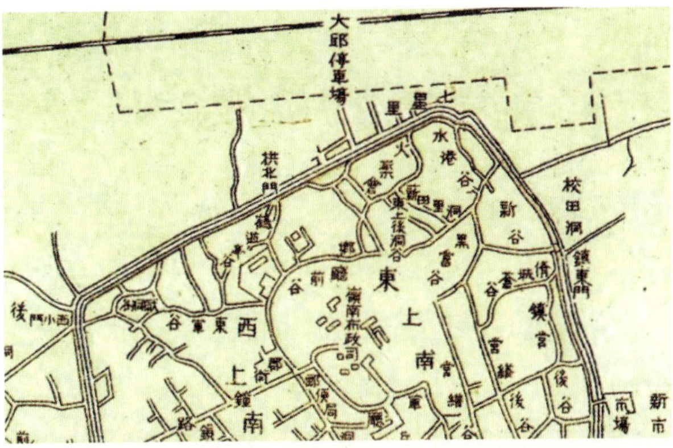

그림 22 경부철도회사가 제작한 대구 시가지 측량도(1903. 점선은 대구역 부설 예정지)

그림 23 대구 정차장(대구역, 1920년경)

라고 하고, 봉손을 불러,

"절을 하여라."

라고 하니, 봉손이 여종의 등 뒤에서 머리를 숙이고 허리를 굽히며 절하는 시늉을 하였다. 내가 쓰다듬으면서

"잘 있거라."

라고 하였다.

드디어 행렬이 왜관 정차장(왜관역)에 이르니, 친척과 벗 등 와서 보는 사람들이 대단히 많았다. 마침내 차를 타고 얼마 되지 않아 대구에 도착하여 하차하였고, 다시 인력거(人力車)를 타고 재판소 앞에 도착했다. 반나절 동안 구치소에 머물러 있다가, 포시(晡時)[60]에 순사 한 명이 재판소로 데리고 들어갔다.

검사 한 명과 통역 한 명이 나란히 탁상에 앉아서 나로 하여금 탁자 아래에 서게 하였다. 내가,

"늙은이라 서서 말하기가 어렵소."

라고 하였더니, 마침내 의자에 앉게 해 주었다. 통역이 검사의 말을 전하며, 사는 마을이 어딘지, 나이는 몇인지, 무슨 일에 종사하는지, 종전에 벌을 받은 적이 있는지 등에 대하여 물었다. 나는 그 물음에 따라 대답을 하였다. 그가,

"곽종석과 함께 「파리장서」를 작성하여 조선의 독립을 청한 일이 있소?"

라고 하기에, 내가

"그렇소!"

라고 하니, 그가 말했다.

"또 「통고도내문」과 「총독부장서」를 지은 적이 있소?"

내가 말했다.

"그렇소! 그러나 「통고도내문」은 도내의 사람들이 이미 모두 고무되어 있어서 글이 별 소용이 없고, 「총독부장서」는 독립 허가라는 것은 일황(日皇)

60 포시(晡時): 오후 세 시부터 다섯 시 사이, 곧 신시(申時)를 말한다. 해질 무렵이다.

이 하는 일이지 일개 총독이 할 수 있는 일이 아닌 까닭에 내가 비록 글을 짓기는 하였지만 중론(衆論)이 일치되지 않았소. 마침 내가 여기에 잡혀 와 있으니 그 글의 전달 여부는 알지 못하오."

그가,

"글의 내용은 무엇이오?"

라고 하기에, 그 글을 외울 수는 없으나 대체적인 뜻은 이러이러하다고 답했다.

그가 말하기를,

"인심을 선동하고 국법을 위반해도 되오?"

라고 해서, 내가

"내 스스로 우리나라의 일을 하였을 뿐, 귀국의 법을 위반했는지 어떤지는 내가 알 바가 아니오."

라고 하니, 그가,

"나가시오!"

라고 했다.

마침내 순사를 따라 구치소에서 나왔다. 송준필 이하 여러 사람들도 차례대로 모두 재판소에 들어갔다가 나왔다. 잠시 후 순사가 나와 송준필 이하 여러 사람들에게 감옥[61]으로 가게 하였다. 감옥 문으로 들어가서 사무소에 이르니, 한 일본인이 탁자에 앉아 우리들에게 갓과 망건 및 웃옷을 벗게 하였다. 주저해 망설이면서 어렵게 여기는 사람은 바로 주먹으로 때리고 발로 차며 욕을 보여, 비록 따르지 않으려 해도 어쩔 도리가 없었다.

마침내 먼저 갓과 망건을 벗고, 심의(深衣)를 벗은 다음 작은 두루마기를 벗고, 마지막으로 버선을 벗었다. 저들이 사람마다 성명을 써서 모두 다른 곳에

---

61 감옥: 원문에는 감옥서(監獄署)라 했다. 감옥서는 1894년부터 1907년까지 감옥을 관장하던 관서이다. 감옥에 관한 사무는 1907년 12월 칙령에 따라 법부의 소관으로 옮겨지고, 지방에 있던 부·군의 감옥은 폐지되었다. 이때 감옥서는 '감옥'으로 그 명칭이 바뀌게 된다.

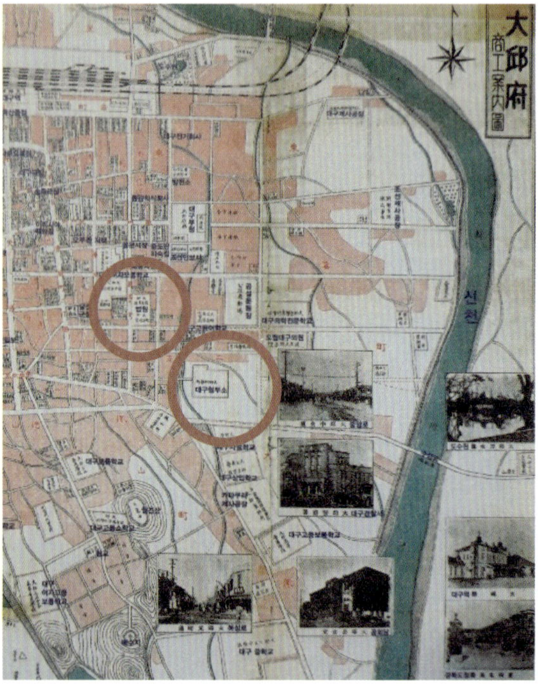

그림 24 대구감옥과 대구지방법원·복심법원(○ 안)

가져다 두었다. 그리고 한 사람을 시켜 우리들을 이끌고 감옥에 들어가게 하니, 밤이 이미 깊어 있었다. 모두 상투를 드러내고 맨발로 저들이 이끄는 대로 따라가서 제1감 13방에 이르니, 한 사람이 맞이하였는데 그는 이른바 담당 관리였다.

자물쇠를 열고 방 안으로 들어가게 하였는데, 송준필(宋浚弼), 성대식(成大湜), 이봉희(李鳳熙), 송규선(宋圭善), 이기정(李基定) 등 여러 명이 나와 함께 들어갔다. 먼저 들어와 있던 사람은 10여 인으로 모두 이교도(異教徒)들이었다. 집중(執中: 이기윤을 말한다.) 등 여러 사람은 뒤에 처져 어느 방으로 들어갔는지 알지 못했다. 생각이 자꾸 나서 잊히지 않았다. 밤이 되어 여러 사람과 함께 서로 마주하며 탄식하였는데, 또 너무 비좁아 수용될 수가 없었다.

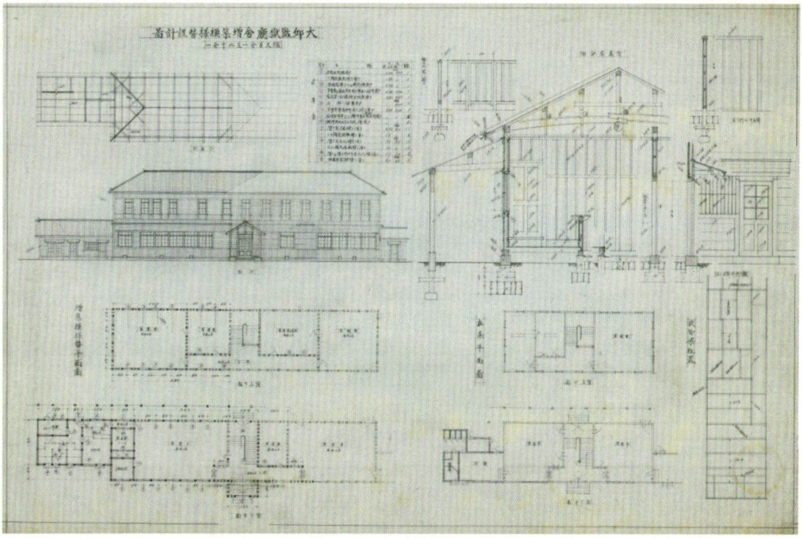

그림 25 대구감옥청사 증축 모양체 설계도(국가기록원)

그림 26 대구감옥(대구시 중구 공평로 22)(대구독립운동사)

대개 감옥에는 제1감(監), 2감, 3감이 있었고, 기타 병원 및 장랑(長廊)은 몇 천백 칸이 되는지 모르겠다. 감에는 모두 16개의 방이 있다. 양쪽에 방이 있고 중간에는 대청이 있으며, 대청과 방에는 모두 나무판이 깔려 있다. 모든 방마다 나무문이 하나씩 있는데, 문 가운데는 손 하나만 겨우 넣을 수 있는 구멍이 있고 철망이 쳐져 있다. 마주한 벽에는 두 개의 구멍이 있지만 구멍 가운데는 여섯 개의 철주가 세워져 있다. 비록 맹분(孟賁)[62]과 하육(夏育)[63]이라도 번쩍 들어 뽑을 수 없고, 바깥 공기만 겨우 통하게 할 뿐이었다.

이른바 담당 순사는 밤새도록 대청에서 여기저기를 돌아다니며 철망 틈으로 각 방을 엿보았다. 꿇어앉아 있지 않은 자, 사사로이 서로 말하는 자, 앉아서 다른 사람의 등을 보고 있지 않은 자, 낮인데도 누워 있는 자, 밤인데도 누워 있지 않은 자가 있으면 모두 문을 열고 들어가 뺨을 때리거나 허리를 차서 수만 가지로 능욕(凌辱)을 하였다. 대개 이 속에 들어온 한인(韓人)은 일찍이 짐승만도 못하였다.

방 한 모퉁이에 물통[水桶]을 비치해 두고 아침저녁으로 물을 받아 놓았다. 한 모퉁이에는 똥통[糞桶]을 놓아 두었는데, 똥과 오줌은 모두 통 위에서 보았으며, 뒤에 들어온 자는 반드시 똥통 곁에 자리를 잡았다.

밥 먹을 때가 되면, 관식(官食)은 방 안에서 먹고, 사식(私食)은 대청에 가서 먹었다. 먹을 때는 반드시 꿇어앉아야 하고, 또한 등을 지고 앉아 서로 말을 하거나 곁눈질도 하지 못하였다.

평상시에는 감옥 안에서 징역을 사는 자가 1,500명을 밑돌지 않았는데,

62 맹분(孟賁): 중국 전국 시대 제(齊)나라 혹은 위(衛)나라의 역사(力士). 맹열(孟說)이라고도 한다. 맨손으로 쇠뿔을 뽑고, 물로 가면 교룡(蛟龍)을 피하지 아니하고, 뭍으로 가면 호랑이를 피하지 아니하고 노기(怒氣)가 나면 소리가 천지를 진동하였다고 한다. 『후한서(後漢書)』 권28, 「환담열전(桓譚列傳)」

63 하육(夏育): 중국 전국 시대 위(衛)나라의 역사(力士). 힘이 대단해서 천균(千鈞)의 무게를 들고 살아 있는 소의 꼬리를 뽑았으며, 소리를 지르면 삼군(三軍)이 모두 놀랐다고 한다. 『후한서(後漢書)』 권28, 「환담열전(桓譚列傳)」

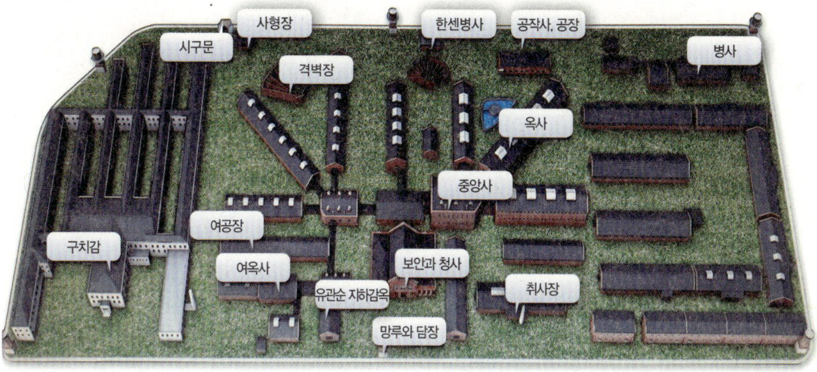

그림 27 서대문형무소 조감도(서대문형무소 역사관)

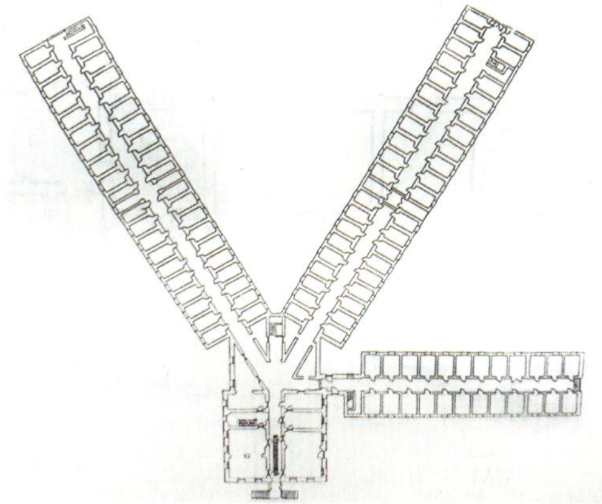

그림 28 중국 여순감옥 감방 평면도

그림 29 물통[水桶]과 똥통[糞桶](중국 여순감옥)

이번 독립운동에서 죄를 받은 사람이 5,000여 명이나 되었다. 13도를 두루 합치면 17만 명이나 된다고 한다. 방마다 사람 수가 적어도 스물네댓 명은 되기에, 앉거나 누울 때 빽빽하여 어깨와 등이 서로 부딪혔다. 밤에는 제대로 누울 수도 없어 어떨 때는 앉아서 아침을 기다리기도 하였다.

옥에 들어온 날, 혹시 이 마음이 변할까 염려하여 글귀 한 구를 지어 스스로를 경계하였다.

한 점 흐린 기운[64]을 끊어 보내고	斷送一點和泥氣
항상 천 길 절벽 같은 우뚝한 마음을 지니리	常持千仞立壁心[65]

하루가 지나자 순사들이 문을 열고 들어와 머리를 깎으라고 하였다. 이기정(李基定) 이하 여러 사람들이 차례대로 끌려 나가 일제히 머리를 깎았는데, 잠깐 사이에 중의 머리를 한 사람 10여 명이 차례대로 방에 들어왔다. 보고 있자니 참담하여 나도 모르게 탄식하며 한바탕 울었다.

다음으로 순좌(舜佐)의 차례가 되었다. 순좌는 큰 소리로 통곡하면서 문밖으로 나가지 않았다. 나 또한 순좌의 손을 잡고 크게 통곡하면서,

"내 머리를 자른 다음에 내 머리카락을 자를 수 있을 것이다!"

라고 하니, 저들이 서로 돌아보면서,

"노인장은 잠시 봐주었다가 판결을 기다린 다음 깎아도 늦지 않을 것이다."

라고 하였다.

또 며칠이 지나갔다. 간수(看守)가 나를 보면서,

---

64 흐린 기운: 원문에는 화니(和泥)로 되어 있다. '화니'는 '화니대수(和泥帶水)'를 줄인 말로, 선(善)·악(惡)·시(是)·비(非) 등이 뒤섞여 도리를 분명히 구별하지 못하는 것을 말한다.

65 옥에 들어온 날~常持千仞立壁心: 이 부분은 초고본에 '팔공산(八公山)'으로 시작하는 시가(詩歌) 앞에 있던 것을 교정본에는 '입옥지일(入獄之日)'에 맞게 재배치하였다. 장석영이 고난을 타개해 나가기 위해 굳건한 마음을 더욱 강조할 필요가 있었기 때문이다.

"거처가 좁아 노인장은 매우 불편할 것이오. 다른 방으로 옮깁시다."
라고 하였는데, 곧 15번 방이었다. 조금 넓은 듯하였고, 대략 10여 명의 일본인 수감자가 머물고 있었다. 그 사람들은 모두 강도나 살인자로 무례(無禮)하고 무의(無義)한 자였는데, 나의 쇠약함을 보고 아주 오만하게 대하고 업신여겼다.

날마다 곤욕을 치렀으나, 자칭 김해에 산다는 김춘길(金春吉)이라는 자가 유독 나에게 자못 공경한 뜻을 보였다. 또 광원길태랑(廣園吉太郎)이라는 자가 있어 나를 아버지라고 부르니 다정한 마음이 없지는 않았다. 또 유랑(由郎)이라는 자가 있는데, 모습은 몹시 보잘것없었으나 자못 글자를 안다고 했다. 이러한 까닭에 절구를 지어 서로 화답(和答)하기도 하였다. 그러나 대개 감옥 안에는 처음부터 쓸 만한 지필(紙筆)이 없어 모든 말은 손가락으로 자리에다 썼는데, 이마저도 저들은 엄격하게 금하였다.

3월 25일(양 4.25.)

6. 검사로부터 심문을 받다

25일. 재판소에서 순사가 와서 심문이 있을 것이라 하였다. 대개 옥례(獄例)에 따르면, 감옥에 들어온 날 처음으로 심문을 한 번 하고, 열흘이 지나기 전에 또 한 번 심문을 하며, 22일 안에 공판이 있는데, 만약 22일이 지났다면 예심(例審)에 부치는 데 일정한 기한이 없다고 한다.

아침을 먹고 나서 여러 명의 순사들이 죄인 여러 명을 한곳에 모아 놓고 각각 두 팔을 쇠사슬로 묶고, 또 다른 쇠사슬로 두 사람의 손을 이어서 묶었다. 또 쇠 끈으로 허리를 묶고, 머리에는 짚으로 만든 용수를 씌웠으며, 발에는 게다(げた)를 신기고, 두 사람이 열을 만들어 도합 50여 명을 줄지어 가게 하였다.

나는 오직 수갑과 허리의 끈은 힘으로 면할 수가 없어 그가 하는 대로 맡겨 두지 않을 수 없었으나, 신발은 차라리 맨발로 갈지언정 신지 않고자 하여

그림 30 심문 취조 장면(서대문형무소 역사관)

그림 31 용수를 쓰고 끌려가는 죄인(서대문형무소 역사관)

마침내 그것을 던져 버리고 맨발로 가니, 침으로 발을 찌르는 것같이 아파 견딜 수가 없었다.

재판소 구치감(拘置監)에서 차례대로 불려 들어갔다. 나의 차례가 되니, 검사가

"국법을 위반하고 인심을 선동하였으니 국가의 적이 아니오?"

라고 하였다. 내가 대답하기를,

"재판소는 송사를 결정하는 곳이니, 내가 송사하는 이치로 말을 하겠소. 지금 어떤 사람이 남의 토지를 빼앗았다고 합시다. 빼앗긴 사람이 토지를 다시 찾으려고 한다면, 빼앗은 사람이 도적이오 찾으려는 사람이 도적이오? 찾으려는 사람과 빼앗은 사람이 재판소에 와서 송사를 한다면, 재판관은 장차 누구를 도적이라 하겠소?"

라고 하였다. 저들이 대답은 하지 않고 곧,

"파리장서의 일이 있을 때 곽종석과 편지를 주고받았소?"

라고 하기에,

"그렇소."

라고 대답했다. 그가,

"언제 주고받았으며, 누가 그 글을 갖고 갔소?"

라고 하였다. 내가,

"나는 진실로 늙고 혼미하여 그 날짜를 기억하지 못하오. 또 어떤 사람을 시켜 글을 보냈는지 기억하지 못하오."

라고 하니, 그가 말했다.

"곽종석의 말로는 장시원(張始遠) 박사가 글을 가지고 왔다고 하던데, 무슨 까닭에 사실을 속이시오?"

내가 말했다.

"시원은 나의 조카요. 곽종석의 말이 이와 같다면 또 무엇 때문에 나에게 질문을 하시오? 또 주고받은 일을 알았다면 그것으로 만족할 것이지 그 글을 가지고 간 사람과 글을 보낸 날짜를 반드시 묻는 것이 일에 무슨 도

그림 32 용수(서대문형무소 역사관)

움이 된단 말이오? 또한 너무 각박하지 않소? 또, 곽종석의 말은 어떻게 들었소?"

이에 저들이 한 폭의 장서를 나에게 보이면서 물었다.

"이 글이 무슨 글인지 아시오?"

내가 보니 바로 면우가 보낸 「파리장서」였다. 내가,

"이것은 우리가 작성한 「파리장서」요. 이 글이 어떻게 여기에 와 있소?"

라고 하니, 그가,

"곽종석이 가지고 왔소."

라고 하였다. 나는 이로써 면우가 여기에 와 있다는 것을 알게 되었다.

저들은 또 「통고도내문」과 「총독부장서」의 내용이 어떠한지를 물었고, 나는 처음처럼 대답하였다. 그리고 마침내 나왔다.

4월 10일(양 5.9.)

7. 방을 옮겨 주시오

4월 10일. 내가 담당 순사에게 말했다.

"같은 방에서 징역을 사는 저 사람들이 너무 무도하여 노인을 업신여기니, 내가 여기에 오래 거처할 수가 없소. 나를 다른 방으로 옮겨 줄 수 있겠소?"

담당 순사가 말했다.

"이것은 내가 주관하는 일이 아니오. 옥을 담당하는 서장(署長)에게 보고한 후에 조정이 가능하오."

드디어 서장에게 청원(請願)하였더니, 서장이 순사에게 함께 보기를 청하여 내가 순사를 따라갔다. 2층 계단을 밟고 최상층에 올라가니 한 사람이 소매에 두 줄의 금빛 띠를 두르고 의자에 앉아 있었는데, 일본의 고등관리라고 하였다. 내가 맞은편에 있는 의자에 앉아서 방 옮길 뜻을 말하자, 서장이 말했다.

"이것은 내가 독단적으로 처리할 일이 아니오. 여기에 있는 각 관리들이 동의해야 가능한 것이오. 잠시 기다려 주시오."

그 사람은 나이가 60쯤 되어 보였는데, 말과 태도가 대단히 공손하였으며 대우도 자못 좋았다.

4월 13일(양 5.12.)

8. 구치감 제15감으로 옮기다

13일. 한 순사가 와서 서장이 방을 옮기라고 명하였다면서, 나를 데리고 구치감 제15방으로 갔다. 곧 일본인 미결수가 거처하는 곳이었다. 그곳에는 세 명이 있었는데, 대체로 일본인 죄수였으며 많아도 10명을 넘지 않았다. 이로부터 거처하는 곳이 대단히 넓어졌다. 그러나 제1감에 있을 때부터 함께 있

그림 33 감옥의 여러 방들(서대문형무소)

었던 일본인이 종일토록 시끄럽게 떠들어 댔지만 나는 무슨 말을 하는지 도무지 알 수가 없었다. 또 볼만한 서책(書冊)도 없었고, 지필(紙筆)과 묵연(墨硯)도 없어 글을 쓸 수가 없었다.

대저 귀가 있어도 듣는 것이 없었고, 눈이 있어도 보는 것이 없었으며, 손이 있어도 쓸모가 없었다. 길고 긴 여름날 진흙으로 만든 사람처럼 혼자 앉아 있기만 했다. 또 밤이 되면 밤새도록 잠이 오지 않아 홀로 자리에서 일어나기도 했다. 신세를 생각하니 참으로 비참하였다.

이달 초에 가아(家兒)가 『학안(學案)』 14책을 사서 바깥으로부터 들여보냈는데, 곧 청나라의 유학자 육부정(陸桴亭)[66] 이하 제현들의 심성이기설(心性理氣說)을 적은 책이었다. 이로부터 조금씩 시간을 보내며 마음에 드는 구절을 만날

66 육부정(陸桴亭): 1611~1672. 명말 청초의 이학가(理學家) 육세의(陸世儀)로, 자는 도위(道威), 호는 강재(剛齋)·부정(桴亭), 강소 태창(江蘇太倉) 사람이다. 명나라가 망하자 청나라에서 벼슬하지 않고 은거하여 강학하였다. 정주학을 종주로 삼아 왕양명의 설을 배척하였다. 저서로는 『사변록(思辨錄)』, 『논학수답(論學酬答)』, 『성선도설(性善圖說)』 등이 있다.

때마다 소리를 내어 읽었더니 저 사람들이 문득 꾸짖어 제지하였다. 대개 일본의 독서법은 마음속으로 읽어 소리를 내지 않는다고 하니 가소롭다.

4월 16일(양 5.15.)

9. 10년 만에 곽종석을 만나다

그림34 철제 수갑(서대문형무소 역사관)

16일. 이날이 공판이라 하였다. 아침을 먹고 또 처음처럼 수갑을 차고 끈에 묶여 구치소로 들어갔다. 여러 죄인들이 일제히 재판소로 들어왔는데, 면우(俛宇) 영공(令公)도 여기에 들어왔다. 10년 만에 만났는데, 이렇게 감옥에서 서로 보게 될 줄이야! 바로 손을 잡고 한바탕 통곡하고 싶었으나 그들의 법에 구속되어 서로 한마디도 나눌 수가 없으니, 슬프도다!

나는 면옹(俛翁: 곽종석), 순좌(舜佐: 송준필) 등 장서와 관련된 사람들과 한 줄로 섰고, 기타 만세를 부른 사람들도 각각 차례대로 한 줄로 섰다. 각 개인의 친척과 친구들이 활짝 열린 문을 통해 들어와서 공판을 보았는데, 대개 수천 수백을 헤아릴 정도였다.

판사와 검사가 탁상에 열을 지어 앉아서 가장 먼저 면우에게 물으니, 면우가 이러이러한 말로 대답하였다. 다음으로 내 차례가 되었다. 내가,

"이 일의 발단은 만세를 부른 것에 근본하오. 선비로 처신하는 자는 다만 문자로써 의리를 밝히는 까닭에 만세를 부르는 것은 처음부터 하지 않았소. 「파리장서」는 곽종석과 상의하여 하였소."

라고 하였더니, 그가,

"글은 누가 지었소."

라고 물어, 내가 대답하였다.

그림 35 감방의 여러 문들(서대문형무소)

"곽종석이 짓고, 나 또한 직접 지은 글이 하나 있소."

그가 물었다.

"연명(聯名)을 하였소?"

"김창숙이 갔기 때문에 나는 보지 못하였고, 문자의 정본 또한 보지 못했소.[67] 그러나 이 일은 바로 내가 일으킨 것이니, 내 이름이 어찌 여기에 들어가지 않을 리가 있겠소. 나와 곽종석은 40년 동안 도의(道義)로 사귀어 일을 같이 하는 일체(一體)라 하겠소. 하물며 이 일은 두 사람이 합의하여 한 것이니 연명 여부를 어찌 다시 논하겠소?"

다음으로 순좌 이하 제군까지 미쳐 모두 사실대로 대답했다. 검사가,

"김창숙, 곽종석, 장석영은 모두 2년 징역에 처하고, 송준필은 1년 반, 이하 장서(長書)와 관련된 사람 및 만세를 부른 사람은 12월 혹은 10월의 형률에 처한다."

67 초고본에는 이 뒤에 "내가 비록 따로 연명을 허락하지는 않았으나"라는 말이 추가되어 있다.

라고 하였다. 판사가,

"오는 20일(곧 음력 21일이다.－원주)에 들어와서 판결을 받으시오."

라고 말하고는 모두 일어나 안으로 들어갔다.

형률을 받은 사람이 형역을 받아들일 수 없음을 말하고자 하였으나 되지 않았다. 모두 물러나 다시 감옥으로 돌아왔다.

4월 21일(양 5.20.)

10. 징역 2년 판결에 단식을 결행하다

21일. 또 처음처럼 수갑을 차고 끈에 묶여 재판소로 들어가니 판사와 검사가 처음처럼 열을 지어 앉아 차례대로 판결을 하였는데, 공판 때의 말과 조금도 다르지 않았다. 문답을 마치고 2년 징역에 처결되었다.[68] 물러나 옥중으로 돌아와 스스로 이렇게 생각했다.

'당초 거사를 할 때 화가 미칠 줄은 알았지만 2년의 징역에 처해졌으니, 어찌 이리 가혹한가. 조석(朝夕)을 알 수 없는 나이에 다시 살아서 옥문을 나갈 가망이 전혀 없구나. 죄수복을 입고 그물을 짜거나 똥통을 지고 구차하게 살기를 구하느니 차라리 한번 죽어 편안해지는 것이 나을 것이다. 그러나 스스로 목을 매거나 목을 찔러 부모께 물려받은 몸을 손상시키는 것

68 2년 징역에 처결되었다: 양력 1919년 5월 20일, 보안법위반(保安法違反)으로 대구지방법원에서 재판을 받은 사람은 곽종석(郭鍾錫)·이기정(李基定)·성대식(成大湜)·송수근(宋壽根)·송우선(宋祐善)·장석영(張錫英)·송규선(宋圭善)·송훈익(宋勳翼)·김희규(金熙奎)·송준필(宋浚弼)·이봉희(李鳳熙)·송회근(宋晦根)·송문근(宋文根)·송인집(宋寅輯)·송천흠(宋千欽)·김창숙(金昌淑) 등 총 16인이다. 이 가운데 곽종석·장석영·김창숙은 2년, 송준필·이봉희·송규선은 1년 6월, 이기정·성대식·송우선·송회근은 1년, 송수근·송훈익·김희규·송문근·송인집·송천흠은 10월의 징역에 처해졌다. 김창숙·송인집·송천흠은 궐석 판결이 이루어졌다. 이와 관련한 구체적인 기록은 이 책의 제4부 '대구 지방법원 및 복심법원 판결문'을 참조할 수 있다.

그림 36 1920년대 대구지방법원(대구시 중구 동성로 3길 84)(대구독립운동사)

그림 37 재판 장면(서대문형무소 역사관)

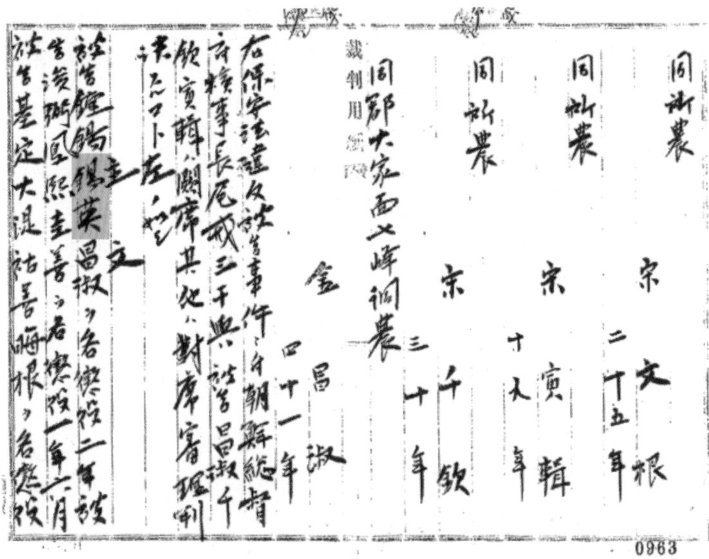

그림 38 대구지방법원 장석영 1심 징역 2년 판결 주문(국가기록원)

은 처음부터 성인의 가르침이 아니다.[69] 다만 성인께서도 이제(夷齊)[70]와 같은 청성(淸聖)[71]만은 수양산에서 굶어 죽는 것을 허락하셨으니, 내가 지금 형역(刑役)에 처해지지 않고 차라리 스스로 굶어 죽어 저승에서 백이와 숙제를 뵈어야 부끄럽지 않을 것이다.'

드디어 여덟 수의 절구를 지어서 죽음을 맹세하였다. 그 시는 이러하다.

---

69 초고본에는 이 뒤에 "또 짧은 실과 작은 쇠 조각도 구할 수 없어서, 비록 목숨을 끊고자 하나 또한 그렇게 할 수가 없었다."라는 말이 추가되어 있다.

70 이제(夷齊): 중국 은(殷)나라의 전설적인 성인 형제인 백이(伯夷)와 숙제(叔齊). 주나라 무왕이 은나라 주왕을 치려고 할 때, 신하가 천자를 토벌해서는 안 된다고 간하였으나 받아들여지지 않자 주나라의 곡식 먹기를 거부하고 수양산(首陽山)에서 굶어 죽었다고 한다.

71 청성(淸聖): 수양산에서 주나라 곡식을 먹지 않고 고사리만 뜯어 먹다가 죽었다는 백이(伯夷)와 숙제(叔齊)를 가리킨다. 『맹자』에서 "백이는 성인 가운데 맑은 분이다.[伯夷聖之淸者也.]"라고 하였다. 『맹자』 「만장 하(萬章下)」

마음대로 강남에서 사직의 회복을 꿈꾸다가	妄擬江南明社復
부질없이 북해에서 한모(漢旄)[72]를 삼키었네	徒然海北漢旄呑
집안과 처자를 모두 잊어버렸으니	室家妻子都忘却
아비지옥에서 찧기고 갈려도 또한 편안하리	阿鼻舂磨亦自安
사람 같기도 하고 짐승 같기도 한 이곳이 어디인가	如人如獸此何地
죽지도 살지도 못하면서 내가 오래 머물고 있구나	非死非生我久留
언제쯤 천 근의 쇠사슬을 끊어 버리고	那時劈却千重鎖
한번 창공에 뛰어올라 나의 시름을 털어 버릴까	一躡長空寫我愁
감옥에서 살아나갈 일 아득히 기약 없으니	板門生出杳無期
문득 소무(蘇武)가 양 칠 때를 생각하네[73]	却憶蘇郎羝牧時
때때로 젖이 나는가를 보고 또 보는 것이[74]	時復看看乳也未
종일토록 앉아 아무것도 하지 않는 것보다 낫겠네	勝吾終日坐無爲
삼 년 동안 문산(文山)은 시시(柴市)에 있었고[75]	三載文山柴市在
십 년 동안 홍불(洪佛)은 냉산(冷山)에 지체하였네[76]	十年洪佛冷山遲

---

72 한모(漢旄): 한(漢)나라 소무(蘇武)는 흉노(匈奴)에 사신으로 가서 온갖 고통을 받다가 다시 북해(北海, 시베리아)로 옮겨지는 등 죽을 고비를 넘기면서도, 절개를 굳게 지키며 사신의 절모(節旄)가 너덜너덜해지도록 손에서 항상 놓지 않았다고 한다. 그 뒤 한나라가 흉노와 화친을 맺으면서 19년 만에 돌아왔다. 『한서(漢書)』 권54, 「소무전(蘇武傳)」

73 문득~생각하네: 흉노(匈奴)가 소무를 북해의 사람 없는 곳에 옮겨 두고 숫양을 기르게 하면서 숫양이 새끼를 낳으면 돌아가게 하겠다고 하였다. 『한서(漢書)』 권54, 「소무전(蘇武傳)」

74 때때로~것이: 흉노가 숫양이 새끼를 낳으면 돌아가게 한다고 하였으므로, 숫양이 새끼를 낳아 젖이 나는지를 본다는 의미이다.

75 삼 년 동안~있었고: 문산(文山)은 남송(南宋)의 충신 문천상(文天祥, 1236~1282)의 호이다. 문천상은 원(元)나라 장수 장홍범(張弘範)에게 붙잡혀 연경(燕京)으로 끌려가서, 3년 동안이나 온갖 회유와 협박에도 굴하지 않고 절개를 지키다 죽었다. 문천상은 1282년 연경(燕京)의 시시(柴市)에서 참형을 당하였다. 『송사(宋史)』 권418, 「문천상열전(文天祥列傳)」

76 십 년 동안~지체하였네: 남송 고종(南宋高宗) 때의 충신 홍호(洪皓)의 이야기를 인용하였다. 홍호는 금나라에 사신으로 갔다가 억류되어 15년 만에 돌아왔는데, 냉산에 갇혀 온갖 고초를 겪었

그림 39 소무목양도(蘇武牧羊圖)

내 이제 늙어 살아도 아무런 이익이 없으니　　吾今老矣生無益
구차하게 옥중에서 사는 것이 부끄럽기만 하네　　苟活牢中愧望之

필부의 의리는 본래 마땅치 않지만　　匹夫爲諒本非當
부모께 물려받은 몸을 하물며 상하게 하겠는가　　父母遺身況可傷
옛 성현이 인(仁)을 구한 자리 생각해 보니　　追惟古聖求仁地
오직 백이숙제가 수양산에서 굶어 죽었구나　　獨有夷齊餓首陽

으나 끝내 굴복하지 않았다. 여기서는 장석영이 유배에서 풀려나 고향으로 돌아간다는 의미로 쓰였다. 『송사(宋史)』 권373, 「홍호열전(洪皓列傳)」

사흘간 곡기를 끊어도 굶주림을 알지 못하니	三朝絕粒不知飢
이렇게 저승 가면 언제쯤 도달할 수 있을까	此去重泉問幾時
머리를 돌려 우리나라 천만 리를 돌아보나니	回首三韓千萬里
가련한 사람의 목숨은 짐승같이 보잘것없네	可憐人命畜生微
우리의 대의가 일찍이 무너진 적이 없으니	吾人大義不曾隳
살아도 같이 살고 죽어서도 함께 가세나	生與同生死與歸
다른 해 내가 동문(東門)에 눈을 걸어 두고[77]	他年我有東門目
한인들이 스스로 독립하는 것을 보리라	會見韓人自立時
유학을 내 한평생 스스로 자임하여	斯道平生我自任
예서(禮書)를 연찬하여[78] 오히려 지금까지 남아 있네	禮書勘覈尚餘今
직경(直卿)[79]을 보지 못하고 몸이 먼저 죽으니	直卿不見身先死
후배들 가운데 어떤 사람이 이 마음을 이어 갈까	後輩何人述此心

또[80] 시가(詩歌) 3장을 지었는데, 그 노래는 이러하다.

---

77 다른 해~걸어 두고: 오왕 부차가 오자서(伍子胥)에게 촉루검(屬鏤劍)을 내리며 자결을 명하자, 그가 죽기 전에 "나의 눈알을 뽑아서 오나라 동문에 걸어 두어, 월나라가 오나라를 멸망시키는 것을 보게 하라.[抉吾眼 置之吳東門 以觀越之滅吳也.]"라고 한 고사에서 유래하였다. 『사기(史記)』 권31, 「오태백세가(吳太伯世家)」

78 예서(禮書)를 연찬하여: 장석영은 『의례집전(儀禮集傳)』, 『대례관견(戴禮管見)』, 『사례절요(四禮節要)』, 『사례태기(四禮汰記)』, 『구례홀기(九禮笏記)』 등 예학과 관련한 많은 저술을 남겼다.

79 직경(直卿): 황간(黃榦, 1152~1221)의 자. 황간은 중국 민현(閩縣) 사람으로 자는 직경(直卿)이고, 호는 면재(勉齋)이다. 남송(南宋) 시기의 관리이자 철학자로 주희(朱熹)의 제자이다. 저서로 『주자행장(朱子行狀)』, 『면재집(勉齋集)』, 『사서통석(四書通釋)』 등이 있다. 여기서는 황간의 저술을 의미한다.

80 초고본에는 이 뒤에 "나 또한 옥에 들어온 날, 혹시 이 마음이 변할까 염려하여 글귀 한 구를 지어 스스로를 경계하였다. 한 점 흐린 기운을 끊어 보내고[斷送一點和泥氣] / 항상 천 길 절벽 같은 우뚝한 마음을 지니리[常持千仞立壁心]"라는 문장이 더 있으나, 교정본에서는 '입옥지일(入獄之日)'에 맞게, 3월 16일 조로 옮겨 놓았다.

그림 40 팔공산 동화사 봉서루

그림 41 독립운동 등으로 수감된 사람들의 사진(서대문형무소 역사관)

팔공산[81] 저 구름아[82] 오고가는 너는 자유롭구나
너도야 고국의 비회(悲懷)를 잊지 못하는가
왕래하는 사이에 뿌리는 한 줄기 비는 눈물이로다

금호강[83] 깊은 물은 누굴 위해 바삐 가나
어부야 배를 머물게 하려무나
십칠만의 원옥(冤獄) 눈물 저 강물에 비교하세

삼각산은 저렇게 높고 한강물은 깊건마는
오백 년 왕가의 강토 하루아침에 누구의 집이 되었나
계모석(啓母石)[84] 아래 고고성(呱呱聲) 있나 저 까마귀는 어느 곳에 머무는가

시가 완성된 뒤 스스로 '내가 비록 죽더라도 오직 이 두 편의 시가 신표(信標)는 되겠지만, 지척이 천 리여서 우리 아이에게 전달할 방법이 없다. 생전과 사후가 이렇게 장차 사라지게 될 것이다.'라는 생각이 들었다. 마침 대청에 나가서 아이에게 편지를 쓸 때(공휴일마다 담당 순사가 죄수 가운데 편지를 쓸 사람이 있는지를 묻고, 있으면 당상으로 나와서 열을 지어 쓰게 하였다.-원주) 미리 작은 종이 한 조각을 준비하여 가만히 저들이 보지 않을 때를 틈타 몰래 이 시를 써서, 장차 옷깃 속에 넣어 두었다가 몸이 죽은 후 집안사람들이 찾아서 볼 수 있도록 대비하였다. 그러나 쓰기를 마치기 전에 순사들에게 들키고 말아, 그들이 힐문(詰問)

81 팔공산: 교정본에 '八空山'으로 되어 있으나, 초고본에는 '八公山'으로 바로 표기되어 있다.
82 팔공산 저 구름아: 매양 문틈으로 팔공산을 바라보니 산록에 구름과 안개가 어둑하였다. 비분(悲憤)한 마음에 흐르는 눈물을 금할 수 없었다.-원주
83 금호강: 초고본과 교정본에 '金烏江'으로 되어 있으나, '琴湖江'의 오기이다.
84 계모석(啓母石): 계모석은 하(夏)의 아들 계(啓)의 출생지를 말한다. 우(禹)임금의 아내는 도산씨(塗山氏)로, 우는 결혼한 지 나흘 만에 치수 공사 현장으로 달려갔는데, 그 아내가 남편이 산길을 급히 달릴 때 곰의 모습이 되는 것을 보고 너무 놀라 그만 돌이 되어 버렸다고 한다. 이때 도산씨는 임신 중이었다. 우가 그 돌에게 "내 아들을 돌려주오."라고 외치자, 돌이 갈라져 아들이 태어났다고 한다. 그가 계(啓)였는데, 계(啓)는 '연다'는 의미이다.

하면서 빼앗아 갔다.

공판일로부터 시작하여 무릇 3일 동안 단식하였으나 배가 몹시 고픈 줄도 몰랐고 근력도 평상시와 같았다. 속언(俗言)에, 굶어 죽을 경우 남자는 7일, 여자는 9일이라 하였는데 그 말은 잘못인 듯하다. 3일이 지나도록 이와 같으니 대략 수십 일이 아니면 죽을 리가 없을 듯하였다.

4월 24일(양 5. 23.)

11. 공소장에 지장을 찍다

제4일(음력 24일-원주). 어떤 사람이 문틈으로 나에게 소리를 지르며,

"공소(控訴)를 하겠소?"

라고 하기에, 내가,

"공소가 무엇이오?"

라고 하니, 그 사람이 말했다.

"대개 1심은 지방법원에서 하고, 2심은 복심법원에서 하며, 3심은 경성 대심원(大審院)에서 하는데, 1심을 하고 형역(刑役)에 처해지지 않으려면 2심에 공소를 해야 하고, 또 뜻대로 되지 않으면 3심에 상고를 하는 것이오."

공소자의 이름을 나열해 기록한 책자 하나를 주면서,

"공소를 하려면 성명 아래 지장을 찍으시오. 만일 5일이 지나면 비록 공소를 하고자 해도 할 수가 없소."

라고 했다.

내가 그 사정을 자세하게 몰라 망설이며 결정하지 못하고 있으니, 여러 순사들이 밖에서 힘써 청하면서 이렇게 말했다.

"공(公)이 3일 동안 단식하고 있지만 비록 죽는다 해도 아무런 명분이 없소. 공은 지금 연로해서 징역을 살게 되면 감당하지 못할 뿐만 아니라 또한 마

땅한 처사도 아니오. 만약 공소를 한다면 최소한 집행유예(執行猶豫, 집에서 형역을 받는 것이다.-원주)쯤 될 것이니, 청컨대 다시는 의심을 하지 마시오."

나는 죽는 것이 즐거운 일은 아니고 또한 진실로 명분이 없으니, 우선 저들의 말을 따라 형역을 받을 기한을 알아보고 다른 일이 되어 가는 형편이 어떤지를 살펴보는 것이 좋겠다고 생각하고, 마침내 이름 아래 지장을 찍었다.

4월 27일(양 5.26.)

12. 일본인 백기로부터 희망을 듣다

27일. 백기(伯岐)라는 일본인이 사기죄로 들어왔다. 그 사람은 조선말을 곧잘 하였다. 그가 말했다.

"내가 경무서(警務署)에 갇힌 지 이미 10일 가까이 되었소. 경찰 관리들이 서로 하는 말을 가만히 들어 보니, 성주의 죄인이 비록 2년 징역을 받았지만 그 사람은 10년 전부터 재명(才名)이 있을 뿐만 아니라 지금은 이름이 온 나라에 가득하고 나이도 올해 일흔이니 오래지 않아 반드시 집행유예로 풀려날 것이라고 하였소. 지금 선생을 뵈니 그것은 필시 선생을 두고 한 말인 듯하오. 원컨대 선생께서는 근심하지 말기 바라오. 머지않아 마땅히 출옥하게 될 것이오."

또,

"성주는 저의 발걸음이 두루 미친 곳인데, 성주읍에 왕래할 때 일찍이 존명(尊名)을 들었소."

라고 하기에, 내가 말했다.

"나는 본래 무명인(無名人)인데, 어찌 이 말을 감당하겠소."

그 사람은 또한 문자(한문)를 조금 알았으므로 때때로 말을 주고받으며 수작(酬酌)하기도 하여 약간 위로가 되었다.

5월 1일(양 5.29.)

13. 공소한 이유를 밝히다

5월 1일. 검사가 조사할 일이 있다면서 나를 재판소로 불러들였다. 검사가 말했다.

"대구의 우(禹)씨 한 사람이 봄에 일찍이 한 번 온 적이 있소?"

내가,

"대구의 우씨는 애초에 얼굴을 아는 자가 없소. 아는 사람이라곤 우현풍(禹玄風)뿐이오."

라고 하였더니, 그가 말했다.

"이름이 무엇이오?"

내가 말했다.

"그 사람이 죽은 지 이미 30년이나 되었는데 이름을 물어서 어디에 쓰려 하오? 나는 또 그 이름마저 잊어버렸소."

그가 말했다.

"그 자손을 아시오?"

내가,

"처음부터 알지 못하였소."

라고 하자, 그가 말했다.

"2월쯤 찾아간 사람이 분명히 있었는데 무엇 때문에 실토하지 않소?"

내가,

"기억하기로는 봄 사이에 내가 막 이웃 마을로 가려고 문을 나설 즈음에 한 사람이 찾아왔었소. 내가 '나는 일이 있어 막 이웃 마을로 가야 해서 손님을 접대할 수가 없네. 나의 자질(子姪)들과 함께 편안하게 앉아 있으면, 내가 오래지 않아 돌아올 걸세.'라고 하자, 그 사람이 이르기를, '저 또한 돌아갔다가 며칠 뒤에 다시 오겠습니다.' 하고 마침내 떠났소. 그 후로 다시 오지 않았는데, 지금 생각해 보니, 그 사람의 성이 우(禹)였던 것 같소."
라고 하였다. 그가,

"그 사람의 이름은 장서에 들어 있지 않소?"
라고 하기에, 내가 말했다.

"문을 나서다가 잠시 보았는데, 어느 겨를에 장서에 대한 일을 말하였겠소? 이것은 내가 알지 못하는 바요."

나는 또 말했다.

"내가 이미 공소하였고 재판소와는 관계가 없는 일이오. 재판관은 무엇 때문에 나를 불렀소? 만일 조사할 것이 있으면 나를 불러 조사하면 되지, 내 손에 수갑을 채우고 내 허리를 묶은 채, 재판소와 관련 없는 일로 불러들이니 이것이 무슨 법례란 말이오?"

그가,

"곽종석은 공소하지 않았는데, 장석영은 공소하였소. 일은 같은데 행동이 다르니 이것은 무엇 때문이오?"
라고 했다. 내가,

"사람의 견해가 각자 다르니 처사 또한 다름이 있는 것이오. 공소하는 것, 공소하지 않는 것은 그 일이 같지는 않지만 그 마음은 일찍이 다른 것이 아니오. 공소하지 않은 사람도 그가 죄가 있다는 것을 자복한 것이 아니고, 공소한 사람도 스스로 그 죄를 사면해 주길 구걸한 것이 아니오. 내가 공소한 뜻을 의심한다면, 마땅히 글 한 편을 써서 내 뜻을 밝힐 것이오. 지필(紙筆)을 빌려주시오."
라고 하니, 그가 말했다.

"이러한 관례가 없으니 빌려줄 수가 없소."

날이 저물어 옥중으로 돌아왔다. 여러 번 생각해 보았으나, 한마디 말로 스스로를 밝혀 저들로 하여금 내가 공소하게 된 뜻을 알게 하지 않을 수 없었다. 그리하여 마침내 공소원(控訴院)에 투서하였다. 그 글은 대체로 다음과 같았다.

이 몸이 죄가 있는지 없는지는 전후로 묻고 답한 말에 자세하다. 일본의 입장에서는 나를 죄인이라 하겠지만, 우리 한국의 입장에서는 당연한 의리이다. 설령 큰 죄를 지었다며 징역을 살게 하더라도 받아들일 수가 없다. 70년간 성현서(聖賢書)를 읽어 몸소 유림의 수장이 된 자가, 징역 방에서 구차하게 살 수가 있겠는가? 이것은 만에 하나라도 받아들일 수 없는 의리이다. 이미 징역을 받아들이지 않았으니 오직[85] 죽음으로 불복한 다음에야 나의 뜻이 밝혀질 것이다. 공소를 한 것은 곧 나의 뜻을 밝히기 위함이다. 귀국 사람들이 나를 죄인이라 하여 차라리 사형에 처한다고 하더라도 징역은 내가 받아들일 수 없노라.

5월 4일(양 6.1.)

14. 홀로 앉아 깊은 번민에 빠지다

초나흗날. 경찰관이 통역을 데리고 와서 나를 조사하면서 물었다.

"류필영(柳必永),[86] 류연박(柳淵博),[87] 이만규(李晩煃),[88] 이능학(李能學), 노상직(盧相稷)[89] 등을 아시오?"

---

85 초고본에는 "죽을 뿐이다. 3일 동안 먹지 않고 죽을 것으로 자처하였으나, 다시 생각해 보니 내가 한마디도 하지 않고 갑자기 몸만 죽게 된다면, 이것은 진실로 죄인을 자처하는 것이다."라는 문장이 더 있다.

86 류필영(柳必永) : 1841~1924. 본관은 전주(全州), 자는 경달(景達), 호는 서파(西坡)로 안동에 살았다. 류치명(柳致明)의 문인으로 경학과 문장에 밝아 유림의 중망이 있었다. 「파리장서」에 서명하여 3개월의 옥고를 치르다가 집행유예 3년을 선고받고 풀려났다. 1995년 건국포장이 추서되었다.

87 류연박(柳淵博) : 1844~1925. 본관은 전주(全州), 자는 경심(景深), 호는 수촌(水村)으로 안동에 살았다. 1882년 식년시(式年試) 3등으로 진사에 합격하였으며, 「파리장서」에 서명하여 옥고를 치렀다. 1995년 건국포장이 추서되었다.

88 이만규(李晩煃): 1845~1921. 본관은 진성(眞城), 자는 순칙(順則), 호는 류천(柳川)으로 안동에 살았다. 이만도(李晩燾)의 동생. 경술국치를 당하여 순국의 뜻을 가졌으나 뜻을 이루지 못하고, 1919년 고종의 장례에 참례한 후 「파리장서」에 서명하여 옥고를 치렀다. 1995년 건국포장이 추서되었다.

89 노상직(盧相稷): 1855~1931. 본관은 광주(光州), 자는 치팔(致八), 호는 소눌(小訥) 또는 눌인(訥

내가,

"아오."

라고 하였더니, 또 사는 읍과 사는 마을을 물었다. 내가 어느 고을 사람이며 어느 동네 사람이지만 면의 이름은 알지 못한다고 하였다. 그 아래 130여 명의 사람을 나열하며 묻기에, 아는 사람은 '안다'고 했고, 모르는 사람은 '모른다'고 했다. 묻기를 마치고 드디어 갔다. 나는 이들이 모두 「파리장서」 가운데 있는 사람이라 생각했다.

그 장서는 2월 그믐께 발송하였는데 겨우 몇 달 만에 일이 탄로 나서 저들의 조사가 가혹하고 각박하니, 일이 대체로 이렇게 되고 말았다. 창숙(昌淑) 군은 파리에 도착하였는지, 아니면 도착하기 전에 발각이 되었는지 어떤지를 모르겠다. 홀로 앉아서 생각하노라니 근심과 번민을 이길 수 없다.

5월 5일(양 6.2.)

15. 우원의 면회로 부자가 상봉하다

초닷샛날. 집의 아이가 면회를 왔다. 대개 옥례(獄例)에 따라 미결수는 한 달에 두 번 면회할 수 있고, 기결수는 두 달에 한 번 면회할 수 있다. 감옥에 들어온 후 면회하는 규정이 바뀌어 몇 달 만에 부자가 서로 보게 되니 슬퍼서 말도 할 수가 없었다. 내가 이곳으로 온 후부터 우리 아들 우원(右遠)[90]과 조카 시원(始遠)이 함께 여관에 머물면서 조석으로 나의 사식(私食)을 손수 만들어서

人), 출생지는 김해이다. 「파리장서」에 서명하여 옥고를 치렀고, 2003년 건국포장이 추서되었다. 중국으로 가서 이건승을 비롯한 우국지사들과 동족을 지도하며 국권 회복의 방법을 모색하다가 2년여 만에 귀국하였다. 귀국 후 밀양에 정착하였다.

90 우원(右遠): 1875~1955. 장석영의 아들 장우원(張右遠)이다. 초명은 시원(是遠), 자는 지경(智卿), 호는 현와(弦窩). 가학을 이어받아 글과 서예가 뛰어났다고 전한다.

그림 42 장우원(1875~1955)

바쳤는데, 때마다 어육(魚肉)을 사서 삶고 양념을 하느라 솥 등을 모두 갖추고 있으니 따로 살림을 하나 차린 것 같다고 하였다.[91]

감옥에는 목욕탕이 있었는데, 나무로 통을 만들어 사방이 모두 몇 장(丈)이나 되었다. 뜨거운 물을 담아 각 방의 죄수들로 하여금 5일마다 돌아가며 한 번씩 목욕하게 하였다. 나는 처음에는 목욕하러 나가지 않다가 뒤에 시험 삼아 한번 나가서 목욕을 해 보니, 물이 뜨거워 찌는 듯하여 정신이 상쾌해졌다. 이때부터 5일마다 한 번씩 나가 목욕을 하였다.

밤이 되면 전등이 길게 매달려 있었는데, 대개 해가 지면 전등이 저절로 켜

91 초고본에는 "늙은 아비는 아무것도 한 것이 없는데, 무고한 아이들만 밤낮으로 마음을 졸이게 하는구나. 단지 원하는 것은 이 몸이 하루아침에 문득 죽어 없어지는 것이다."라는 문장이 더 있다.

졌고 해가 뜨면 저절로 꺼졌다. 두 방마다 벽에 구멍을 뚫어 유리등(燈)을 걸어 두고 두 방을 함께 밝게 하여, 밤새도록 끄지 않는 것은 대개 어둠 속에서 있을 예사롭지 않은 변고에 대비하기 위함이었다.

이른바 담당(擔當)은 이름이 통도(桶度)였는데, 사람됨이 완고하고 거만하였다. 처음에는 나를 몹시 박대하였지만 시간이 한참 흐른 뒤에는 갑자기 공경히 대하였다. 항상,

"저는 공(公)을 보기를 부모처럼 합니다."

라고 하면서, 내가 재판소에 출입할 때마다 손에 수갑을 차고 허리에 끈을 묶는 것을 민망하게 여겨, 감옥을 담당하는 전옥서장(典獄署長)에게 고하여,

"이분은 연로한 어른이어서 특별히 대우해야 합니다."

라고 하니, 서장이 또 재판소에 보고를 해서 출입할 때에는 수갑을 벗기고 다만 가는 실을 길게 하여 허리에 묶게 하고, 특별히 여러 죄수들의 뒤에 서게 하였다. 대개 우대하는 것이었다.

또 조석으로 식사할 때에는 차례대로 번호를 불러 대청에 나와 앉게 하였는데, 백여 명이 식사를 마치고 방에 들어간 후 나에게 나와서 밥을 먹게 하였다. 또 수십 수백 명이 면회를 하고 들어오면, 나를 맨 마지막에 나가서 만나게 하였다. 목욕할 때가 되면 나를 비롯하여 나와 한방에 있던 일본인들에게 가장 먼저 목욕을 하게 하고, 우리가 방에 들어온 후에 다른 방의 사람들에게 목욕을 가게 하였다.

그가,

"노인장께서 여러 사람들과 함께 식사를 하게 되면 목이 메기 쉽고, 면회나 목욕을 할 때도 여러 사람들과 같이 출입하게 되면 넘어지기 쉬울 것입니다. 이런 까닭에 이같이 대우하는 것입니다."

라고 하였다.

그러나 그 실제를 살펴보면, 나를 수죄인(首罪人)이라 하여 그가 이른바 상관이라는 사람과 감옥 중에서 은밀히 내통하면서, 내가 거처하거나 출입하고

음식을 먹을 때 한인과 만나는 것을 엄격하게 막거나, 혹은 서로 눈짓하고 사사로이 이야기하는 일이 있을까 염려하였던 것이다. 이러한 까닭으로 감옥에 갇힌 사람들은 모두 나를 지목하여 국적(國賊)이라 한다고 하니, 참으로 가소로운 일이다.

편안히 앉아 밥을 먹지만 밥이 소화되어 내려가지 않는 까닭에 아침저녁으로 두 끼의 밥만 올리게 했다. 아이들이 여러 번 글을 써서 점심을 올리고자 했으나 내가 허락하지 않았다. 점심을 먹지 않으니 소제(掃除)하는 사람들이 정해진 대로 관식인 콩밥을 올렸다. 그러나 이것은 모래가 섞여 있어서 먹을 수 없을 뿐만 아니라 내가 어찌 그들이 말하는 관식을 먹겠는가. 엄격하게 금지하여 그들로 하여금 올리지 못하게 하였으나 소제하는 사람이 반드시 구멍 속으로 밥을 들여보내면서,

"이것은 예전부터 전해지는 예입니다."

라고 하였다. 한 방 쓰던 일본인들이 굳이 나에게 금지하지 말라고 하더니, 그들이 사사로이 나누어 먹었다. 이 때문에 나에게 조금씩 따뜻하게 대하고 공손해지는 듯했다. 염량세태(炎涼世態)가 대략 이와 같았다.

합천에 사는 박성훈(朴性薰)이라는 자가 스스로 말하기를, 주사(主事) 기호(基鎬)의 아들이라고 했다. 기호는 나와 십수 년 동안 친하게 지낸 사람으로, 나의 글을 여러 번 받아간 사람이다. 성훈은 나를 보고 매우 환대하였으며 나 또한 그를 자질(子姪)처럼 대하였다. 짐승의 무리 가운데 여러 달을 앉아 있다가 갑자기 친구의 아들을 보니 참으로 반가웠다.

판원정행(阪元正行)이라는 자가 있었는데 일본의 민의당(民議黨)이다. 정부와 뜻이 맞지 않아 외무대신의 집에 불을 질렀기에 벌을 받아 여기에 온 것이었다. 올해 나이 23세였고 용모는 품위가 있었다. 한문을 조금 알았으며 영문과를 졸업하여 영어를 잘하였다. 나에게 제자의 예를 갖추면서,

"감옥에서 나가는 날, 원컨대 선생께 수업을 받으며 문생이 되고자 합니다."

라고 하였다. 내가,

그림 43 장석영과 손자 장일상

"자네는 나의 장손(長孫)[92]과 나이가 같으니, 자네가 만일 나보다 먼저 출옥하게 되면 내 집을 찾아가 나의 손자와 함께 공부하면서 내가 돌아오기를 기다리게."

라고 하였다. 이 사람이 들어온 후로 조금 위로가 되어, 회포가 있으면 매양

92 장손(長孫): 장일상(張一相, 1897~1963)을 말한다. 그의 자는 자수(子壽), 호는 담재(淡齋)이다.

손가락으로 자리에 써서 문자를 주고받았다.

내가 근심하는 얼굴빛을 보일 때마다 문득 말하기를,

"슬퍼하고 탄식해도 아무런 이익이 없으니 바라건대 스스로 마음을 편안히 하시기 바랍니다."

라고 하였고, 또

"기독(基督, Christ)이 뒤에 펴고자 하는 사람은 반드시 먼저 굽힌다고 했으니, 선생께서는 반드시 크게 펼 날이 있을 것입니다. 마음을 편히 하시어 신의 구제를 기다리시기 바랍니다."

라고 하였다. 또,

"자기를 버리면 반드시 자기를 구제할 수 있을 것이니, 원컨대 선생께서는 뜻을 편안히 하시어 구제되기를 기다리시기 바랍니다."

라고 하고, 또,

"심배(心配)하는 것은 무익하니(일인은 마음으로 근심하는 것을 심배(心配)라 한다. — 원주), 심배하며 스스로 죽는 것은 어리석은 일입니다. 죽고 사는 것은 하늘에 달려 있으니 무익한 심배를 할 필요가 없습니다."

라고 하였다. 나는,

"내가 자네의 스승이 아니라, 자네의 말이 나의 스승이다."

라고 하였다. 매일 이러한 말을 하면서 긴 나날을 보냈는데, 그의 말 가운데 왕왕 격언이 많았다.

한 달이 지나서 마침내 1년의 징역형을 받고, 징역을 살 방으로 갔다. 그가 떠날 때, 나에게 말하길,

"선생은 2년이요 저는 1년이니, 제가 출옥하게 되면 반드시 선생보다 먼저일 것입니다. 출옥하는 날 먼저 선생 댁을 찾아가 마땅히 영손(令孫: 장일상)과 함께 공부하면서 선생이 돌아오시길 기다리겠습니다. 이 뜻을 영손에게 일러 주시길 부디 엎드려 바랍니다."

라고 하였다. 이로 인하여 일절(一絕)의 시를 써서 주었다.

사나이가 뜻을 세워 고향을 떠났으니　　男兒立志出鄕關
학문을 이루지 못하면 죽어도 돌아가지 않겠네　　學若不成死不還
인간세상 도처에 청산이 있나니　　人間到處有靑山
어찌 반드시 고향에서만 뼈를 묻으리　　埋骨何須在故園

산양(山洋)이 삼가 올림[93]

산양은 그의 자호(自號)라고 한다. 또 말하기를,

"이것은 영시(英詩)체여서 한문과 조금 다릅니다."

라고 하였다. 내가 그의 시에 화답하였으니 다음과 같다.

갇혀 있는 동안 며칠이 고향 같은 것은　　幽囚幾日似鄕關
자네의 밝은 재주가 내 마음을 위로했기 때문일세　　賴子才明慰我懷
자네의 뜻이 산과 같이 우뚝함을 알았으니　　知君志氣立如山
다른 날 마땅히 나를 찾아오시게나　　他日應須訪我來

내가,

"자네가 나보다 먼저 나가게 되면 먼저 우리 집에 가서 내가 돌아오길 기다리고, 내가 혹시라도 하늘의 도움이 있어 자네보다 앞서 나가게 되면 내 마땅히 자네가 오기를 기다리겠네. 1년 후에 자네가 반드시 나를 찾아와 서로 만나는 날 이 시로써 증표를 삼으세."

라고 하면서, 서로 눈물을 닦으며 헤어졌다.

판원(阪元)과 헤어진 후, 다시 더욱 무료해져서 아무것도 하지 못하고, 매양 서책을 보기도 하고, 혹 단정히 앉아 주정(主靜)[94]하면서 마음을 수렴하기도 하고, 혹 벽에 난 구멍을 따라 해 그림자의 장단을 엿보기도 하였다. 하루가 1년

---

93 초고본에는 "말단에서 산양(그의 자호라 한다.-원주)이 써서 삼가 올림"이라 되어 있다.
94 주정(主靜): 마음을 가라앉혀 외계(外界)의 유혹에 움직이지 않음을 의미한다.

같이 길어서 낮에는 밤을 기다리고, 밤에는 낮을 기다리니 하루를 지냄이 10년이 가는 듯하였다. 같은 방 사람들은 불량하여 이따금씩 여러 가지를 함부로 하고 모멸하였는데, 민망함을 말로 다 할 수가 없었다.

나는 일찍이 눕지 않고 공부하였다. 아침에 일어나서 저녁 먹고 자리에 눕기 전까지 잠시라도 눕지 않은 지가 대략 수십 년이다. 지금 이렇게 공부하고 종일토록 정좌(靜坐)하며 저들과 상대하지 않으니, 저들 가운데 조금이라도 지혜가 있는 자는 마침내 또한 존경하며 복종하였다.

바깥의 소문을 막막히 듣지 못하다가, 어떤 죄수가 면회할 때 밖으로 나갔다가 새로 감옥에 들어온 자를 보았는데, 그가 사사로이 서로 알려 말하기를,

"원컨대 마음을 편안히 해서 밥을 드시오. 조선 독립을 이미 세계 여러 나라에서 허가하였으니 오래지 않아 이루어질 것이라 하오."

라고 하였다. 과연 그런지 어떤지는 알 수 없으나 조금 위안이 되었다. 이에 부질없이 다음과 같이 일절(一絕)을 읊었다.

아침에 해서로 한 통의 글[95]을 보냈다가	一封朝寄海西書
저녁에 감옥으로 들어와 가마솥 속 물고기 신세가 되었네	夕入監門作釜魚
북쪽 땅 왕춘[96]은 언제쯤 화창할 수 있을까	北地王春何日暢
옥중에 마른 뼈의 늙은이도 입김 불어 돕는다네[97]	獄中枯骨也吹噓

순검 한 사람이 매일 문밖에서 왔다 갔다 하면서 내가 고초당하는 모습을 보고 혹 눈길을 주며 불쌍히 여기는 듯하였다. 하루는 문밖에 다른 순검이 없

95 한 통의 글: 「파리장서」를 말한다.

96 왕춘(王春): 『춘추(春秋)』 은공(隱公) 원년의 "원년 봄 왕의 정월[元年春 王正月]"이라는 기록에 대한 『춘추공양전(春秋公羊傳)』의 해설에서 연유한다. 천하를 통일한 제왕의 봄이라는 뜻으로, 보통 새해의 봄을 가리킨다.

97 입김 불어 돕는다네: 취허(吹噓). 입김을 불어 넣어 준다는 뜻으로, 작은 힘이라도 보탠다는 의미의 해학적 표현이다.

는 것을 보고 연필로 시 한 구를 써서 나에게 전했는데, 그 시는 이러했다.

비와 눈, 바람과 서리가 지나간 뒤 雨雪風霜過去後
둥글고 밝은 달이 강 가운데 비치네 一輪明月在江心

그 시의 뜻을 살펴보면, 대개 나를 민망하게 여기면서 위로하기 위함이었다. 지금은 비록 고초를 당하지만 다른 날 좋은 시절이 있을 것이라는 말이다. 내가 그 뜻에 느낌이 있어 연필을 받아 그 아래쪽에 써 주었다.

비와 눈, 바람과 벼락이 가리고 막더라도 雨雪風霆雖蔽塞
둥글고 밝은 달은 일찍이 이지러진 적이 없네 一輪明月未曾虧

그 사람은 또 그 아래쪽에, "군자의 마음은 진실로 마땅히 이와 같아야 한다."라고 쓰고는 드디어 갔다. 대개 그 사람이 어떤 사람인지는 알지 못하겠다. 만약 조선인이라면 반드시 말을 하였을 것인데, 그가 말을 하지 않은 것으로 보아 일본인이라는 것을 알 수 있다. 만일 일본인이라면 그 또한 좋은 사람이라 하겠다. 아! 저 옥졸들이 매우 가혹하게 지켜서 이러한 시인과 함께 시문을 논하며 회포를 풀 수 없게 하였다.

세월은 머물지 않아 벌써 6월이다. 뜨겁기가 불과 같다. 온전히 살기를 바랄 수도 없지만 또한 선개(癬疥, 옴) 병[98]에 걸려 온 몸이 가려운데 날이 더워지자 더욱 심하였다. 하루를 사는 것이 하루의 욕이 되었지만 또한 스스로 벗어날 수도 없다.

98 선개(癬疥) 병: 풍독(風毒)의 기운이 피부 깊은 곳에 있는 것을 선(癬)이라 하고, 피부 얕은 곳에 있는 것을 개(疥)라고 한다.

6월 6일(양 7.3.)

16. 부채를 돌려 가며 부치다

6월 6일. 저들의 양력으로는 7월 1일[99]이다. 담당자가 미선(尾扇)[100] 다섯 자루를 각 방에 주었는데, 대개 옥례(獄例)에 따라 그러한 것이었다. 다섯 자루의 부채로 돌아가면서 부치니 또한 다행스럽다고 하겠다.

6월 24일(양 7.21.)

17. 곽종석의 출옥 소식을 듣다

24일. 집의 아이가 면회를 와, 면우(俛宇) 옹이 며칠 전에 집으로 돌아갔는데, 대개 그 병세가 점점 악화되어 병원 원장이 재판소에 보고하였고, 재판소에서는 집행정지(執行停止)로 내보냈다는 소식을 전했다. 또 집행정지를 받은 자는 병 때문에 나오는데, 병에 조금 차도가 있으면 다시 갇힌다고 하였다. 이 말을 듣고 조금 상쾌해졌다. 저들이 유림은 조금 대우해 준다는 것을 알 수 있었기 때문이다.

6월 25일(양 7.22.)

18. 「파리장서」 서명인을 추궁당하다

25일. 경찰관과 통역 한 사람이 또 나와서 나에게 조사를 받으라고 했다.

---

99 7월 1일: 음력 1919년 6월 6일은 양력으로 7월 3일이다. 기록에 착오가 있는 듯하다.

100 미선(尾扇): 부채의 한 가지. 대를 가늘게 쪼개어 살로 하여 둥글게 펴고 실로 엮은 뒤 종이를 바른 부채를 가리킨다.

지난번에는 「파리장서」 가운데 등장하는 인명을 조사하였는데, 전날과 조금도 다름이 없었다. 나 또한 전날처럼 답했다. 이기형(李基馨)[101]에 이르러서는 '모른다'고 하니, 그가 말했다.

"같은 마을에 사는데 모른다고 하오?"

"같은 마을에 과연 이러한 이름이 있지만 그 사람은 이미 그의 아버지 명으로 송준필(宋浚弼)에 의해 삭명(索名)[102]이 되었으니, 이미 삭명되었다면 이는 반드시 동명(同名)인 사람이 있을 것이므로 모른다고 한 것이오."

또 이현창(李鉉昌),[103] 이만성(李萬成),[104] 이계준(李季埈),[105] 이계원(李啓源)[106]에 대해서도 '모른다'고 하니, 그가,

"같은 마을 사람인데, 모른단 말이오?"

라고 했다.

"같은 마을에 이 같은 이름이 있으나, 이 사람들은 모두 글 읽고 농사짓는

---

101 이기형(李基馨): 1875~1946. 본관은 성산(星山), 자는 맹원(孟遠), 호는 성와(惺窩). 1919년 개최된 파리강화회의에서 한국 독립을 호소하기 위해 작성한 「파리장서」에 서명하였고, 만세시위운동을 전개하다가 체포되었다. 징역 6월에 집행유예 2년을 선고받았다. 1995년 건국포장이 추서되었다.

102 삭명(索名): 이름이 연루되어 노에 묶이는 죄수가 되었다는 의미이다. 『주역』 감괘(坎卦) 상육 효사에 "상육은 노[徽纆]로 묶여 가시나무 덤불에 가둬 두어 삼 년이 되어도 면하지 못하니, 흉하다."라고 하였다. 유표(劉表)는 이에 대하여 "세 가닥으로 꼰 노를 휘(徽)라 하고 두 가닥으로 꼰 노를 묵(纆)이라 한다. 모두 노의 이름이니 이것으로 죄인을 묶는다."라고 하였다. 『주역집해(周易集解)』

103 이현창(李鉉昌): 1855~1930. 본관은 경산(京山), 자는 희서(羲瑞), 호는 치당(恥堂)으로 성주군 월항면 암포(岩浦, 덤개)에 살았다. 「파리장서」에 서명하였고, 여러 사람들에게 유림 대표로 서명할 것을 권유하기도 했다. 독립운동을 전개하다가 체포되어 옥고를 치렀으며, 1990년 건국훈장 애족장이 추서되었다.

104 이만성(李萬成): 1872~1922. 본관은 경산(京山), 자는 종무(宗茂), 호는 독산(篤山)으로 성주군 월항면 암포(岩浦, 덤개)에 살았다. 장석영의 문인으로 효성이 지극하고 경사자집(經史子集)에 통달하였다. 「파리장서」에 서명하였으며 이로 인해 옥고를 치렀다. 1996년 건국포장이 추서되었다.

105 이계준(李季埈): 1869~1929. 본관은 경산(京山), 자는 덕소(德邵), 호는 암관(岩觀)으로 성주군 월항면 암포(岩浦, 덤개)에 살았다. 「파리장서」에 서명하고, 3·1만세운동으로 인해 일경에게 체포되어 옥고를 치렀다. 1995년 건국포장이 추서되었다.

106 이계원(李啓源): 1871~1944. 본관은 경산(京山), 자는 가옥(可沃), 호는 소강(小岡)으로 성주군 월항면 암포(岩浦, 덤개)에 살았다. 장석영의 문인으로 「파리장서」에 서명하고 3·1만세운동으로 인해 일경에게 체포되어 옥고를 치렀다. 1995년 건국포장이 추서되었다.

것을 업으로 하는 사람이라 이름이 향리(鄕里)에서도 드러나지 않았는데, 어찌 드러나지 않은 이름으로 장서에 들어올 수가 있단 말이오? 이 또한 반드시 동명(同名)이 있을 것이므로 모른다고 한 것이오."

조사를 마치고 마침내 돌아왔다. 대개 저들은 5월 초에 이러한 내용으로 나를 조사하였는데, 지금까지 50여 일 동안 가만히 둔 것은 그사이에 몰래 스스로 수색하여 그 소재지를 알아냈기 때문이다.

지금 또 조사하여 그 부합 여부를 검증해서 이로부터 반드시 하나하나 체포할 것이니, 사림(士林)의 화를 이루 다 말할 수 있겠는가. 아! 마음이 아프구나.

며칠 후에 마침 대청에 나갔다가 이수인(李洙仁)[107]이 밖에서 잡혀 온 것을 보았다. 옥례(獄例)에 얽매여 입을 열어 물어볼 수가 없었으나 몹시 놀랍고 한탄스러웠다. 대개 일전에 조사를 받을 때 이수인이라는 세 글자가 저들의 입에서 나오는 것을 들었는데,[108] 그날 밤 꿈에 한 노인이 스스로 수인의 고모부(姑母夫)라고 하기에, 내가 말했다.

"수인의 이름이 저 기록 속에 들어 있으니 화(禍)의 기미가 이미 임박하였습니다. 공께서는 가서 수인에게 고하여, 수인으로 하여금 미리 알고 대비토록 하십시오."

그 사람이 말하길,

"내가 가겠소만 이미 미치지 못할 것 같소이다."

라고 하였는데, 며칠 되지 않아 과연 수인이 잡혀 온 것을 보니, 대개 사람이 꿈속에서 마음에 있는 것을 드러냄이 그 실제와 부합되는 것이 또한 이와 같았다.

네댓 명의 노인이 말하는 것을 들으니, 충청도의 유생으로 연명(聯名)한 사람들이 모두 감옥에 들어왔다고 한다. 또 들으니 안동, 예안의 노인 류필영(柳

---

107 이수인(李洙仁): 1880~1962. 본관은 성산(星山), 자는 자유(子裕), 호는 침산(枕山)으로 성주군 월항면 대포(大浦, 한개)에 살았다. 곽종석과 이승희의 문인이며, 만주로 망명하여 독립운동을 전개하였다. 「파리장서」에 서명하여 옥고를 치렀으며, 1995년 건국포장이 추서되었다.

108 초고본에는 이 뒤에 "몹시 놀라고 걱정되어"라는 말이 더 있다.

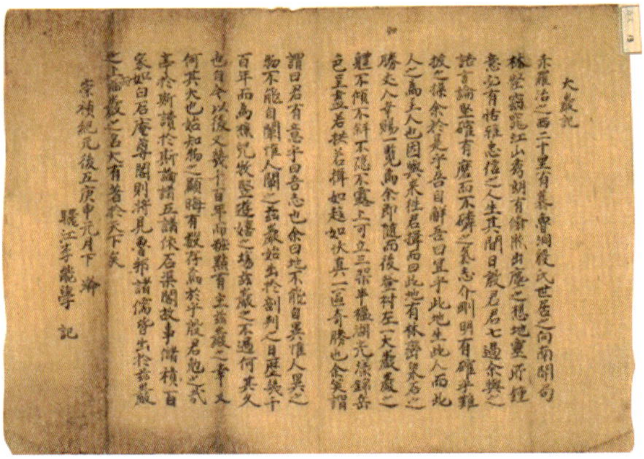

大巖記

崇禎紀元後五庚申元月下澣

驪江李能學 記

그림 44 이능학의 필적

必永), 류연박(柳淵博), 이만규(李晩煃) 제공도 모두 성주에 갇혔다가 대구로 옮겨 왔다고 한다. 또 식사할 때 윤상태(尹相泰)를 보고, 내가

"어찌하여 여기에 오게 되었는가?"

라고 물었더니,

"장서의 일이 아니라, 다른 사건이 있어서 그러하니 걱정하지 마십시오."

라고 했다.

또 벽의 구멍으로 보니 두 노인이 상투를 드러내고 맨발로 비틀거리며 오고 있었는데, 자세히 보니 이능학(李能學)과 이만규(李晩煃)였다.

대개 2월 즈음에 이능학 공이 암서(巖棲)에서 나를 찾아와 내가 쓴 「파리장서」 문자를 보고 연명하기를 청하였다. 이 때문에 과연 그 이름을 썼었다. 지금 이분이 오신 것을 보니, "백인(伯仁)이 나 때문에 죽게 되었다."[109]는 것과 같

---

109 백인이~죽게 되었다: 백인(伯仁)은 삼국 시대 진(晉)나라 사람 주의(周顗)의 자이다. 그는 왕도(王導)의 사촌인 왕돈(王敦)이 난을 일으켰을 때 왕도를 구하려고 크게 노력하였지만, 왕도에게는 그 사실을 알리지 않았다. 뒤에 왕돈이 왕도에게 주의에 대해 물었으나 왕도가 대답하지 않았고 그 때문에 주의는 죽임을 당하였다. 그 뒤 왕도가 중서(中書)의 서류를 조사하다가 주의가 자기를 위해 올린 글을 발견하고는 "내가 백인(伯仁)을 죽이지는 않았지만 백인은 나 때문에 죽었다."라

았다. 팔십 노인이 장차 어찌 이 괴로움을 견딜 것인가. 놀라움이 마음에 가득하니 나 자신의 아픔보다 훨씬 더하였다.

6월 28일(양 7. 25.)

19. 다시 재판소로 들어가다

28일. 또 조사받는 일로 재판소로 들어가게 되었는데, 가는 길에 이계원(李啓源)이 여러 죄수들 가운데 있는 것을 보고, 내가 물었다.

"종무(宗茂)도 왔는가?"(종무는 이만성의 자이다. - 원주)

"오지 않았습니다."

감히 더 이상 말하지 못하고, 재판소로 들어와 계원과 맞은편 방에 갇히게 되었다. 날이 이미 저물어 결국 더 이상 조사하지 못하고 다시 옥서(獄署)로 돌아왔다. 생각건대, 이계원과 관련된 일인 듯하지만, 마침내 물을 곳이 없어 알 수가 없었다.

7월 3일(양 7. 29.)

20. 나라를 되찾기 위해 「파리장서」를 썼소

7월 초사흗날. 또 조사받을 일 때문에 재판소에 들어갔으나 종일토록 묻는 것이 없었다. 포시(晡時: 오후 4시경)에 이르러서야 나를 불러들이더니, 이계원(李啓源)이라는 이름이 「파리장서」 가운데 연명되어 있는지를 물었다. 내가,

"이웃에서 같이 살고 있었기 때문에 일이 되어 가는 사정은 혹 서로 고하여

고 하면서 슬퍼하였다고 한다. 『晉書』 권69, 「周顗列傳」

알고 있지만, 이름을 기록하는 것은 그가 일찍이 허락하지 않았고 나 또한 쓰지 않았소."

라고 말했다.

드디어 처음과 같이 옥사(獄舍)에서 나왔다. 황혼 무렵 또 불러들여, 이것은 심판하는 예에 따라 조사하는 것이라며 나에게 물었다.

"「파리장서」는 무엇 때문에 썼소?"

"나라를 되찾기 위해서요."

"나라를 되찾을 수 있소?"

"되찾고 되찾지 못하고는 하늘에 달려 있어서, 나는 스스로 나의 일을 다할 따름이오. 사람들은 각기 자신의 일을 하는 것이니 다른 사람이 물을 바가 아니오."

그가,

"일찍이 대구의 우하교(禹夏敎)[110]가 방문한 일로 인해 조긍섭(曺兢燮)[111]이 지은 장서를 교정한 일이 있소?"

라고 하기에, 내가,

"우하교라는 사람을 나는 모르고, 조긍섭이 쓴 장서도 나는 본 적이 없으니, 어찌 교정한 일이 있겠소?"

라고 했다.

그가,

---

110 우하교(禹夏敎): 1872~1941. 본관은 단양(丹陽), 자는 윤흠(允欽), 호는 노암(魯菴). 「파리장서」에 서명하였으며, 이 사건이 일제에 발각되어 1919년 8월 윤상태가 피체되자, 그는 예심에서 증인으로 불려나가 사건을 부인하였다가 동년 10월 위증죄로 징역 6월 형을 언도받았다. 1983년에 대통령 표창, 1990년에 건국훈장 애족장이 추서되었다.

111 조긍섭(曺兢燮): 1873~1933. 본관은 창녕(昌寧), 자는 중근(仲謹), 호는 심재(深齋). 1919년 3월 「일본총독과 동포대중에게 보내는 글」을 초(草)하다가 발각되어 17일간 구속당하였다. 1928년 겨울, 문인들의 요청으로 달성의 정산(鼎山)에서 비슬산 서쪽 쌍계(雙溪)로 이거하여 구계서당(龜溪書堂)을 짓고 강학을 계속하다가, 1933년 61세로 죽었다.

“또 일찍이 윤상태(尹相泰)에게 문자를 교정하게 하였소?”
라고 하여, 내가,

“윤상태의 얼굴은 알지만 애초에 문자를 교정하게 한 일은 없소.”
라고 말했다.

그가,

“공소를 한 것은 집행유예를 받으려는 것이오?”
라고 하여, 내가,

“이 몸은 이미 포로가 되었으니 살고 죽는 것은 다른 사람에게 달려 있어 내 힘이 미칠 바가 아니오. 공소는 다만 내가 징역을 받을 수 없다는 뜻을 밝히기 위함이오. 나로 하여금 집에 돌아가 죽게 한다면 다행이겠소만, 나로 하여금 옥중에서 말라 죽게 하더라도 또한 사양하지 않을 것이오.”
라고 하였다.

날이 이미 저물어 촛불을 들고 드디어 나왔다. 대개 저들의 이른바 조사라는 것은 한담(閑談)이 많고 긴요한 말이 없으니, 단지 자잘하고 각박하게 하여 사람으로 하여금 계속해서 번거로움을 참아 내게 하는 일이었다.

전후로 서너 달 동안 나를 불러들여 조사한 것이 일곱 번, 그들이 나와서 조사한 것이 두 번인데, 이번 두 차례의 조사는 그들의 말을 깊이 생각해 보았으나 무엇 때문인지 알 수가 없었다.

그 후 면회 온 사람들에게 들으니, 이계원(李啓源)은 구속된 지 6, 7일 만에 나갔고, 이수인(李洙仁)은 한 달 남짓 있다가 나갔으며, 이기형(李基馨) 또한 이수인과 함께 나갔고, 안동과 예안의 여러 노인과 이능학(李能學) 씨는 성주읍에서 풀려나기도 하고 대구에 와서 2, 3일 갇혀 있다가 풀려나기도 했다고 한다.[112] 모든 죄수들이 반드시 먼저 성주에 간 것은 내가 성주에 있고, 「파리장서」가 나에게서 처음 나왔기 때문이다.

---

112 초고본에는 이 뒤에, “그들이 유림을 대우한다는 것을 알 만하다.”라는 문장이 더 있다.

7월 14일(양 8.9.)

21. 대청에 나가 사진을 찍다

14일. 순사 한 사람이 나를 밖으로 나오라고 해서 따라 나가 대청 아래에 이르니, 한 관인이 의자에 앉아 있고, 촬영기가 그 앞에 있었다. 사진사가 나에게 의자에 앉으라고 했다. 내가,

"무슨 까닭에 사진을 찍소? 내 사진을 찍는다면 나는 그 이유를 알지 않을 수가 없소."

라고 했더니, 그가,

"상부로부터 명령이 있었습니다."

라고 했다. 내가,

"그렇다면 나의 힘으로 금할 바가 못 되지만, 쑥대머리 사진은 너무 심하게 흐트러진 모습이오."

라고 하니, 그가,

"상관없습니다."

라고 하였다.

사진사가 사진판 속의 구멍에서 한 구멍으로 손을 놀려 잠깐 사이에 사진을 찍고, 나에게 다시 들어가게 했다. 대개 그 까닭을 알 수가 없었다.

내가 처음 감옥에 들어올 때 꿈을 하나 꾸었는데, 거기에 옛사람의 영정이 있어 내가 그 영정을 머리에 이고 옥문 밖을 나왔다. 오늘 사진을 찍은 것은 아마도 출옥의 조짐이 아니겠는가.[113]

---

113 초고본에는 이 뒤에, "알 수 없는 일이다."라는 말이 더 있다.

7월 21일(양 8.16.)

22. 복심원에 들어가 재판을 받다

21일. 복심원(覆審院)에서 오늘 공판이 있다고 해서, 아침을 먹은 후 복심원에 들어가니, 순좌(舜佐) 등 여러 사람이 모두 와서 모여 있었다. 검사가 나란히 앉아 있었고 통역이 검사의 말을 전하였다.

"무릇 죄는 우연히 범한 사람도 있고, 고의로 범한 사람도 있습니다. 장석영(張錫英)·송준필(宋浚弼) 등은 고의로 범한 자여서 용서할 수가 없으니, 초심에서 받은 형률에 따라 2년의 징역에 처하고, 이하 여러 사람들도 초심의 형률에 따릅니다."

판사가 말했다.

"다시 이번 달 21일(곧 음력 26일이다.-원주)에 들어와서 판결을 받으시오."

마침내 모두 안으로 들어가고 말았다. 비록 말을 주고받으며 다투고자 하였으나 그렇게 할 수가 없어서 모두 물러나 다시 감옥으로 돌아왔다. 다시 살아서 옥문을 나갈 가망이 없어졌으니 생각할수록 원통하여 차라리 말을 하고 싶지 않았다. 다만 공판할 때 판사가 세 명이었는데, 수판사(首判事)는 말을 마치고 안으로 들어갔지만, 말판사(末判事) 한 명이 뒤에 남아 나에게 말했다.

"장석영은 나이가 많아 원중(院中)에서 대우를 지극히 융숭하게 하였소."

내가 말했다.

"무엇을 대우라 하는 거요?"

그가 자신의 손과 팔을 잡고 말했다.

"여기에 수갑을 채우지 않았고, 또 허리에도 포승줄을 묶지 않았으니, 이것이 지극히 대우한 것이오."

내가 말했다.

"늙고 병든 사람을 2년의 징역에 처하여 옥중에서 죽게 하는 것을 대우한다고 할 수가 있소? 손목에 수갑을 채우지 않은 것은 겉으로 보이는 소소한 대우인데 어찌 말할 수가 있단 말이오?"

그 사람은 미소를 지으며 들어가 버렸다. 이를 두고 혹자는 "말이 달라질 수 있기 때문에 검사와 서로 달리 말을 하는가?"라고 하였다.

7월 26일(양 8. 21.)

23. 증거 불충분으로 무죄 석방되다

26일. 아침을 먹은 후에 들어가서 판결을 받았다. 판검사가 처음처럼 나열해 앉아 있었고, 보고 듣는 자가 안팎에 더욱 가득하였다. 판사가 서기(書記)로 하여금 말을 전하게 하였다.

> "장석영 이하 송준필, 성대식, 이기정은 자기 말로 비록 파리에 장서를 보냈다고 하였지만, 증거 불충분으로 특별히 무죄 방면을 한다.[114] 기타 만세를 부른 여러 사람들은 혹 1년 반, 혹 1년, 혹 10월 징역에 처한다."[115]

말을 마치고 마침내 나가게 하여 옥중에 돌아와서 원래 갇혀 있던 방으로 들어가지 않고 11번 방에 들어가 머물면서 반나절을 기다렸다. 원중(院中)에서 방출 통지가 와서 오후 4시쯤에 출옥하였다. 각 집의 자질(子姪)들이 모두 문밖에서 기다리고 있었다.

벗어서 보관해 두었던 옷을 찾아 나오니, 사식(私食)을 넣어 주던 곳인 임사

---

114 초고본에는 이 뒤에, "이봉희는 이미 장서를 범하고 또한 만세운동도 불러 일으켰으니 1년 반 징역에 처한다."라는 문장이 더 있다.

115 장석영 이하~징역에 처한다: 양력 1919년 8월 21일, 대구복심법원에서 공소 재판을 받은 사람은 이기정(李基定)·성대식(成大湜)·송수근(宋壽根)·송우선(宋祐善)·장석영(張錫英)·송규선(宋圭善)·송훈익(宋勳翼)·김희규(金熙奎)·송준필(宋浚弼)·이봉희(李鳳熙)·송회근(宋晦根)·송문근(宋文根) 등 12인이다. 이 가운데 송우선·송회근·송수근·송훈익·김희규·송문근은 기각, 장석영·송준필·이기정·성대식은 무죄, 송규선·이봉희는 징역 10월로 판결되었다. 이와 관련한 구체적인 사실은 이 책의 제4부 '대구 지방법원 및 복심법원 판결문'을 참조할 수 있다.

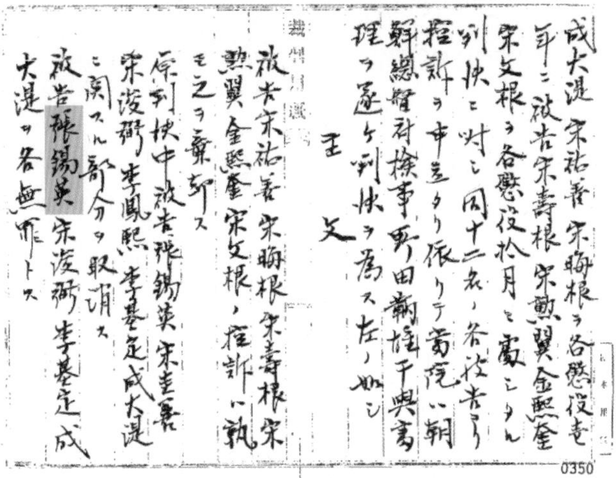

그림 45 대구복심법원 장석영 등 무죄 판결 주문(국가기록원)

홍(林士洪)의 집에 친척과 벗들이 이루 다 기록할 수 없을 정도로 많이 모여 있었다. 다섯 달 동안 술도 마시지 못하고 차도 마시지 못하여 참으로 견디기 어려웠는데, 아이들이 술과 차를 내오니 오랫동안 폐하였다가 나도 모르게 통음(痛飮)을 하였고 또 쉬지 않고 차를 마셨다. 인정이 상황에 따라 쉽게 바뀌니 도리어 경계할 만하다.

7월 27일(양 8.22.)

24. 마침내 집으로 돌아오다

밤에 집에서 자면서 창을 열어 바라보았다. 어떤 짐승이 창 앞에 마주해 웅크리고 누워 있었는데 바로 개였다. 때려도 가지 않았는데 아침에 일어나 보니, 그 개가 아직까지 웅크리고 누워서 가지 않고 있었다. 쫓아냈지만 또한 그대로 있었다. 그러한 형상을 하고 있는 이유를 아는 사람이 나에게 말했다.

"이것은 일본 개입니다. 이 개는 일인(日人)의 집을 떠나 얼마간 있다가,[116] 아드님이 아침저녁으로 손수 밥을 짓고 음식을 장만하여 밥그릇을 받들어 감옥으로 가기 전에 이 문을 나서면 곧바로 아드님을 따라갔다오. 바람이 불고 비가 와도 일찍이 따라가지 않은 적이 없었는데, 감옥 문 앞에 이르러 아드님이 문밖에 서서 밥그릇이 나오기를 기다리며 하염없이 눈물을 흘리면, 이 개도 그 곁을 지키면서 머물러 떠나지 않았습니다. 밥그릇이 나와서 아드님이 돌아오면 개도 따라서 돌아왔다가 이 집의 문 앞에 이르러서는 문득 떠났습니다. 하루가 일상이 되어 지금 출옥하는 날에도 여기 와서 지키며 몰아내도 가지 않으니, 이것은[117] 필시 아드님의 효성에 감동하여 이러한 일이 이루어진 것입니다."

자리를 가득 메운 사람들이 모두 감탄하였고, 나 또한 예사로운 일이 아니라고 여겼다. 내가,

"이 개를 혹 사서 돌아갈 수 있겠소?"

라고 하니, 여러 사람들이 말했다.

"일인은 우리의 족속(族屬)이 아니어서 개를 팔 리도 없겠지만, 혹시 판다 해도 값을 많이 부를 것입니다. 그러니 사려고 해도 반드시 잘 되지 않을 것입니다."

내가 말했다.

"그렇다면, 떠날 때 우원(右遠)에게 개를 쓰다듬으며 간절한 사랑의 뜻을 베풀어 그 석별의 정을 말하도록 해라. 대개 하늘의 떳떳한 감정은 사람과 짐승이 같지 않음이 없는데, 오히려 사서 돌아가지 못함이 한스럽구나."

식사 후 정거장으로 나와서 차를 타니 감기현(甘麒鉉, 자: 英八),[118] 제현(濟鉉,

---

116 초고본에는 "얼마간 이 개가 그 집에 있다가"로 되어 있다.

117 초고본에는 "이 심상치 않는 일은"으로 되어 있다.

118 감기현(甘麒鉉): 1880~1964. 본관은 회산(檜山), 자는 영팔(英八), 호는 동미(東湄). 어릴 때 이름은 태현(泰鉉)으로 경남 창원에서 태어났다. 1907년 고종이 퇴위하자, 이에 분개하며 관직을 버리고 낙향하여 김도화(金道和), 곽종석(郭鍾錫) 등과 교유하면서 학문을 연마하였다.

그림 46 장석영이 파리장서운동 당시 살았던 집, 성주군 월항면 안포리 소재

자: 聖檣)[119] 종형제가 따라 나와 정거장에서 이별하였다.

낮에 왜관에 도착하니 와서 보는 친척과 벗들,[120] 강을 건넌 후 길가에 나와 보는 사람을 이루 다 기록할 수 없었다. 날이 저물어 집으로 돌아왔다.

대개 성주읍에서 체류한 것이 9일이요, 성주에서 대구로 옮겨 초심 공판까지 31일, 초심 공판에서 공소 공판까지 101일이니, 도합 141일이다.[121]

---

119 감제현(甘濟絃): ?~?. 본관은 회산(檜山), 자는 성장(聖檣), 호는 직재(直齋)로 경남 창원에서 살았다. 장석영의 문인으로 평생 성리학을 연구하였고, 노상직(盧相稷), 곽종석(郭鍾錫) 등과 종유하였다. 1932년 반곡재(盤谷齋)를 짓고 5,000여 권의 장서를 갖추었으며, 학행을 겸비한 문인 학자로 향리에서 명성이 높았다.

120 초고본에는 "친척과 벗들로 와서 보는 자를 이루 다 기록할 수가 없고"로 되어 있다.

121 대개 성주읍에서~141일이다: 장석영의 이 기록은 다소 착오가 있는 듯하다. 『흑산일록』 날짜별 기록에는, 1919년 3월 9일(양 4. 9.) 성주경찰서 구류, 3월 16일(양 4. 16.) 대구감옥 수감, 4월 21일(양 5. 20.) 초심 공판, 7월 26일(양 8. 21.) 공소 공판으로 되어 있고, 대구지방법원과 대구 복심원의 판결문 역시 이 기록과 일치한다. 이렇게 보면 성주읍에 체류한 것은 8일, 초심 공판까지는 34일, 공소 공판까지는 93일로 도합 135일이다.

그림 47 중국 항주의 송악악왕묘

그림 48 중국 항주의 악비묘(岳飛廟)

11월 1일(양 12.22.)

25.『흑산일록』을 완성하다

이 기록은 10월 그믐께 완성되었다. 11월 1일에는 닭이 이미 울었을 때-곧 동짓날이다-꿈속에서 한 곳에 이르니, 관청의 장막이 매우 화려하였는데 상황(上皇)께서 내림해 계신 곳이라 하였다. 대신 몇 사람이 나열해 앉아 있었으며 당상에 앉은 이는 충정공(忠正公) 민영환(閔泳煥)이라 했다. 잠깐 사이에 병졸 하나가 죄수 네댓 명을 압송해 와서 그 앞에 엎드리게 하고, 그 죄를 열거하고 고하기를,

"죄인 완용(完用) 등은 정형(正刑)[122]이오."

라고 하였다.

수행하던 관리가 나를 향해서,

"이 문밖을 나가서 인민들에게 널리 알리시오."

라고 했다. 내가,

"그렇지 않습니다. 집집마다 깨우치고[123] 사람들마다 알려야 할 것이오. 청컨대 시 한 수를 지어 세상에 널리 전하고자 하오."

라고 하였다. 시를 지은 후 크게 외쳤다.

"통쾌하도다!"

곧 몸을 굴러 한 번 뛰어올랐다. 드디어 꿈에서 깨어나 그 시를 기록하였으니, 시는 다음과 같다.

---

122 정형(正刑): 대역(大逆) 죄인, 강상(綱常)을 범한 자, 명화적(明火賊), 관리로서 죄상이 극악한 자, 적에게 동조한 자 등을 사형(死刑)에 처하는 것을 말한다.

123 집집마다 깨우치고: 가유호효(家喩戸曉). 집집마다 깨우쳐 알려 주어 알아듣게 한다는 뜻으로, 누구나 다 아는 것을 이르는 말이다.

그림 49 김창숙의 사돈 손후익(1888~1953)

즐거이 보노라, 무목공(武穆公)[124]이 진회(秦檜)[125] 베는 것을	喜看武穆斬秦檜
다시 중국에 한나라의 도읍이 회복되기를 원하네	更願神州復漢都
우리 동방의 천만 겨레에게 말하노니	寄語吾東千萬族
태평세상을 우리 함께 큰 소리로 불러 보세	太平同我共歡呼

26. 부록(1)

「조선 유림이 중화 정부에 드리는 글[朝鮮儒林與中華政府書]」

경신년 8월에 손진수(孫晉洙, 자: 伯淵)[126]가 상해에서 돌아와 김창숙의 말을

---

124 무목공(武穆公): 1103~1141. 악비(岳飛)를 말한다. 악비의 자는 붕거(鵬擧), 시호는 무목(武穆)이다. 북송이 멸망할 무렵 의용군에 참전하여 전공을 쌓았으며, 남송 때 호북(湖北) 일대를 영유하는 대군벌(大軍閥)이 되었지만 무능한 고종과 재상 진회(秦檜)에 의해 살해당하였다. 금나라와의 화친을 주장하는 이상파와 대립하여 투옥, 살해되기는 하였으나, 후에 누명을 벗고 구국의 영웅으로 추대되었다.

125 진회(秦檜): 1090~1155. 자는 회지(會之). 남송의 재상으로, 금나라와의 외교 정책에 있어 주화파로서 주전파인 악비(岳飛)와 한세충(韓世忠) 같은 군벌을 탄압하고, 그 후에도 자신의 권력을 유지하기 위해 공포정치를 하였기에, 후세에 최고의 간신으로 지탄받았다. 죽은 뒤 신왕(申王)에 추증되고, 충헌(忠獻)이라는 시호가 내려졌으나, 영종(寧宗) 개희(開禧) 2년(1206)에 왕작(王爵)을 추탈당하고, 시호도 유추(謬醜)로 고쳐졌다.

126 손진수(孫晉洙): 1869~1935. 본관은 월성(月城)으로, 자는 백연(伯淵). 경상북도 경주 출신의 독

전하며, 나에게 글 한 편을 지어 달라고 하기에 드디어 이 글을 지어 부친다. 그것은 다음과 같다.

「조선의 천한 선비 모모(某某) 등은 중화정부 제공 각하께 삼가 글을 올리나이다. 모(某) 등이 가만히 생각건대, 천지가 크지만 오방(五方)[127]의 인성은 모두 같으며, 고금이 멀지만 만세의 공의(公義)는 바뀌지 않습니다. 이 때문에 인간이 그 인성을 잃어버리고 공의를 배반한다면, 또한 금수라 할 만하니 살아도 죽는 것만 못할 것입니다.

모 등은 나라가 파괴되고 임금이 망하여 몸은 포로가 되고 말았으니, 살아 있는 것이 진실로 영광이 아니며 죽더라도 애석할 것이 없습니다. 그러나 하늘에서 받은 떳떳한 본성은 사라지지 않았고, 평생토록 독서하면서 강구한 것은 사람과 짐승을 분별하는 것이었습니다. 지금 지극히 통탄할 만한 것이 마음속에 있고 대의(大義)는 굽히기 어려워, 피를 뿌리고 창자를 펴며 머리를 들어 만방의 여러 대위(大位)께 부르짖어 울지 않을 수 없사오니, 그 '살핌'과 '살피지 못함'에 대하여 들어 주소서.

아! 우리나라는 바다의 한 모퉁이에 치우쳐 있고 국토도 넓지 않지만, 기자(箕子)가 강을 건너와 팔조법(八條法)[128]을 펼쳐 문명국이 되었고, 국조 500년 동안 글을 높이고 덕을 숭상하여 천하의 소중화(小中華)가 되었습니다. 그러나 말년(末年)에 이르러 안으로는 조정의 기강이 무너지고 밖으로는 강한 이웃이 엿보았으며, 적신 이완용(李完用) 등이 때를 틈타 권력을 농단하여 일인(日人)에

립 운동가 손후익(孫厚翼: 文巖, 1888~1953)의 부친이다. 손후익은 1914년 장석영(張錫英)의 문인이 되어 운도재(雲陶齋)에서 학문을 익혔으며, 1926년 대구경찰서에 부친 손진수와 함께 체포되어 3년 6월의 징역형을 선고받았다.

127 오방(五方): 동·서·남·북과 그 중심으로, 세계를 의미한다.

128 팔조법(八條法): '팔조금법', '금법팔조'라고도 한다. 기자(箕子)가 조선에 와서 8조의 교법(敎法)을 만들어 백성을 교화시켰다고 한다. 지금은 다음 세 가지 조항만 전해 온다. 첫째, 살인자는 즉시 사형에 처한다. 둘째, 남을 다치게 한 자는 곡식으로 보상한다. 셋째, 도둑질한 자는 노예로 삼는다. 용서를 받으려면 50만 전(냥)을 내야 한다.『삼국지(三國志)』「위서(魏書)·동이전」

게 나라를 팔고 말았습니다.

저 일인은 우리의 종묘사직(宗廟社稷)을 구렁에 몰아넣고, 우리 군주를 욕되게 하였으며, 우리 백성들을 학대하였으니, 작은 나라의 백성들은 눈물을 뿌리며 피를 머금고, 원수 나라의 신하는 되지 않을 것이라 맹세하였습니다. 이렇게 피를 머금고 아픔을 삼키면서 오늘까지 크게 인내한 것은, 또한 밝은 날이 돌아오길 기대하였기 때문이며, 그늘진 언덕과 궁벽한 골짜기가 오히려 밝은 빛을 회복할 날을 기다렸기 때문입니다.

무오년(1918) 겨울부터 나라의 변고(變故)가 한층 더 생겨나 상황께서 갑자기 돌아가시고 인심이 흉흉하여 아침저녁을 보전하기가 어려웠습니다. 그런데 마침 파리(巴里)에서 큰 모임을 가져 약소국의 독립을 허락한다는 소문이 세계에 퍼졌고, 우리나라 사람도 이에 잠을 자다가 문득 깨어나고 마른 목에 물이 넘어가는 듯하였습니다. 안으로 곪아 가는 종기가 썩어 문드러지지 않을 수 없어서, 이에 인산일(因山日)에 팔도에서 함께 모여 독립의 깃발을 세우고 만세를 부르니, 하루 사이에 온 나라가 일제히 만세를 부르게 되었습니다.

이것은 대개 의로운 피가 마음에 가득 차서 끓는 물과 타는 불이 사람을 죽이는 것도 두려워하지 않는 것이어서, 나라를 되찾지 못한다면 비록 살더라도 욕되고 나라를 되찾는다면 비록 죽더라도 영광스러운 것이었습니다. 이에 유림 곽종석(郭鍾錫), 장석영(張錫英) 등 300여 명이 본국의 사정을 들어 파리에 고하는 장서(長書)를 써서 김창숙(金昌淑)을 보내 만 번의 죽음을 무릅쓰고 넓은 바다를 건너가 만국의 회의에 호소하게 되었습니다. 대개 이것은 일인이 간사하게 속이는 실정과 우리나라의 애통한 사정을 만국이 모인 자리에 알린 것이니 부디 불쌍히 여기시어 살펴 주시기 바랍니다.

여기에 한번 연루되어 만세를 부르거나 장서(長書)에 관련된 사람으로 일인의 감옥에 갇히게 된 자는, 몇 천만 명이나 되는지 알지 못하겠습니다. 혹은 총알에 맞거나 몽둥이에 맞아서 죽고, 혹은 불을 질러서 잡아 죽이고, 혹은 죄인의 옷을 입혀 노예로 부리며, 혹은 아홉 번 죽다 겨우 살아나기도 하였습니다.

그림 50 대한민국 임시정부 구지(舊址)

그 괴로움이 이와 같았지만 인심은 더욱 단결되어, 이제 해가 지난 뒤로도 위로는 서울에서 아래로는 시골 마을에 이르기까지 연달아 만세를 불러 한 사람 한 사람이 주먹과 손바닥을 문지르며 때를 기다리고,[129] 어금니를 악물고 이를 갈면서 성을 내어[130] 장차 죽지 않고서는 그치지 않을 것입니다. 여기서 천의(天意)가 있는 곳과 인심이 함께하는 바를 볼 수 있습니다.

가만히 듣건대, 중국의 상해(上海)에 우리나라 정부가 있다고 하나 하늘 끝 만 리에서 소식이 도중에 끊겨 어떤 사람은 성세(聲勢)가 약하여 때를 기약할 수 없다 하고, 어떤 사람은 이미 만국의 승인을 받았는데, 중국이 가장 가엾게 여겼다고 합니다. 국중(國中)의 사람들이 서쪽을 바라보며 간절히 바라는 것이 갓난아이가 젖 먹기를 바라는 것과 같지만, 악악왕(岳鄂王)[131]의 정기(旌旗)는

---

129 주먹과~기다리고: 마권찰장(摩拳擦掌). 기운을 모아 달려 나갈 태세를 갖추고 때가 오기만을 기다린다는 의미이다.

130 어금니를~성을 내어: 교아절치(咬牙切齒). 크게 성이 난 모양으로, 어금니를 악물고 이를 갈면서 몹시 분해하는 모습이다.

131 악악왕(岳鄂王): 1103~1142. 남송(南宋)의 명장이자 충신인 악비(岳飛)를 말한다.

그림 51 고종 이희(1852~1919)

더디 돌아오고 제갈무후(諸葛武侯)[132]가 다시 일어날 것은 기약할 수 없습니다. 아! 슬프도다. 이것이 무슨 까닭이란 말입니까?

돌아보건대, 지금 우리나라의 상황에서 진실로 이와 같이 머뭇거리면서 시간만 끌게 된다면, 온 나라 사람들의 목숨을 장차 학철(涸轍)에서 구제하지 못하여 마침내 건어물 가게에서 찾아야[133] 할 격입니다. 사람의 목숨이 이미 다하게 되면 나라가 비록 회복된다고 하더라도 장차 누구와 더불어 나라를 다스리겠습니까?

---

132 제갈무후(諸葛武侯): 181~234. 제갈량(諸葛亮)으로 자는 공명(孔明), 시호는 충무후(忠武侯). 중국 삼국 시대 촉한(蜀漢)의 정치가 겸 전략가. 유비(劉備)를 도와 오(吳)나라의 손권(孫權)과 연합하여 남하하는 조조(曹操)의 대군을 적벽(赤壁)의 싸움에서 대파하고, 형주(荊州)와 익주(益州)를 점령하였다. 221년 한나라의 멸망을 계기로 유비가 제위에 오르자 승상이 되었다.

133 학철(涸轍)에서~찾아야: '학철'은 '학철부어(涸轍鮒魚)'의 준말로 수레바퀴 자국에 괸 물에 사는 붕어처럼 매우 곤궁한 처지에 다다른 사람을 말한다. 장자(莊子)가 친구 감하후(監河侯)에게 식대를 꾸어 달라고 하자 감하후는 이를 미룬다. 이에 장자는 '학철부어'를 이야기하면서, 때가 늦으면 붕어는 건어물전에 있을 것이라면서 자신의 처지를 빗대어 말한다. 『장자(莊子)』「외물편(外物篇)」

가만히 생각건대, 우리나라가 중국에 사대(事大)를 하며 하늘처럼 두려워한 지가 지금 4천여 년이나 됩니다. 명나라 시기에는 재조지은(再造之恩)[134]을 받아, 은혜를 입은 성대한 덕을 지금도 노래하며 잊지 아니합니다. 우리 대행대왕(大行大王, 고종)의 말년에 비로소 독립의 명분을 세운 것은 대방(大邦, 중국)을 우러러 사모한 까닭이니, 어찌 다만 열강과 같이 형제 사이에 그치겠습니까?

대방의 살펴보심이 본래 한 집안과 같았습니다. 지금 우리가 위급한 존망(存亡)의 때를 맞아 대방이, 월(越)나라 사람들이 야윈 진(秦)나라 사람들을 보듯[135] 하는 것은 분명히 마땅한 이치가 아닙니다.

또 저 일인이 우리나라를 씹어 삼킨 그 뜻이 어찌 공연한 것이겠습니까? 임진왜란으로부터 우리나라는 일본의 재앙을 입었습니다만, 지금은 그 교만 방자하게 날뛰는 것이 그때보다 갑절이나 심합니다. 먼저 우리나라를 삼키고 다음으로 남만주(南滿洲)와 산동(山東)에 이르기까지, 일로(一路)가 주머니 속을 더듬는 듯하여 신주(神州, 중국) 만 리를 한걸음에 바로 들어가게 되면, 온전한 소 한 마리가 포정(庖丁)의 눈에서 사라지게 될 것[136]입니다. 이것은 다만 우리나라가 천하에서 사라지는 것만이 아니라 실로 중화(中華) 또한 일인의 마음에 두지 않은 것입니다.

아! 우리나라의 일은 이미 말할 수가 없지만, 중화 사람들 또한 고침(高枕)[137]을 베고 편안히 살며 근심이 없겠습니까? 귀국 정부의 여러분은 천하의 중망(重望)을 갖고 천하의 대권(大權)을 맡아 천하의 대의(大義)를 잡고 무릇 천하

---

134 재조지은(再造之恩): 거의 망하게 된 것을 구원하여 도와준 은혜라는 뜻으로, 임진왜란 때 명나라 군대의 힘을 입어 조선이 위기를 극복한 것을 말한다.

135 월(越)나라~보듯: 월시진척(越視秦瘠). 중국의 월(越)과 진(秦)은 서북과 동남으로 멀리 떨어져 있어, 월나라 사람이 멀리 떨어져 있는 야윈 진나라 사람을 보듯이, 남의 환난에 무관심함을 말한다.

136 온전한~될 것: 포정해우(庖丁解牛). '포정(庖丁)'은 소를 잡아 뼈와 살을 발라내는 솜씨가 아주 뛰어났던 고대의 이름난 요리사이고, '해우(解牛)'는 소를 잡아 뼈와 살을 발라내는 것을 말한다. 포정의 소 잡는 기술은 신기(神技)에 가까워 대단히 뛰어난 솜씨를 비유하거나 기술의 묘(妙)를 칭찬할 때 사용한다.『장자(莊子)』「양생주편(養生主篇)」

137 고침(高枕): 베개를 높이 베고 걱정 없이 편안하게 생활하는 것을 말한다.

의 일을 총괄하지 않는 것이 없는데, 하물며 우리나라의 사정이 이처럼 애통함에 있어서이겠습니까!

갓난아이가 우물에 빠지게 되면 어진 사람은 측은하게 생각하고,[138] 눈앞에 다가오는 재앙[139]을 군자는 경계합니다. 엎드려 바라옵건대, 여러 대인(大人)께서는 특별히 우리의 사정을 살펴 주소서.

또 생각건대, 우리 정부의 여러 사람들이 만 번 죽는 위험을 무릅쓰고 왕사(王事)를 위하여 홀로 힘쓰는데, 그 정성과 의리가 천지를 움직이고 귀신을 감동시킬 만하니, 측은하고 슬프지 않습니까? 이것은 대방에게는 단지 팔을 한 번 드는 수고일 것입니다. 한 무리의 군사가 「무의(無衣)」[140]를 읊조리며 같은 원한을 품고 깃발을 휘날리며 동쪽으로 건너와 음기(陰氣)를 쓸어 낸다면, 중화(中華)도 만년토록 길이 동쪽을 돌아보는 근심[141]이 없을 것입니다. 그리고 우리 동인에게는 죽은 이를 살리고 해골에 살이 돋게 하여[142] 다시 하늘의 빛을 보게 하는 것일 터입니다. 이렇게 되면 동토(東土)의 생명 있는 모든 존재가 세세생생(世世生生)토록 감히 살아 있을 때나 죽고 난 뒤에나 반드시 은혜를 갚

---

138 갓난아이가~생각하고: 유자입정(孺子入井). 어린아이가 막 우물에 빠지려는 것을 보면, 사람은 누구나 '측은지심(惻隱之心)'을 갖고 있어 그 아이를 구하려 한다. 맹자는 여기서 인간이면 누구에게나 있는 성선설의 중요한 근거를 찾았다. 『맹자』 「공손추장구(公孫丑章句)」

139 눈앞에 다가오는 재앙: 원문에 박상(剝床)이라 하였다. 이는 상이 깨어져 부서진다는 것으로, 눈앞에 다가오는 재앙을 뜻한다. 『주역』에서 "박상이부(剝床以膚)이니 상은 사람이 안식하는 곳인데 상이 부서지게 되면, 사람의 몸에 미치고 만다."라고 하였다. 『주역』 「박(剝)」

140 무의(無衣): 춘추시대에 오(吳)나라가 초(楚)나라를 침입하자, 초나라 대부 신포서(申包胥)가 진(秦)나라 조정에 구원을 요청하러 가서 7일 낮밤을 통곡하니, 진 애공(秦哀公)이 감동을 받은 나머지 나라를 위하여 싸움터로 나가자는 내용의 『시경』 「무의(無衣)」 시를 읊고는 구원병을 출동시켜 구해 주었다는 고사가 있다. 『춘추좌씨전(春秋左氏傳)』 「무의편(無衣篇)」

141 동쪽을 돌아보는 근심: 적국과의 사이에 있는 이웃 나라를 도와 적을 막게 하는 것을 말한다. 소철(蘇轍)은 「육국론(六國論)」에서 "제(齊), 초(楚), 연(燕), 조(趙) 네 나라가 진(秦)에 인접한 한과 위나라를 도와 동쪽을 돌아볼 근심을 없게 하여 진나라 군대를 막게 했다면, 진나라가 육국을 통일하는 일은 일어나지 않았을 것이다."라고 했다. 동고지우(東顧之憂)는 이 말에서 나왔다. 『고문관지(古文觀止) 후집』 권11, 「육국론(六國論)」

142 죽은 이를~돋게 하여: 생사골육(生死骨肉). 은혜가 매우 깊고 두터움을 이르는 말이다. 『춘추좌씨전(春秋左氏傳)』 소공(昭公) 2년

지 않겠습니까?[143]

모(某) 등은 해외의 쓸모없는 선비로, 문(文)으로는 임금을 보좌하지 못하고, 무(武)로는 창을 잡고 앞으로 내달리지 못하면서, 나라가 망한 지 10년 동안 자취를 숨기고 혀를 감추며 죽고자 하여도 그리할 수가 없었습니다. 이미 일의 마땅한 기회를 만나 한 통의 글을 써서 우리의 뜻을 서양에 밝히고, 이제 또 정성을 펼치며 숭고하고 존엄한 존하(尊下)께 우러러 바라나이다. 분수 밖의 말은 진실로 그 죄가 죽어 마땅할 것인 줄 아옵니다. 그러나 떳떳한 본성은 같고 대의(大義)는 펼칠 수 있으니, 또한 제공의 곡진한 보살핌을 바라지 않을 수 없었던 것입니다.

아! 멸망한 나라를 다시 일으켜 주고 끊어진 세대를 이어 주는 것[144]은 성왕(聖王)의 대법(大法)이요, 중국을 높이고 이적(夷狄)을 물리치는 것[145]은 춘추의 대의(大義)입니다. 춘추의 대의로써 성왕의 대법을 행한다면, 중국은 천하의 맹주가 되고 우리나라는 이미 끊어진 세대를 다시 잇게 되며, 오랑캐는 먼 변방으로 물러나 순종하게 될 것입니다. 아! 얼마나 성대하고, 또한 어찌 아름답지 않겠습니까!

모 등은 매양 종사(宗社)를 생각하며 공연히 원안(袁安)의 눈물[146]을 뿌리며,

---

143 살아 있을 때나~갚지 않겠습니까?: 진(晉)나라 이밀(李密)의 「진정표(陳情表)」에 "신이 살아서는 신의 목을 바칠 것이요, 죽어서도 마땅히 결초보은할 것입니다.[臣生當隕首 死當結草.]"라는 말이 나온다. 은혜를 결코 잊지 않는다는 의미이다.

144 멸망한 나라를~이어 주는 것: 주나라 무왕의 덕을 말한 것으로, 그는 도량형을 신중하게 다루어 착오가 없게 하고, 법도를 심의하여 이를 개선하고, 폐지한 관서를 수복하여 다시 썼으므로 사방의 정사가 잘 시행되었다. 또한 멸망한 나라를 부흥시켜 주고, 끊어진 대를 다시 이어 주고, 초야에 묻힌 숨은 인재를 찾아내어 기용하였으므로 천하의 민심이 그에게로 돌아갔다고 한다. 『논어(論語)』 「요왈(堯曰)」

145 중국을 높이고~물리치는 것: 존양(尊攘). 이는 '존중화양이적(尊中華攘夷狄)'의 준말로, 중화를 높이고 오랑캐를 물리치는 것을 말한다. 여기서는 중국을 높이고 일본을 물리치자는 의미로 사용하였다.

146 원안(袁安)의 눈물: 후한 화제(後漢和帝) 때 사도(司徒) 원안이 공경들과 국가의 일에 대해서 이야기할 때마다 탄식을 하며 눈물을 흘리지 않은 적이 없었으므로, 천자로부터 대신들에 이르기까지 모두가 그를 믿고 의지하였다고 한다. 『후한서(後漢書)』 권45, 「원안열전(袁安列傳)」

편지를 봉해 만 리에 띄웁니다. 감히 신포서(申包胥)의 통곡[147]을 본받고자 하오니, 외람되기 이를 데가 없나이다.

27. 부록(2)[148]

「동생이 옥에 있을 때, 두공부(杜工部)[149]의 '아우를 그리워하며 구름을 보다가 한낮에 졸기도 하네'[150]라는 시구를 읊으며 회포를 쓰다[家弟在獄時 誦杜工部 憶弟看雲白日眠 一句 賦懷]」 7절(七絕)

일범(一帆)[151] 병형(病兄)

늙어 갈수록 오히려 하루라도 떠나 있기 어려운데	老去猶難一日離
하물며 금년 삼월은 길이 서로 그리워하게 되었네	況今三月長相憶
죽고 사는 것을 의로운 감옥에서 붙들고 있으니	祗可死生扶義牢
구차한 인정이야 어찌 생각할 수 있으리	區區情界詎能憶

147 신포서(申包胥)의 통곡: 초(楚)나라의 신포서(申包胥)를 가리킨다. 오자서(伍子胥)가 오(吳)나라 군대를 이끌고 초나라를 급히 공격하자, 신포서가 진(秦)나라 조정에 가서 7일 낮밤을 통곡하며 호소한 결과, 구원병을 얻어 국난을 타개했다는 이야기가 있다. 『춘추좌씨전(春秋左氏傳)』 정공(定公) 4년

148 부록(2): 이하는 초고본에는 없고 교정본에만 있는 것으로, 장석영의 형인 장석신(張錫藎)의 시를 첨부하였다.

149 두공부(杜工部): 712~770. 중국 당 나라 두보(杜甫)를 말한다. 공부(工部)는 관명(官名)으로 두보가 공부원외랑(工部員外郎)이라는 벼슬을 지낸 적이 있으므로 이렇게 불렀다.

150 아우를~졸기도 하네: 두보 〈한별(恨別)〉에 나온다. 전문은 다음과 같다. "낙양성 한 번 떠나 사천리[洛城一別四千里], 오랑캐말 몰며 싸운 지 5,6년[胡騎長驅五六年]. 초목 시들 때 검각성(劍閣城) 밖을 다녔고[草木變衰行劍外], 전쟁으로 길 막혀 강가에서 늙고 있네[兵戈阻絕老江邊]. 집 생각에 달빛 속 맑은 밤에 서 있기도 하고[思家步月清宵立], 아우를 그리워하며 구름을 보다가 한낮에 졸기도 하네[憶弟看雲白日眠]. 듣자니 근래 하양에서 승세를 탔다던데[聞道河陽近乘勝], 사도는 속히 유연을 깨부숴 주게나[司徒急爲破幽燕].

151 일범(一帆): 장석신(張錫藎, 1841~1923)의 호. 일호는 과재(果齋), 본관은 인동(仁同), 일명은 동한(東翰), 자는 순명(舜鳴). 1905년 이완용(李完用) 등이 을사조약을 체결하였다는 변고를 듣고 협약의 철회와 적신(賊臣)을 죽일 것을 상소하였고, 경술국치를 만나 가야산(伽倻山)으로 들어가 두문불출하며 후진 양성에 전념하였다.

그림 52 두보(712~770)

밤에 소동파가 동생에게 보낸 시를 외우나니	夜誦坡翁寄弟詩
“그대와 함께 세세토록 영원히 형제가 되리”[152]	與君世世爲兄弟
서로 저 들판의 두 마리 할미새[153]와 같았으니	相彼在原雙鶺鴒
위급함과 어려움을 형제가 함께한다는 것을 알겠네	猶知急難共兄弟
베개 베고 뒤척이니 외론 등불은 희미하고	倚枕頻移孤燭殘
창 열고 우두커니 앉아 먼 산만 바라보네	開窓偶坐遠山看
야윈 얼굴을 어제 잠시 밤 꿈에 봤지만	癯容暫入前宵夢
꿈속이라 자세히 볼 수가 없었다네	夢裡無由仔細看
하늘의 거울은 밝고 밝아 선악을 분별하니	天鑑昭昭善惡分

152 그대와~형제가 되리: 동파가 감옥에 있을 때 자유(子由)에게 보낸 시에, “그대와 함께 대대로 영원히 형제가 되어[與君世世爲兄弟], 이승에서 못 다한 인연 다음 세상에서 다시 맺기를[更結來生未了因]”이라 하였다.-원주. 소동파가 감옥에 있으면서 동생 소철(蘇轍, 자: 子由)에게 보낸 시의 제목은 「옥중기자유(獄中寄子由)」이다. 『송사(宋史)』 「소철전(蘇轍傳)」

153 두 마리 할미새: 할미새는 수미가 서로 응하므로, 형제가 급한 일이나 어려운 일을 당하여 서로 돕는 것을 의미한다. 『시경』 「소아(小雅)·상체(常棣)」

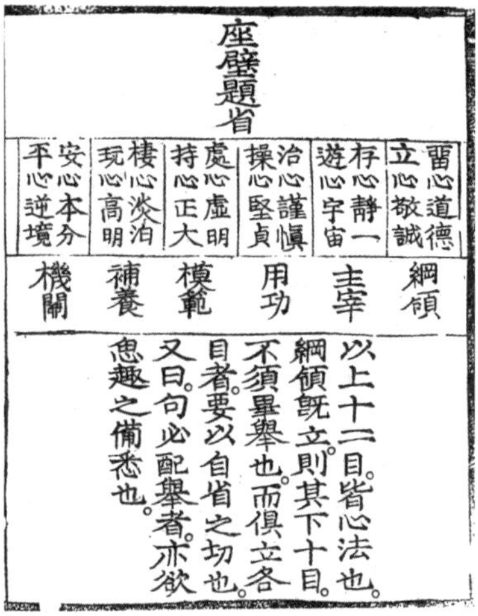

座壁題省

綱領	主宰	用功	模範	補養	機關
留心道德	存心静一	治心謹愼	處心虛明	棲心淡泊	安心本分
立心敬誠	遊心宇宙	操心堅貞	持心正大	玩心高明	平心逆境

以上十二目。皆心法也。綱領旣立。則其下十目。不須畢擧也。而俱立各目者。要以自省之切也。又曰。句必配擧者。亦欲息趣之備悉也。

그림 53 『여헌집』 권6, 「앉은 벽에 써 붙인 글[座壁題省]」

때론 사나운 눈도 있으나 다시 봄 구름 감돈다네	有時獰雪更春雲
역경 속의 화평한 마음 기관 속에 있나니[154]	平心逆境機關在
대조[155]의 훌륭한 잠명 귀에 가득 들려오네	大祖良箴詔耳雲
길흉은 오직 하늘에 달려 있으니	吉凶惟俟在穹蒼
의리가 어찌 흰 칼날을 밟는다 해서 변하리오	義理寧渝蹈刃白
지사가 곤궁한 것은 옛날부터 그러하니	志士困窮從古然
모름지기 노여움으로 흘겨보지는 마시게[156]	不須齎怒轉睛白

154 역경 속의~기관 속에 있나니: 장현광(張顯光)은 「좌벽제성(座壁題省)」을 '강령(綱領)', '주재(主宰)', '용공(用功)', '모범(模範)', '보양(保養)', '기관(機關)'으로 나누고 '기관'을 "본분에 마음을 편안히 하고[安心本分], 역경에도 마음을 화평하게 한다.[平心逆境]"라고 설명하였다. 『여헌집(旅軒集)』 권6, 「좌벽제성(座壁題省)」

155 대조: 장현광(張顯光, 1554~1637)을 말한다. 장석영은 장현광의 9대 손이다.

156 흘겨보지는 마시게: 백안시. 흰자위를 보이며 흘겨본다는 뜻으로, 상대방을 무시하거나 업신여기는 행동 또는 눈빛을 말한다. 삼국시대 위나라 출신 완적(阮籍)의 어머니가 돌아가셨을 때 혜희(嵇喜)가 조문을 갔는데 완적이 반기지도 않을뿐더러 오히려 흰자위를 보이며 무시[白眼視]하였다고 한다. 『진서(晉書)』 「완적전(阮籍傳)」

수창성[157] 안에 비는 쓸쓸히 내리는데　壽昌城裏雨蕭蕭
누대의 노랫소리는 옛날과 다르구나　歌管樓臺異舊日
고국의 빈 터 바라보며 눈에 가득한 상심　滿眠傷心故國墟
해바라기 꽃 한 송이는 아침 해를 향하네　葵花一點向朝日

그대 어찌하여 외론 기러기로 그물에 걸렸나　君何孤鴈自羅網
나는 늙은 홀아비같이 길이 잠들지 못한다네　我似老鰥長不眠
긴 베개를 놓고 그대 돌아오길 기다리니　爲待君歸長枕設
원하노라, 오늘 밤부터 함께 단잠 자기를　願從今夜共甘眠

「동생이 출옥했다는 반가운 소식을 듣고[喜聞家弟出獄]」

일범(一帆)

홀연히 화군(華君)[158]의 출옥 소식을 들으니　忽聞華君出福堂
기쁘기도 하고 눈물도 나서 마음이 미친 듯하네　乍歡乍淚心如狂
수많은 어려움에도 본성대로 행하여　備經百惻行乎素
마침내 저 하늘이 다시 살게 하였다네　終獲再生信彼蒼
하늘가 외로운 기러기는 공연히 스스로 울고　天際孤鴻空自叫
모랫벌 가의 두 마리 할미새는 다시 돌며 나네　沙頭雙鴒更回翔
한 몸으로 욕을 받은 것은 단지 나라를 위함이니　一身招辱秪爲國
우리나라[159]는 언제쯤 옛 강토를 회복할 수 있을까　鯷海那時闢舊疆

157 수창성: 수창군은 원래 통일신라 시대 대구광역시 수성구 중동·상동 및 달성군 가창면에 있던 지방 통치 구역으로, 신라 경덕왕(景德王) 때 위화군(喟火郡)을 수창군(壽昌郡)으로 개칭하였다. 대구를 범칭한 것이다.

158 화군(華君): 장석영의 자가 순화(舜華)이기 때문에 이렇게 불렀다.

159 우리나라: 제해(鯷海). 제학(鯷壑), 제잠(鯷岑)의 바다라는 말로, 동해 즉 발해(渤海)를 가리킨다. 제해는 동방의 별칭이다. 제명(鯷溟) 혹은 접해(鰈海)라고도 한다.

대구감옥 127일, 그 고난의 기록

-제2부-

논고

장석영의 항일투쟁기 『흑산일록』

2

회당 장석영(1851~1926)

논고

장석영의 항일투쟁기 『흑산일록』

1. 『흑산일록』의 발굴 경위

『흑산일록(黑山日錄)』의 작자 장석영(張錫英: 晦堂, 1851~1926)은 크게 두 가지 점에서 주목되는 인물이다. 하나는 곽종석(郭鍾錫: 俛宇, 1846~1919) 등과 함께 이진상(李震相: 寒洲, 1818~1886)의 대표적인 문인으로 일컬어지는 주문팔현(洲門八賢)[1] 가운데 한 사람이라는 사실과, 다른 하나는 일제강점기에 강한 의기를 지니고 민족의 독립을 위하여 헌신하였다는 점이다. 이진상의 학문을 계승한 제자로서 퇴계학의 주리적 경향을 더욱 강화하였다는 학문적 특질과 함께, 이것이 민족의 독립운동에 어떤 사상적 기반으로 작용하였음을 추측게 하는 대목이라 하겠다.

『흑산일록』은 장석영이 69세 되던 해인 1919년에 성주 지역을 중심으로 독립운동을 전개했던 과정과 옥중 생활을 기억에 의거해서 쓴 일기이다. 여기에는 그동안 「파리장서」 연구자들 사이에서 사라진 것으로 알려져 있었던 회당본(晦堂本) 「파리장서」가 실려 있을 뿐만 아니라, 최초의 면우본(俛宇本) 「파리

---

1 이진상 문하의 대표적인 문인을 일컬어 '주문팔현'이라 하는데, 여기에는 곽종석과 장석영 외에도 이승희(李承熙)·허유(許愈)·이정모(李正模)·윤주하(尹胄夏)·이두훈(李斗勳)·김진호(金鎭祜) 등이 있다.

장서」도 있어 『흑산일록』에 대한 발굴은 이 분야 연구에 매우 중요한 의미를 지닌다. 장석영이 쓴 「파리장서」가 존재한다는 사실은 1919년 5월 20일에 작성된 대구지방법원 판결문 등 다양한 기록에 나타나지만, 연구자들은 현존하지 않는 것으로 생각해 왔다. 다음 인용문은 이러한 사정을 잘 말해 준다.

> 첫째, 회당본이다. 이 문서는 파리장서 초안 가운데 하나다. 경북 성주의 저명한 유생 회당 장석영이 파리장서 수석 서명자 곽종석의 요청으로 받아 지은 것이다. 이 초안은 곽종석에 의해 채택되지 않았다. 문장은 좋으나 외교문서로는 부적절하다는 판단 때문이었다. 이 문서는 오늘날까지 발견되지 않고 있다.[2]

이 글은 임경석이 「파리장서」의 작성 경위와 문안 변동을 탐구하면서 내린 첫 번째 결론이다. 위 논문이 나오기 이전에 작업한 논문에서도 회당본 「파리장서」는 보이지 않는다. 즉, 장석영이 「파리장서」 초안에 깊숙이 관여했으나 구체적인 문건은 현존하지 않는다는 것이 통설이었다. 지금까지 「파리장서」와 관련하여 문건 작성의 주체가 누구인가를 두고 후손과 제자들 사이에서 뜨거운 논란이 벌어지기도 했다. 그러나 다양한 판본이 있어 왔으며 이들의 판본이 서로 착종되면서 최후의 문건으로 진화하였다는 사실에 대체로 합의하고 있는 실정이다.[3]

이러한 상황에서 『흑산일록』이 발굴된 것은 참으로 다행한 일이 아닐 수 없다. 지난 2009년 6월 대구 MBC는 파리장서운동 90주년 기념 특집으로

---

2 임경석, 「유교 지식인 독립운동—1919년 파리장서의 작성 경위와 문안 변동」, 『대동문화연구』 37, 대동문화연구원, 2000, 140쪽.

3 許善道, 「3·1운동과 유교계」, 『3·1운동50주년기념논집』, 동아일보사, 1969; 南富熙, 「유교계의 파리장서사건과 3·1운동」, 『한국의 철학』 12, 경북대학교 퇴계연구소, 1984; 金道基 편, 「중재선생의 파리장서 試草에 대한 시비 전말」, 內塘書舍, 1998; 趙東杰, 「파리장서의 성격과 역사적 의의」, 『한국 근현대사의 이해와 논리』, 지식산업사, 1998.

그림 54 대구 MBC 〈붓(筆)의 투쟁〉 광고 방송

〈붓(筆)의 투쟁〉이라는 3부작 다큐멘터리(연출 : 공재성)를 만든 적이 있다. 제1부는 '파리장서(巴里長書)운동을 아십니까?'(6월 14일 방영), 제2부는 '붓끝에 맺힌 항일독립의 뜻'(6월 21일 방영), 제3부는 '목숨을 건 137인의 이름'(6월 28일 방영)이었다. 『흑산일록』은 제2부에 집중적으로 소개되었는데, 당시 필자는 전문가의 자격으로 이 프로그램에 참여하여 이 일기가 지닌 독립운동 사료로서의 가치와 회당본 「파리장서」가 이 가운데 존재하고 있음을 밝혔다.

그동안 회당본 「파리장서」는 존재하지 않는다고 알려져 왔지만 장석영의 주손가에서는 대구 MBC의 의뢰를 받아 이를 다시 조사하기 시작했다. 그 과정에서 장석영의 현손 장세민(張世珉) 씨와 문중의 장세완(張世完) 씨가 기존의 연구자들이 주로 참고하였던 『회당집』을 제외하고 『선문별집(先文別集)』 4책을 가지고 필자의 연구실로 찾아왔다. 특히 『선문별집』 지(智)에 「파리장서」 문자가 있는 것 같다고 했다. 『선문별집』 '지'는 「갑인 이남빈상견록(甲寅李南彬相見錄)」·「무오 복주기행(戊午宣福記行)」·「동년 동유록(同年東遊錄)」·「기미 흑산일록(己未黑山日錄)」으로 구성되어 있었고, 이 가운데 『흑산일록』을 자세하게 살핀 결과 성주의 만세운동과 파리장서운동에 따른 고난이 사실적으로 기록되어 있었을 뿐만 아니라, 장석영이 초안한 「파리장서」도 함께 실려 있다는 사실을 확인하였다.

『흑산일록(黑山日錄)』의 '흑산(黑山)'은 무엇을 의미하는가. 이에 대하여 장석영 스스로가 밝힌 것은 없다. 그러나 이 일기는 독립운동 과정에서 쓴 옥중 일기의 성격이 강하기 때문에 이와 연계시켜 이해하는 것이 좋을 듯하다. 우선, 흑산은 일명 살호산(殺胡山)이라는 다른 이름을 갖고 있는 산으로, 당나라의 배행검(裵行儉: 守約, 619~682)이 돌궐을 대파한 산이라고 볼 수 있다.[4] 이로써 장석영의 왜적에 대한 적개심을 읽을 수 있기 때문이다. 또한 고려의 죄인으로 죽음을 면한 자들이 유배를 갔던 흑산을 의미할 수도 있다.[5] 장석영이 대구감옥을 흑산으로 비유했을 수 있기 때문이다.

이 글은 필자가 이미 학계에 보고한 바 있는 「회당 장석영이 쓴 『흑산록』의 서술 방식과 가치」[6]를 바탕으로 하여, 이후 발굴된 장석영이 손수 쓴 초고본(草稿本) 『흑산일록』을 참고하면서 개고한 것이다. 초고본은 인동장씨(仁同張氏) 남산파(南山派) 회당고택(晦堂古宅)에서 2014년 한국국학진흥원에 고문헌 등 2,525종에 달하는 자료를 기탁하는 과정에서 새롭게 발굴된 것이다. 이 초고본은 글자가 작아 읽기 불편할 뿐만 아니라 관련된 글을 보충할 필요가 있었다. 후손들은 여기서 더 나아가 장석영의 다른 글과 함께 별집(別集) 형태의 새로운 문집을 만들기 위하여 다시 교정·정사(淨寫)하였는데, 그것이 바로 앞서 언급한 『선별문집』에 실려 있는 「기미 흑산일록」이다. 이 글에서의 교정본(校正本)은 바로 이를 두고 이른 것이다.

『흑산일록』은 다양한 명칭으로 존재한다. 초고본의 표제(標題)는 '흑산기사

---

4 司馬光, 『資治通鑑』 唐紀 卷202, "三月, 裴行儉大破突厥於黑山(黑山一名殺胡山, 在豐州中受降城正北, 如東八十里, 亦謂之呼延谷), 擒其酋長奉職."; 唐紀 卷248, "庚子, 大破回鶻於殺胡山(殺胡山即黑山)."

5 徐兢, 『宣和奉使高麗圖經』 卷35, 「黑山」, "黑山, 在白山之東南, 相望甚邇, 初望極高峻, 逼近, 見山勢重複, 前一小峯, 中空如洞, 兩間有澳, 可以藏舟. 昔海程, 亦是使舟頓宿之地, 館舍猶存, 今取道, 更不拋泊, 上有民居聚落, 國中大罪得貸死者. 多流竄於此."

6 정우락, 「회당 장석영이 쓴 『흑산록』의 서술 방식과 가치」, 『영남학』 23, 경북대학교 영남문화연구원, 2013.

(黑山記事)', 권두제(卷頭題)는 '흑산일록(黑山日錄)'이고, 교정본의 표제는 '기미 흑산일록(己未黑山日錄)', 권두제와 판심제(版心題)는 '흑산록(黑山錄)'이다. '흑산기사'와 '흑산록'이 고난의 과정 전체를 기록한 것이라면, '흑산일록'은 그 과정을 일기체로 기록했다는 것을 뜻한다. 『흑산일록』이 항일과 투옥의 전후 사정을 두루 기록하고 있으니 '흑산기사' 내지 '흑산록'이라 할 수 있고, 날마다 쓰지는 않았지만 중요한 사안에 따라 그것을 날짜별로 기록하고 있으니 '흑산일록'이라 할 수도 있다. 어느 것을 사용해도 무방하나, 이 글에서는 '흑산일록'이라 부르기로 한다. 초고본의 권두제나 교정본의 표제에 모두 '흑산일록'이라 하였을 뿐만 아니라, 날마다 쓴 것만을 한정해 일록(日錄)이라 하지는 않기 때문이다.

2. 초고본과 교정본 사이

『흑산일록』의 초고본과 교정본이 내용면에서는 대동소이하지만, 형태적인 측면 등 적지 않은 곳에서 차이가 발견된다. 이것은 1932년 장석영의 아들 장우원(張右遠: 弦窩, 1875~1955)과 문인 손후익(孫厚翼: 文巖, 1888~1953)이 발간한 『회당집』에서 빠진 글을 『선문별집』의 형식으로 다시 편집하면서 생긴 결과이다. 그렇다면 무엇 때문에 『흑산일록』이 『회당집』에서 빠졌을까? 그것은 아마도 일제의 검열과 일정한 상관성이 있어 보인다. 『회당집』은 1930년 후반 무렵까지 편성·교정하였고, 이를 조선총독부 경무국도서과에 제출하여 검열을 거친 후 1930년 11월 7일에 출판 허가를 받았다. 이 과정에서 항일의식이 고스란히 담겨 있는 『흑산일록』은 본가에 비장해 둘 수밖에 없었을 것이다.

교정본은 초고본을 문집 형태로 다시 편집한 것이다. 편집 방침은 '보다 자세하게', '보다 체계적으로'였던 것 같다. 이 때문에 초고본에서는 '宋舜佐及其子姪二人及李忠夫李聲玉李執中宋賢伯兄弟'라 기록한 것을, 교정본에서는 '宋舜佐及其子姪二人(宋晦根, 宋壽根)及李忠夫(基定)李聲玉(鳳熙)李執中(基允)宋賢伯(奎

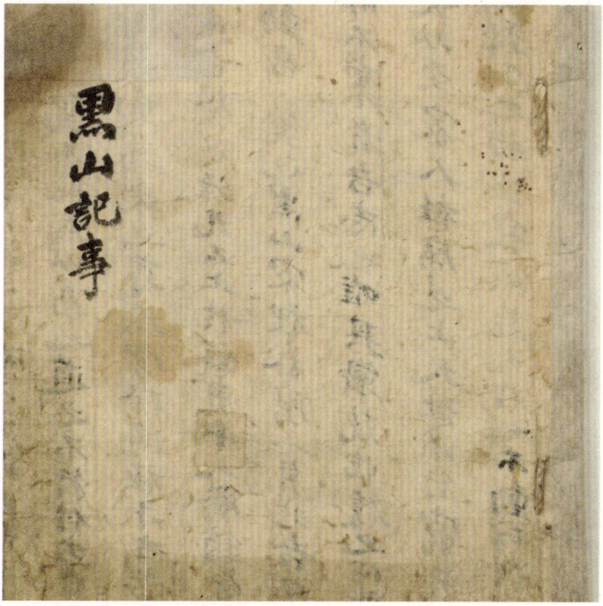

그림 55 초고본 『흑산일록』 표지

善)兄弟'[7] 으로 기록하여 '이인(二人)'이 구체적으로 누구인지를 밝히고, 자(字)로 만 소개되어 있는 사람도 그 이름을 자세하게 밝혀 적었다. 그리고 투옥되는 날 지은 "한 점 흐린 기운을 끊어 보내고[斷送一點和泥氣]/항상 천 길 절벽 같은 우뚝한 마음을 지니리[常持千仞立壁心]"라는 시구(詩句)도 뒤에 나오는 단가(短歌) 앞부분에 있던 것을 재배치하여 실정에 맞게 하였다.

초고본의 주석 일부를 교정본에서 본문으로 처리한 것도 체계성에 입각한 것이다. 장석영은 초고본에서 조선 유림의 대표로서 중화 정부에 보내는 글을 부록으로 실었다. 「조선 유림이 중화 정부에 드리는 글[朝鮮儒林與中華政府書]」이 그것이다. 초고본에는 이 글에 주석을 달아, "경신년 8월에 손진수(孫晉洙)가 상해에서 돌아와 김창숙(金昌淑)의 말을 전하며, 나에게 글 한 편을 지어 달라

---

7 ( )는 주석으로 처리되어 있는 부분이다.

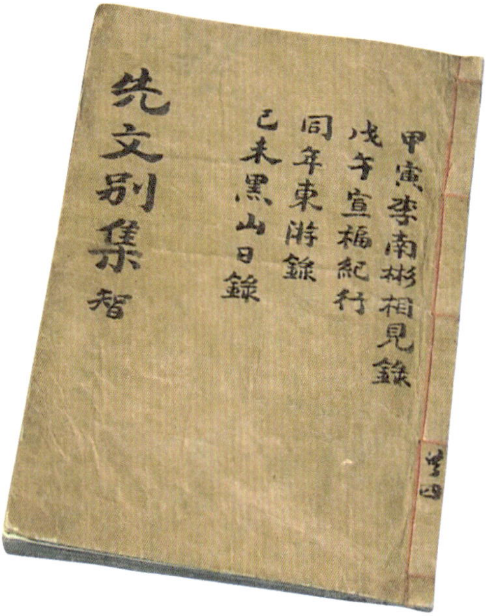

그림 56 교정본 『흑산일록』 표지

고 하기에, 드디어 이 글을 지어 부친다."[8]라고 하였다. 이를 교정본에서는 본문으로 처리하고, 전체적인 체계에 맞게 손진수도 그의 자를 밝혀 '손백연(孫伯淵)'이라 하면서 '진수(晋洙)'를 주석으로 달았다. 이는 교정본의 부록 역시 『흑산일록』의 전체 체제에 부합되게 할 필요가 있었기 때문이다. 이러한 기본적인 사실을 염두에 두면서 초고본과 교정본의 상이성을 몇 가지 측면으로 나누어 제시하면 다음과 같다.

첫째, 문헌의 형태적 측면의 상이성이다. 초고본이 '흑산기사(黑山記事)'라는 표제하에 장석영 본인이 스스로 편책(編冊)한 것이라면, 교정본은 '기미 흑산일

---

8 張錫英, 초고본 『黑山日錄』 36쪽, "庚申八月, 孫晋洙自上海還, 傳金昌淑之言, 而要我作一書, 遂作此而付之."

록(己未黑山日錄)'이라는 표제하에 「갑인 이남빈상견록(甲寅李南彬相見錄)」 등의 기행문과 함께 후인이 『회당집』 별집을 발간하기 위하여 새롭게 필사한 것이다. 규격도 초고본은 무계선(無界線)으로 20.2×19.2cm, 총 40쪽, 1쪽 14행, 1행 28자 내외이며, 주석은 쌍행(雙行)이다. 이에 비해 교정본은 유계선(有界線)으로 21×29.4cm, 총 71쪽, 1쪽 20행, 1행 24자 내외, 주석은 역시 쌍행이다. 두 자료 모두 필사본이라는 동질성을 지니고 있으나 편책의 방법, 글자 크기, 쪽수 등에서 커다란 차이가 난다.

둘째, 필사 방법상의 상이점이다. 초고본은 '흑산일록'이라는 권두제하에 「파리장서」 등의 글이 있더라도 궐자(闕字)를 하거나 줄을 바꾸지 않고 그대로 내리썼다. 이에 비해 교정본은 '흑산록'이라는 권두제하에 「통고도내문(通告道內文)」이나 「파리장서」 등의 산문과 한시 및 시조 등의 운문 작품이 있으면 줄을 바꾸고 다시 한 글자를 내려 써서 그것이 단독 작품이라는 사실을 분명히 하였다. 초고본에서 일기와 작품을 이어서 쓴 것은 기록 자체에 주안점을 둔 것이라면, 교정본에서 일기와 작품을 구분하여 쓴 것은 작품의 독자성을 밝혀, 이들 작품이 지닌 의미를 더욱 강조하기 위한 것이라 하겠다.[9]

셋째, 교정본에는 장석신의 시가 추록되어 있다는 점이다. 『흑산일록』의 초고본과 교정본은 위와 같이 몇 가지 다른 점이 있기는 하지만 대동소이하다. 그러나 이 부분은 초고본에 전혀 없는 것이어서 중요한 의미를 지닌다. 장석신은 장석영의 형으로 자는 순명(舜鳴), 호는 과재(果齋) 혹은 일범(一帆)이다. 교정본에는 장석영이 투옥되었을 때 지었던 「동생이 옥에 있을 때, 두공부(杜工部)의 '아우를 그리워하며 구름을 보다가 한낮에 졸기도 하네'라는 시구를 읊으며 회포를 쓰다[家弟在獄時 誦杜工部 憶弟看雲白日眠 一句 賦懷]」라는 칠언절구 7수

---

9 그러나 이러한 방침이 일관되게 적용된 것은 아니다. 장석영이 초고본 『흑산일록』을 마무리하면서 꿈에서 깨어나 "즐거이 보노라, 무목공(武穆公)이 진회(秦檜) 베는 것을[喜看武穆斬秦檜]"로 시작되는 칠언절구 형식의 시는 줄을 바꾸어 기록하고 있기 때문이다.

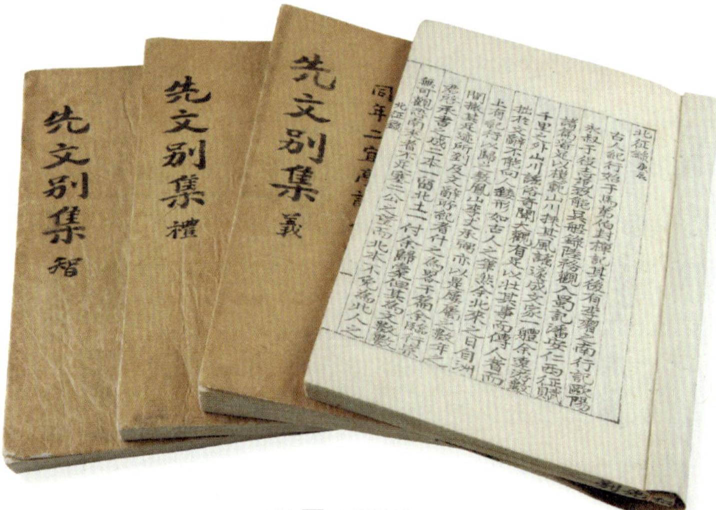

그림 57 『선문별집』

와 출옥 후 「동생이 출옥했다는 반가운 소식을 듣고[喜聞家弟出獄]」라는 칠언율시 1수를 짓는다. 지극한 형제애를 보여 주는 동시에 일기의 내용을 더욱 풍부하게 하였다는 측면에서 의의가 있다.

넷째, 초고본과 교정본에는 글자의 출입이 발견되고, 교정본에는 오기가 더러 보인다. 예컨대, '지금 여기에 병든 사람이 있다면'을 초고본에서는 '今有病腫之人'이라고 했다면, 교정본에서는 '今有病瘇之人'이라 하고 있다. 이처럼 의미가 거의 변별되지 않는 것도 있으나, 성주군 초전면 고산정에 살았던 송규선(宋圭善: 自孝, 1880~1948)을 교정본에서는 '宋奎善'으로 표기하는 등 잘못 기록하는 경우가 있고, '마침 내가 여기에 잡혀 와 있으니'를 초고본에서는 '吾被捉至此'라 기록하고 있으나, 교정본에서는 '吾被促至此'로 오기하고 있다. 그리고 '가아(家兒)가 『학안(學案)』 14책을 사서'도, 초고본에는 '家兒買學案十四冊'으로 기록되어 있으나, 교정본에는 '家兒賣學案十四冊'으로 잘못 쓰여 있다. 이는 정사 및 교정 과정에서 내용을 정확하게 숙지하지 않았기 때문일 것이다.

요컨대 『선문별집』은 장석영의 글 가운데, 검열 때문에 미처 본집에 넣지 못했거나 다시 수집한 자료를 모아서 엮은 것이 대부분이다. 『흑산일록』도 그 가운데 하나이다. 즉 초고본 『흑산일록』이 교정본으로 재편집되었고, 이 과정에서 위와 같이 양 본에 차이가 생겨난 것이다. 교정본의 기본 방침은 '자세하면서도 체계적으로'였다고 하겠는데, 동생 장석영의 투옥과 출옥에 따른 정회를 형 장석신이 노래한 8수의 시는 교정본을 더욱 풍부하게 한다. 그러나 새로 쓰면서 오기한 부분도 있어 교정본은 초고본과 대조해 가면서 읽어야 한다.

3. 『흑산일록』의 서술 방식과 구조

1) 기억에 의한 일기체 서술

표지에 '기미 흑산일록(己未黑山日錄)'이라 밝히고 있듯이, 『흑산일록』은 기본적으로 일기체로 서술되어 있다. 일기는 자신이 경험했던 일을 날짜별로 기록하는 것이 원칙이듯이 『흑산일록』 역시 이러한 원칙에 입각하여 기술되고 있다. 이 일기는 '1919년 3월 3일', 즉 음력 1919년 2월 2일[10]부터 시작하여 같은 해 11월 1일에 끝난다. 이렇게 보면 『흑산일록』은 모두 295일의 일이 기록되었다고 하겠다. 그러나 295일을 날마다 기록한 것이 아니라, 특별한 일이 있을 때마다 이를 특기하는 방식을 취한다. 『흑산일록』은 일기체 서술이라는 측면에서 다음과 같은 두 가지 특징이 두드러진다.

먼저, 『흑산일록』은 독립운동의 과정을 일기체로 서술하고 있다. 투옥은 장석영의 일생사에서 특기할 만한 일이라 하지 않을 수 없다. 그는 실제로는 독립운동을 하다 '투옥'된 것이지만 그것을 하나의 '유배'로 생각하여 자신

---

10 『흑산일록』 초고본과 교정본 모두 '음력 2월 4일'로 기록되어 있으나 고종의 인산일은 음력 1919년 2월 2일이므로 이 글에서는 바로잡아 기술한다. 그리고 본고에서 제시한 날짜는 모두 음력이다. 장석영이 음력으로 썼기 때문에 이것을 따른다.

의 일기를 '흑산'으로 명명한 것인지도 모른다. 『흑산일록』에는 여타의 일기에서 흔히 보이는 날씨에 대한 기록이 없으며, 생활 속에 일어나는 잡사 역시 모두 생략되었다. 즉 성주의 만세운동과 파리장서운동으로 인한 투옥 과정 및 옥중 생활, 그리고 심문과 석방 과정 등에 기술이 집중되어 있다. 이에 대하여 그는 이렇게 서술하고 있다.

> 대개 성주읍에서 체류한 것이 9일이요, 성주에서 대구로 옮겨 초심 공판까지 31일, 초심 공판에서 공소 공판까지 101일이니, 도합 141일이다.[11]
>
> ―『흑산일록』 31장b

위 인용문은 『흑산일록』 서술의 초점이 어디에 있는지를 분명히 알게 한다. 장석영은 「파리장서」의 초안자이자 서명자로서 성주경찰서에 호출되어 8일 동안 구금당했고, 이어 대구감옥으로 이송되어 항소 공판까지 127일간 투옥되었다가 석방되었다. 그는 이 기간을 특기하면서, 이 과정에서 발생한 일을 상세하게 기록하여 『흑산일록』으로 남겼던 것이다. 분량적인 측면에서도 피체 과정과 함께 성주경찰서와 대구감옥에서 보낸 135일의 기록이 대부분을 차지한다. 그 가운데 한 가지를 예로 들어 보자.

> 3월 초이튿날. 본 읍의 장날이다. 본 읍 유생(儒生) 및 교도(敎徒)와 시인(市人: 시장 사람)들이 이날을 맞아 크게 만세를 부를 것이라는 소문이 대단히 심하였다. 이날 식후에 읍의 순검(巡檢) 두 사람이 와서, "대구경부(大邱警部)에서 한 사람이 본 읍에 와서 뵙기를 청합니다."라고 하였다. 내가 "공문이 있느냐?"라고 하니, "없습니다."라고 하였다. "믿을 만한 것이 없으면 나는 갈 수

11 이 기록에는 다소 오류가 있다. 성주읍(성주경찰서)에서의 체류가 8일, 대구감옥에 투옥된 후 초심 공판까지가 34일, 초심 공판에서 공소 공판까지가 93일이기 때문이다. 이에 대한 구체적인 사실은 이 책의 195쪽 각주 213~216을 참조하기 바란다.

가 없다."라고 하자, 순검 한 사람이 바로 자전거를 타고 본 읍으로 달려가더니, 잠시 후 공문을 갖고 왔다. 이에 부득이 수레를 타고 가서 읍 근처에 이르자 만세 소리가 산악에 진동하였다.

—『흑산일록』 11장a~b

본격적으로 일기가 시작되는 부분이다. 대구경찰서에서 사람이 와서 장석영을 지목하며 만나기를 요청했다. 처음에는 거절하였으나 공문을 지참하여 소환하므로 응하지 않을 수 없었던 사정을 기록한 것이다. 성주경찰서에 가서 만난 사람은 서장과 대구경부의 김종원(金鍾元)이었다. 이들은 장석영에게 군민의 만세를 제지해 달라고 요청했다. 이에 장석영은 "내가 일찍이 부르라고 한 일도 없고, 찬성한 일도 없지만, 오늘 만세를 부르는 것은 하늘의 뜻이지 사람의 힘이 아니다."(『흑산일록』 12장b)라며 거절한다.[12] 이처럼 『흑산일록』은 독립운동과 관련된 경험적 사실을 매우 상세하게 기록하였던 것이다.

다음으로, 『흑산일록』은 출옥 후 기억에 의존한 일기이다. 그 스스로 "이 기록은 10월 그믐께 완성되었다."(『흑산일록』 31장b)라고 한 데서 이를 명확히 알 수 있다. 그가 출옥한 지 3개월 조금 못 되는 1919년 10월 30일이었다. 이렇게 적어 놓고 다시 11월 1일 새벽에 꿈을 꾸고, 이에 따라 시를 한 수 짓는 것으로 마무리하고 있으니 엄밀한 의미에서 본 일기는 1919년 11월 1일에 완성된 셈이다. 이 때문에 「통고도내문」이나 「파리장서」 등 『흑산일록』에 수록된 긴 글은 이후에 보완하였다는 것을 알 수 있다.

옥중에서는 지필(紙筆)로 글을 쓸 수가 없을 뿐만 아니라 손가락으로 땅바

---

12 이들은 또한 장석영에게 시회(詩會)를 즐겨 하지 말라고 요구하였다. 시회는 시를 짓기 위한 회합이지만 당시 이를 이용하여 유림들이 독립운동을 하였기 때문이다. 시회를 가장한 독립운동으로는 윤상태(尹相泰)·서상일(徐相日)·이시영(李始榮) 등의 안일암(安逸庵) 회동이 대표적이다. 이에 대하여 장석영은 "젊었을 때는 시를 더러 즐겼지만 세상이 변한 이래로 입을 열면 모두 비분한 말이 되므로 시회를 전폐하였다."(3월 2일 조)라고 했다. 안일암 시회는 정인열, 『대구독립운동사』, 광복회 대구광역시지부, 2018, 165~174쪽을 참조할 수 있다.

닥에 글을 쓰는 것도 엄격하게 금지되었다. 그러나 시간이 조금 지나자 철저하게 감시하기는 하였으나 매주 일요일 집으로 보내는 간단한 편지는 허용되었다. 이처럼 극히 제한된 글쓰기였기 때문에, 그는 출옥 후 기억을 더듬어 자세히 써 내려갈 수밖에 없었다. 「통고도내문」 등 긴 문장은 모두 기억할 수가 없었다. 대구감옥으로 이송된 후 첫 심문 과정에서 장석영은 이렇게 밝히고 있다.

> 검사 한 명과 통역 한 명이 나란히 탁상에 앉아서 나로 하여금 탁자 아래에 서게 하였다. 내가, "늙은이라 서서 말하기가 어렵소."라고 하였더니, 마침내 의자에 앉게 해 주었다. 통역이 검사의 말을 전하며, 사는 마을이 어딘지, 나이는 몇인지, 무슨 일에 종사하는지, 종전에 벌을 받은 적이 있는지 등에 대하여 물었다. 나는 그 물음에 따라 대답을 하였다. 그가, "곽종석과 함께 「파리장서」를 작성하여 조선의 독립을 청한 일이 있소?"라고 하기에, "그렇소!"라고 하니, 그가 말했다. "또 「통고도내문」과 「총독부장서」를 지은 적이 있소?" 내가 말했다. "그렇소! 그러나 「통고도내문」은 도내의 사람들이 이미 고무되어 있어서 글이 별 소용이 없고, 「총독부장서」는 독립 허가라는 것은 일황(日皇)이 하는 일이지 일개 총독이 할 수 있는 일이 아닌 까닭에 내가 비록 글을 짓기는 하였지만 중론(衆論)이 일치되지 않았소. 또한 마침 내가 여기에 잡혀 와 있으니 그 글의 전달 여부는 알지 못하오." 그가, "글의 내용은 무엇이오?"라고 하기에, 그 글을 외울 수는 없으나 대체적인 뜻은 이러이러하다고 답했다. 그가 말하기를, "인심을 선동하고 국법을 위반해도 되오?"라고 해서, 내가 "내 스스로 우리나라의 일을 하였을 뿐, 귀국의 법을 위반했는지 어떤지는 내가 알 바가 아니오."라고 하였다.
>
> –『흑산일록』 31장b

위 글은 1919년 3월 16일의 기록 중 일부이다. 이에 따르면 「파리장서(巴里長書)」와 「통고도내문(通告道內文)」, 그리고 「총독부장서(總督府長書)」 등을 자신이 쓰기는 하였으나 그 글을 외울 수는 없다고 하였다. 3월 9일 성주경찰서에서의 심문 과정에서도 이들 글에 대하여 "늙어 혼미한 사람이 어떻게 기억할 수 있겠소."(『흑산일록』 13장a)라고 하고 있다. 그러나 『흑산일록』에는 이들 글의 전문이 실려 있으니 출옥 후 자료를 찾아 보충한 것임을 알 수 있다. 뿐만 아니라 매일 일기를 쓴 것이 아니라 중요한 일이 있을 때마다 특기하는 형태로 기술되어 있어, 이것 또한 『흑산일록』이 출옥 후의 기록이라는 사실을 방증한다.

요컨대 장석영이 쓴 『흑산일록』은 그가 출옥한 후 석 달 정도 지나서 완성되었다. 이 때문에 이 글은 전적으로 기억에 의존하고 있으며, 일기를 쓰면서 삽입된 「통고도내문」이나 두 편의 「파리장서」는 모두 이후에 보충된 것이다. 그러나 일기는 매우 상세하고, 옥중에서 쓴 시나 주고받은 말이 지극히 자세하다. 여기서 우리는 그의 비상한 기억력을 확인할 수 있으며, 이로써 독립운동사에 중요한 자료를 확보할 수 있게 되었다.

2) 산문과 운문의 교직

한문 산문에서 산문과 운문을 혼합해 쓰는 것은 오랜 전통에 따른 글쓰기 방식이다. 『삼국유사』 등 역사서는 물론이고 『금오신화』와 『운영전』 등의 한문소설, 수많은 비문에 보이는 병서(竝序)의 방식이 모두 산문과 운문의 교직(交織) 형태이다. 일기도 예외가 아니라 하겠는데, 오횡묵(吳弦默: 茝園, 1834~?)의 『고성총쇄록(固城叢瑣錄)』이나 『함안총쇄록(咸安叢瑣錄)』 등이 그 대표적인 작품이다. 이러한 전통적 글쓰기 방식에 입각하여 장석영은 『흑산일록』을 썼다. 기본적으로 산문적 글쓰기 방식을 선택하지만 특별한 감회가 있을 때는 시를 써서 자신의 정서를 고양시켰다.

산문적 글쓰기는 일기의 기본적인 서술 방식이다. 그러나 『흑산일록』은 산문도 두 가지 목적으로 나누어 기술하였다. 하나는 개인에게 일어난 특별한 일을 기록하기 위함이고, 다른 하나는 상대를 일정한 목적에서 설득하기 위함이다. 특별한 일에 대한 기록은 『흑산일록』이 지향하는 기본 글쓰기 방식이다.

기미년 2월 2일부터 시작하는 듯하지만, 체험적 기술은 3월 2일 성주 장날을 맞이하여 만세운동이 벌어지는 것부터이다. 여기서부터 자신의 경험적 사실이 구체적으로 나타난다. 3월 9일의 기록을 잠시 보기로 하자.

> 초아흐렛날. 본 읍의 경부 박재순(朴在純)이 순사 한 사람을 데리고 와서 집 안의 문적(文蹟)을 뒤졌는데, 벽장이나 옷장, 그리고 소소한 서랍까지 열어 보지 않는 것이 없었다. 여러 벗들과 주고받은 편지를 일일이 찾아내어 낱낱이 살펴보고, 혹 시사(時事)와 관련된 말이 있으면 모두 가지고 갔다. 또, 「파리장서」의 일로 조사할 것이 있으니 나에게 읍으로 들어오라고 했다. 부득이 수레를 타고 함께 들어가 경찰서에 이르렀다. 송순좌(宋舜佐: 송준필)와 그의 자질(子姪) 두 사람(宋晦根, 宋壽根－원주) 및 이충부(李忠夫: 基定－원주), 이성옥(李聲玉: 鳳熙－원주), 이집중(李執中: 基允－원주), 송현백(宋賢伯: 圭善－원주) 형제 등 10여 명이 「파리장서」의 일로, 혹은 만세의 일로 이미 먼저 잡혀 와 옥중에 갇혀 있었다. 유독 순좌만 방에 구금되어 그 갓과 옷을 벗지 않고 있었는데, 대개 대우를 하는 것이었다.
>
> －『흑산일록』 12장b

1919년 3월 9일, 성주 장날에 만세를 부른 7일 뒤이다. 이때 성주읍의 경부 박재순이 순사 한 명과 함께 집 안을 수색하고 장석영을 체포해 갔다. 성주경찰서에는 이미 송준필(宋浚弼: 恭山, 1869~1943) 등 10여 명이 구금되어 있었다. 이날 장석영은 심문실에 들어가 심문을 받게 되는데, 경부가 「파리장서」와 「통고도내문」 등의 존재 여부와 그것의 전달 여부를 물었다. 이에 장석영은 "「통고도내문」은 젊은이들이 활자로 인쇄하였고, 총독부에 보내는 글은 위임한 사람이 있는데, 나와 송준필이 오늘 모두 구금당해 전달 여부를 알지 못하오. 파리에 보내는 글은 곽종석이 이미 발송하였소."(『흑산일록』 12장b~13장a)라고 했다. 이처럼 장석영은 '심문'이라는, 그의 생애사에서의 특별한 경험을 자세하게 기록하였던 것이다.

상대를 일정한 목적에서 설득하기 위해 쓴 산문은 「통고도내문(通告道內文)」과 곽종석(郭鍾錫)·장석영(張錫英)·이능학(李能學) 명의로 쓴 「총독부장서(總督府長書)」, 곽종석·장석영 명의로 쓴 회당본 「파리장서」, 곽종석·장석영 명의로 쓴 면우본 「파리장서」 등이다. 그리고 김창숙(金昌淑: 心山, 1879~1962)의 부탁으로 지었다는, 부록에 수록된 「조선 유림이 중화정부에 드리는 글[朝鮮儒林與中華政府書]」도 여기에 해당한다. 경상도 내의 백성에게 이 운동에 동참할 것을 강력하게 권하거나, 조선 독립의 정당성을 논의하는 이 글들은 모두 조선의 독립에 초점이 놓여진다. 상대를 설득해야 하는 글의 목적상 이 글들은 모두 논리적으로 기술되지 않을 수 없었다.

다음은 운문의 경우를 보자. 최초의 운문은 자경문(自警文)으로 시작한다. 장석영은 3월 16일 대구감옥에 투옥된 후 처참한 감옥의 환경과 짐승 취급을 하는 순사들의 무례로 혹시 자신의 마음이 변치 않을까 염려하였다. 이 때문에 그는 자경문을 지어 "한 점 흐린 기운을 끊어 보내고[斷送一點和泥氣]/항상 천 길 절벽 같은 우뚝한 마음을 지니리[常持千仞立壁心]"(『흑산일록』 15장b)라고 다짐한 것이다. 처음 먹었던 마음을 굳건히 가져야 한다며 스스로를 경계한 시구(詩句)이다. 이러한 단구도 있지만, 19수의 칠언절구와 1수의 칠언율시, 그리고 국문 단가 3수가 있어 『흑산일록』의 내용을 더욱 풍부하게 한다. 이를 시간 순서에 따라 간략히 제시하면 다음과 같다.

① 4월 21일: 첫 공판에서 징역 2년을 언도받고 죽기를 결심하고 지은 한시 8수, 단가 3수

② 5월 5일: 일본인 판원정행(阪元正行)과 주고받은 한시 2수
판원정행과 헤어지고 독립을 기대하며 지은 한시 1수

③ 11월 1일: 동짓날 새벽에 꿈을 꾸고 태평을 염원하며 지은 한시 1수

④ 부록(2): 장석신이 옥중에 있는 동생 석영을 생각하며 지은 한시 7수

⑤ 부록(2): 장석신이 동생 석영의 출옥 소식을 반기며 지은 한시 1수

①과 ②는 옥중에서 지은 것이고, ③은 출옥 후 지은 것이며, ④와 ⑤는 형 장석신이 지은 것이다. 이 가운데 5월 5일 판원정행이 장석영에게 바친 시와, 장석신이 지은 시를 제외하면, 모두 장석영의 작품인데 한시 11수와 국문 단가 3수이다. 이 밖에도 장석영을 가엽게 여긴 순검이 연필로 "비와 눈, 바람과 서리가 지나간 뒤[雨雪風霜過去後]/둥글고 밝은 달이 강 가운데 비치네[一輪明月在江心]"라는 구절을 써서 주자, 장석영은 "비와 눈, 바람과 벼락이 가리고 막더라도[雨雪風霆雖閉塞]/둥글고 밝은 달은 일찍이 이지러진 적이 없네[一輪明月未曾虧]"라고 화답하기도 했다. 여기서는 ①과 ②에서 한 수씩을 선택하여 소개하기로 한다.

팔공산 저 구름아 오고가는 너는 자유롭구나
너도야 고국의 비회(悲懷)를 잊지 못하는가
왕래하는 사이에 뿌리는 한 줄기 비는 눈물이로다

–『흑산일록』 20장a

아침에 해서로 한 통의 글을 보냈다가	一封朝寄海西書
저녁에 감옥으로 들어와 가마솥 속 물고기 신세가 되었네	夕入監門作釜魚
북쪽 땅 왕춘은 언제쯤 화창할 수 있을까	北地王春何日暢
옥중의 마른 뼈의 늙은이도 입김 불어 돕는다네	獄中枯骨也吹噓

–『흑산일록』 26장a

앞의 단가는 4월 21일에 쓴 것이다. 이때 장석영은 감옥의 창문 틈으로 팔공산 산록을 바라보는데, 구름이 어둑하게 흐르며 비가 올 듯하였다. 여기에 촉발되어 그는 비분하여 눈물이 흘러내리는 것을 금할 수 없었다며 이같이 노래하였다. 여기서 그는 자유롭게 흐르는 구름을 보며 구속에서 벗어나고자 하는 마음과 함께, 그 구름이 몰아가는 비가 바로 고국비회(故國悲懷)의 눈물이라며 조국 잃은 슬픔을 증폭시켰다. 뒤의 시는 5월 5일에 쓴 것이다. 「파리장서」로 인해 구속된 자신의 상황과 조국의 광복에 대한 간절한 염원을 담았다.

『흑산일록』은 기본적으로 산문이지만 운문을 삽입하여 정서를 더욱 고양시켰다. 이러한 글쓰기 방식은 우리나라의 오랜 전통에 따른 것이다. 산문의 경우 개인적 체험을 특별히 기록하기 위한 것과 「파리장서」 등 상대를 설득하기 위한 것으로 나뉜다. 운문은 칠언절구 19수, 칠언율시 1수, 그리고 국문단가 3수로 구성되어 있다. 산문과 운문을 교직하면서 장석영은 때로는 있었던 사실을 정확하게 기록으로 남기고, 때로는 자신의 특별한 정서를 운문으로 함축하며 산문에 탄력을 주었다. 이로써 『흑산일록』은 산문 일변도의 지루함이 해소될 수 있었다.

3) '서사-본사-결사'의 구조

앞에서 이미 밝혔듯이 장석영의 『흑산일록』은 그가 출옥한 후 3개월 만에 쓴 것이다. 이 때문에 그때그때 쓰는 여타의 일기와는 다를 수밖에 없었다. 대표적인 것이 일기의 구조적 측면이다. 즉 『흑산일록』은 하나의 작품이 될 수 있을 정도로 분명한 주제를 갖추고 있을 뿐만 아니라, 구조적 측면에서도 완결되어 있다. 이것은 장석영이 『흑산일록』을 쓰면서 일기를 쓴다는 의식뿐만 아니라 하나의 작품을 쓴다는 의식도 강하게 가지고 있었기에 가능했다. 이 때문에 『흑산기사』 혹은 『흑산록』이라는 명칭도 사용할 수 있었다. 우선 『흑산일록』의 주요 흐름을 파악해 보자.

① 서울의 만세운동이 전국적으로 퍼져 간 것을 소개
②「통고도내문」·「총독부장서」·「파리장서」를 쓰게 된 경위 및 과정
③ 성주경찰서 소환 및 8일간의 구류
④ 대구감옥으로의 이송과 초심 공판까지 34일간의 옥중 생활
⑤ 초심 공판에서 항소 공판까지 93일간의 옥중 생활
⑥ 석방과 귀로에 대한 이야기
⑦ 조선의 태평을 기원하는 시를 지으며 마무리

①에서 ②까지가 서사라면, ③에서 ⑤까지는 본사이고, ⑥에서 ⑦까지는 결사에 해당한다. 서사에서는 자신의 투옥에 대한 원인을 서술하였고, 본사에서는 체포되어 감옥에 있으면서 겪었던 다양한 일들을 기록하였으며, 결사에서는 석방 과정과 평화에 대한 염원을 표출하며 마무리하였다. 이렇게 볼 때 『흑산일록』은 일기지만, 일기를 뛰어넘는 한 편의 완결된 문학작품이라 할 만하다. 이것은 체험에 대한 기록을 일정한 논리에 입각하여 한꺼번에 지었기 때문에 가능하다. 이제 중요한 몇 대목을 들어 구체적 상황을 살펴보기로 하자.

> 우리나라 사람 손병희(孫秉熙)가 이 일[13]을 탐지하고, 이 인산일(因山日)을 맞이하여 팔도의 사람들이 크게 모일 때 드디어 각 학도(學徒)들에게 크게 만세를 불러 군중의 마음을 불러일으키게 하니, 하룻밤 사이에 서울이 진동하고 소문이 퍼져 나가 각 항구와 고을까지 미쳤다. 며칠 사이에 여덟 지역이 하나의 소리로 산골의 백성과 들판의 늙은이, 부인과 어린아이들에 이르기까지 부르고 화답하니 천지가 크게 진동하였다. 대개 이것은 하늘의 뜻이지 사람이 도모해서 미칠 바가 아니었다.
>
> —『흑산일록』 1장a

> 글이 이미 이루어져서 고산정(高山亭)의 송순좌(宋舜佐: 浚弼—원주)에게 편지를 보내어, "나는 이 두 글을 써서 하나는 도내(道內)에 알리고, 다른 하나는 총독에게 보내고자 했습니다. 다만 생각해 보니 도내와 국내의 사람들은 이미 모두 고무되어 있어, 이 글의 통고를 기다리지 않아도 될 듯하고, 또 총독으로 말하자면 그는 다만 일방(一方)의 정치를 관할할 따름이지 독립을 허가함은 곧 일황(日皇)이 하는 일이요, 총독이 할 수 있는 일이 아닙니다. 이에 이 두 일을 모두 그만두고, 혹 파리국회(巴理國會)에 장서(長書)를 보내 우리 일국

13 파리에서 만국평화회의가 열리고, 5대국을 맹주로 하여 약소국가의 독립을 허락하였으므로 이승만이 우리나라의 원통함을 밝힌 일을 말한다.

백성들의 사정을 밝히고자 합니다. 속히 회신하여 그 가부를 분명히 말씀해 주시기 바랍니다."라고 하였다.

—『흑산일록』 3장b~4장a

위의 글은 모두 서사의 일부이다. 고종의 인산일을 맞아 손병희 주도하에 만세운동이 전국적으로 확산되었고, 장석영 역시 여기에 촉발되어 "이때 모든 인류가 준동(蠢動)하지 않음이 없었지만, 명색이 유생이라는 자가 10년 동안 혀를 가두고 문을 막아 울음만을 삼켜 오다가 지금 천재일우(千載一遇)의 기회를 만났으니 어찌 한마디 말을 하지 않으랴! 다만 생각건대, 만세를 외치는 것은 이미 온 나라가 함께하는 것이니, 우리 선비들의 일은 다만 문자로써 밝게 의리를 펴는 것일 뿐이다."(『흑산일록』 1장a~b)라고 하면서 「통고도내문」 등 세 편의 글을 쓰게 되었던 것이다.

③에서 ⑤까지는 장석영이 「파리장서」를 쓰고 서명한 일 때문에 겪은 시련을 기술한 것이다. 3월 2일에는 만세를 제지해 달라고 부탁받는 차원에서 성주경찰서에 소환되었고, 3월 9일에는 가택 수색과 함께 체포되어 성주경찰서에 구금된 후, 구류와 함께 본격적인 옥중 생활을 시작하게 된다. 이 부분은 장석영이 자세하게 쓴 부분인바 분량도 가장 많다. 그의 생애사에서 특별한 것이었으므로 이를 자세히 기록할 필요가 있었고, 이것은 그에게 있어 유배 생활이나 다름이 없었다. 이 때문에 오랑캐의 척결과 유배지를 동시에 의미하는 '흑산'을 표제어로 내걸고 일기를 쓸 수 있었다. 다음 자료는 그가 대구감옥으로 이송되어 처음으로 감옥 생활을 할 때의 상황을 적은 것이다.

마침내 먼저 갓과 망건을 벗고, 심의(深衣)를 벗은 다음 작은 두루마기를 벗고, 마지막으로 버선을 벗었다. 저들이 사람마다 성명을 써서 모두 다른 곳에 가져다 두었다. 그리고 한 사람을 시켜 우리들을 이끌고 감옥에 들어가게 하니, 밤이 이미 깊어 있었다. 모두 상투를 드러내고 맨발로 저들이 이끄

> 는 대로 따라가서 제1감 13방에 이르니, 한 사람이 맞이하였는데 그는 이른 바 담당 관리였다. 자물쇠를 열고 방 안으로 들어가게 하였는데, 송준필(宋浚弼), 성대식(成大湜), 이봉희(李鳳熙), 송규선(宋圭善), 이기정(李基定) 등 여러 명이 나와 함께 들어갔다.
>
> –『흑산일록』 14장b~15장a

3월 16일, 장석영은 성주경찰서에서 대구감옥으로 이송되어 간단한 심문을 마치고, 그날 밤에 제1감 13방에 구속되었다. 이러한 사정을 위와 같이 자세하게 기록하였는데, 이후 대구감옥에서 새로운 경험과 함께 고단한 감옥 생활을 하게 된다. 그러나 그는 매우 당당하였다. 3월 25일, 검사가 그에게 "국법을 위반하고 인심을 선동하였으니 국가의 적이 아니오?"(『흑산일록』 16장b)라고 하자, 그는 "지금 어떤 사람이 남의 토지를 빼앗았다고 합시다. 빼앗긴 사람이 토지를 다시 찾으려고 한다면, 빼앗은 사람이 도적이오 찾으려는 사람이 도적이오? 찾으려는 사람과 빼앗은 사람이 재판소에 와서 송사를 한다면, 재판관은 장차 누구를 도적이라 하겠소?"(『흑산일록』 16장b~17장a)라며 매섭게 몰아붙이기도 하였다.

⑥과 ⑦은 결사 부분이다. 1919년 7월 26일, 장석영은 송준필·성대식·이기정 등과 함께 증거 불충분으로 무죄 방면된다. 오후 4시에 출옥하니 문밖에는 가족과 친구 등 여러 명이 와 있었다. 장석영은 이들과 오랜만에 만나 이들이 올리는 술을 받아 마시고는 자신도 모르는 사이에 통음(痛飮)을 하게 된다. 다음 날인 7월 27일 아침에 일어나 창밖을 내다보니 개가 한 마리 누워 있었는데, 그 개는 아들 우원(右遠)이 옥바라지를 하기 위하여 감옥으로 갈 때 항상 따라갔다 오던 일본인의 개라 했다. 이를 들은 장석영은 심상한 일이 아니라 하고 그 개를 사서 함께 가고자 하였으나 여의치 않아 매우 애석해했다. 마침내 성주로 다시 돌아온 장석영은 다음 시를 지으며『흑산일록』을 마무리한다.

즐거이 보노라, 무목공(武穆公)이 진회(秦檜) 베는 것을	喜看武穆斬秦檜
다시 중국에 한나라의 도읍이 회복되기를 원하네	更願神州復漢都
우리 동방의 천만 겨레에게 말하노니	寄語吾東千萬族
태평세상을 우리 함께 큰 소리로 불러 보세	太平同我共歡呼

-『흑산일록』 32장a

11월 1일 새벽, 장석영은 이완용 등 네댓 명이 정형(正刑)을 당하는 꿈을 꾼다. 그리고 위와 같은 시를 꿈속에서 짓고, 기뻐하며 잠에서 깨어나 꿈에서 지었던 시를 기록해 둔다. 이 시에는 장석영의 생각이 바로 드러난다. 역사적으로는 진회에 의해 악비가 죽임을 당하였지만 꿈속에서는 그 반대였다. 이완용이 죽는 꿈과 맥을 같이한다. 또한 중국이 오랑캐의 마수에서 벗어나 한나라로 회복되길 바라듯이, 조선 역시 일본의 속박에서 벗어나 독립하기를 희망했다. 이처럼 독립은 그에게 있어 가장 시급하고 절실한 것이었다. 이 시로 일기를 마무리하면서 그의 독립의지를 더욱 강하게 드러냈다. 우리는 여기서 장석영의 『흑산일록』이 가진 최종적인 지향점을 이해하게 된다.

장석영은 기억에 입각한 일기체로 『흑산일록』을 썼지만 예사 일기와는 다르다. '서사-본사-결사'라는 하나의 작품적 완결성을 확보하고 있기 때문이다. 서사에서는 그가 「파리장서」 등과 관련하여 옥중 생활을 하게 된 원인이 기술되어 있고, 본사에서는 성주경찰서에서의 구류와 대구감옥에서의 생활이 자세하게 기술되어 있으며, 결사에서는 석방 과정과 독립의 소망이 적혀 있다. 이 때문에 장석영의 『흑산일록』은 구조적 완결성을 갖고 있다고 할 만하다. 이것은 『흑산일록』이 일기가 갖는 주제의 분열성을 최소화하고 독립운동이라는 하나의 통일적 주제로 귀결된다는 것을 의미하며, 동시에 이 작품이 하나의 완결된 구조물이라는 사실을 의미하는 것이기도 하다.

4. 『흑산일록』의 주요 내용과 가치

1) 회당본 「파리장서」 수록

한 연구에 따르면 지금까지 전해지는 「파리장서」는 모두 9종이다.[14] 『흑산일록』의 회당본까지 합하면 10종이 된다. 앞에서 이미 언급한 바와 같이 이 회당본은 지금까지 전해지지 않는 것으로 알려져 있었다. 기존의 논의에 따르면 원래 「파리장서」는 경중유림(京中儒林)이 기획을 했고, 호남의 전우(田愚: 艮齋, 1841~1922)와 영남의 곽종석을 추대하여 이 일을 주도하게 하였는데, 화이론적 세계관에 입각한 복벽론자(復辟論者)였던 전우는 이를 거절하였으며, 곽종석은 장석영(張錫英)·김황(金榥)·권명섭(權命燮)·김수(金銖) 등에게 「파리장서」를 쓰게 하였다. 이 가운데 김황본을 채택하여 여러 차례 수정을 거쳐 영남본을 만들었고, 이것이 서울에서 김복한본과 경쟁하여 최종본으로 채택되었다고 했다.

그러나 『흑산일록』에는 장석영 스스로가 앞장서서 「파리장서」에 대해 기획을 한 것으로 되어 있다.[15] 이러한 생각을 먼저 송준필에게 전하며, "파리에 장서를 보내 우리의 사정을 알리는 것이 어떻겠습니까?"라고 하였고, 송준필은 국내에 통고하는 것을 더욱 중요하게 생각하고 있었다. 이 때문에 「통고국내

---

14 임경석, 앞의 논문, 119~120쪽 참조. 9종은 다음과 같다. ①「儒敎徒上巴黎平和會書」(상해, 대한민국임시정부, 1919), ②「儒林郭鍾錫等提出請願書於講和會」(상해, 관민사, 1920), ③「儒敎徒呈巴黎和會書」(박은식, 『한국독립운동지혈사』, 1920), ④「長書于巴里平和會」(곽종석, 『면우선생연보』, 1956), ⑤「抵巴里書」(『유림단독립운동실기』, 1960년대 중반), ⑥「儒林代表一百三十七人의 送巴里平和會書」(『한국독립운동사』, 1968), ⑦「韓國儒林送巴里平和會書」(『한국유림독립운동파리장서약사』, 1973), ⑧「長書」(김복한, 『지산집』 1919년 3월 조, 경인문화사, 1990), ⑨「巴里長書草」(『重齋先生文集』, 1998)

15 『흑산일록』 1919년 4월 16일 조에 따르면, 심문 과정에서 장석영은 「파리장서」의 일을 곽종석과 상의해서 했고, 문장은 자신의 것과 곽종석의 것이 있으며, 자신이 앞장서서 일으킨 것이니 자신의 이름이 당연이 연명되어 있을 것이라 했다. 김창숙의 『심산유고』 311쪽에는 곽종석이 서울을 중심으로 진행되고 있는 제반 정황을 파악하고, 장석영에게 「파리장서」를 쓰도록 한 것이라 기술되어 있다.

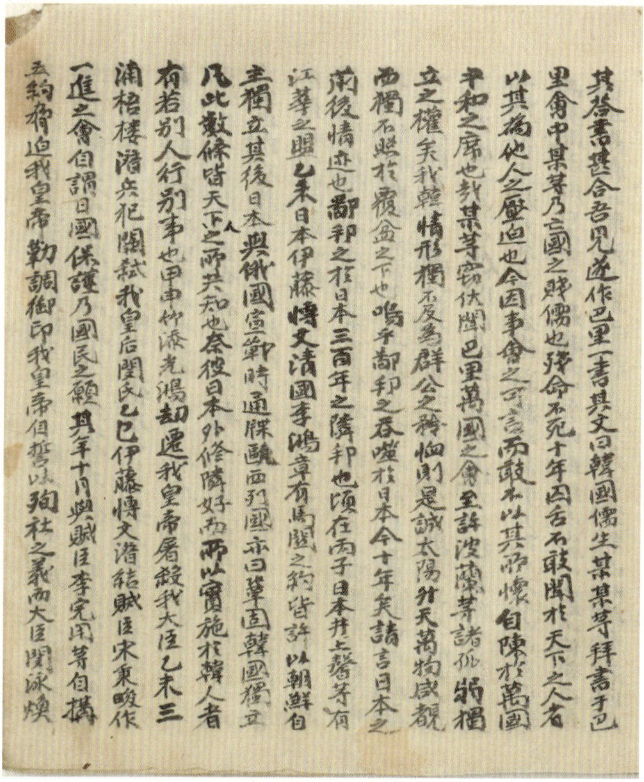

其答書合吾兒逆作巴里一書 其文曰 韓國儒生某某等拜書于巴
里會中某等乃亡國之賤儒也 殘命不死十年 因舌不敢聞於天下之人者
以其為他人之壓迫也 今因事會之可言 而敢不以其所懷 自陳於萬國
平和之席也 敖某等竊伏聞巴里萬國之會 至許波蘭等諸邦 獨
立之權矣 我韓情形獨不及為群公之矜恤 則是誠太陽升天 萬物咸覩
而獨不照於覆盆之下也 嗚乎 鄙邦之吞噬於日本 今十年矣 請言日本之
所以後情迹也 鄙邦之於日本 三百年之隣邦也 頃在丙子 日本井上馨等有
江華之盟 乙未 日本伊藤博文 清國李鴻章 有馬關之約 皆許以朝鮮自
主獨立 其後日本與俄國宣戰時 通牒醜西列國 亦曰韓國獨立
凡此數條 皆天下之人所共知也 奈彼日本外修隣好 而所以實施於韓人者
有若別人行別事也 甲申竹添光鴻劫遷我皇帝 屠殺我大臣 乙未三
浦梧樓潛兵犯闕 弑我皇后閔氏 乙巳伊藤博文潛結賊臣宋秉畯作
一進之會 自謂曰國保護 乃國民之願 其年十月 與賊臣李完用等自構
五約 脅迫我皇帝 勒調御印 我皇帝但誓以殉社之義 而大臣閔泳煥

그림 58 회당본 「파리장서」 초고 일부

그림 59 송준필을 중심으로 제작된 「통고국내문」 목판

문」을 목판에 새겨 널리 알렸던 것이다.[16] 이에 장석영은 다시 곽종석에게 편지하여「파리장서」의 중요성을 언급한다. 다음을 보자.

> 나는 또한 곽면우(郭俛宇: 곽종석)에게 편지를 보내, "시사(時事)가 이 지경에 이르렀는데도 우리들이 한 번 죽는 것을 애석히 여겨 말하지 않아서야 되겠습니까? 만일 말을 하고자 한다면 파리에 장서를 보내는 것과 같음이 없고, 만약 파리에 장서를 보내고자 한다면 영공(令公)께서 그 이름을 가장 먼저 적지 않을 수 없을 것입니다. 대개 지금 사람들은 모두 영형(令兄: 곽종석)을 두고 죽는 것을 애석히 여기는 사람이라고 생각합니다. 지금 만약 숨어서 침묵을 지킨다면 영형께서는 비록 살아 있어도 죽은 것이나 마찬가지일 것이니, 영공께서는 도모하시기 바랍니다."라고 하였다.
>
> —『흑산일록』 4장a

장석영은「파리장서」에 관한 일로 송준필에게 편지를 보낸 후, 다시 곽종석에게 위와 같은 편지를 써서 적극 나서기를 촉구하였다. 이에 곽종석은 답신을 통해 "내가 죽는 것을 애석하게 생각하는 것이 아니라, 다만 헛되이 죽는 것이 두려울 따름입니다. 형 또한 나에게 죽는 것을 애석해한다고 하십니까?"(『흑산일록』 4장a)라고 하면서, 파리에 투서하는 것은 자신도 생각하고 있었다고 했다. 두 사람이 이렇게 의견을 조율한 후, 장석영은 마침내 회당본「파리장서」를 쓰게 되었다. 그 들머리와 마무리는 이렇다.

> 한국 유생 곽종석, 장석영 등은 파리 회중(巴里會中)에 절하고 이 글을 씁니다. 종석 등이 망국의 비천한 선비로서, 죽지도 못하고 쇠잔한 목숨을 부지

16 「통고국내문」이라는 명칭으로 인쇄하여 배포하였는데 송인근,『유림단독립운동실기』, 9~10쪽에 전문이 실려 있다. 그리고 이 글은 성주 봉강서당(鳳岡書堂)의 흥효당(興孝堂) 마루판 한 장을 떼내어 글을 새긴 후 3,000여 매를 인쇄하고 다시 원래대로 마루를 맞추어 은폐하였다. 글씨는 송인집(宋寅輯)이 쓰고, 새기는 것은 송중립(宋仲立)이 하였다.

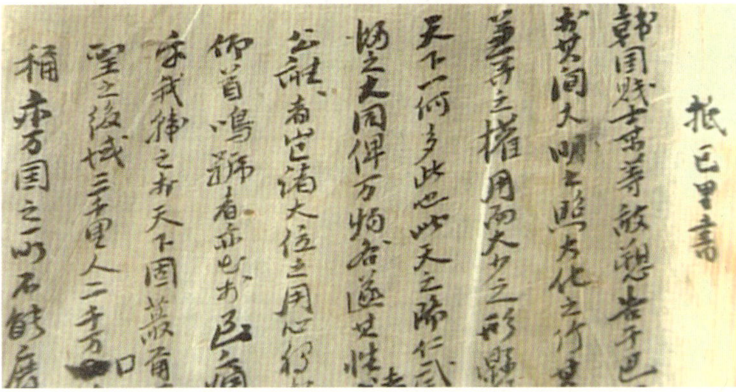

그림 60 송인근의 『심중일기(瀋中日記)』에 실려 있는 「저파리서(抵巴里書)」 일부

하며 10년 동안 혀를 감추고 감히 천하의 사람들에게 알릴 수 없었던 것은, 다른 사람의 압박 때문이었습니다. 이제 말할 수 있는 기회가 되었으니, 그 품고 있던 생각을 스스로 만국평화회의 석상에 개진하지 않을 수 있겠습니까? 종석 등이 가만히 듣건대, 파리에서 열리는 만국회의에서는 파란(波蘭, 폴란드) 등의 여러 외롭고 약한 나라에게 독립의 권한을 허락하는 데 이르렀다고 합니다. 그런데 우리 한국의 사정만 유독 여러분들께서 불쌍히 여기는 데 미치지 못하고 있으니, 이것은 진실로 태양이 하늘에 떠서 만물을 다 비추지만 오직 뒤집어 놓은 동이 아래는 비추지 못하는 것과 같습니다.

–『흑산일록』 4장b

돌아보건대, 이제 시기가 일변하여 백성들의 지혜가 이미 발달하였고 인심도 이미 결집되어, 종석 등이 감히 우리나라의 자세한 상황을 우러러 합하(閤下)께 알리지 않을 수 없습니다. 엎드려 원하옵건대, 여러 대인(大人)께서는 본래의 정황을 세밀하게 살피시고, 특히 마관조약과 유럽 및 서양에 보낸 통첩의 예에 따라 우리들에게 예전처럼 독립과 자주의 권한을 허락하시어, 일본인의 그물로부터 벗어나 온 세계의 동포들과 나란히 서게 해 주시기 바랍니다. 이것이 어찌 유독 우리 작은 나라만의 행운이겠습니까? 실로 천하 만방

> 의 공의(公義)일 것입니다. 만일 종석 등이 사실이 아닌 말로 만국을 엄청나게 속였다고 여기신다면, 일본 위원들과 회의석상에 나란히 앉아 그 곡직(曲直)을 질정하게 해 주십시오. 이치가 바르지 않고 말이 막히게 되면 기꺼이 만국을 기망(欺罔)한 벌을 받겠나이다. 부디 살펴 주시기 바랍니다.
>
> –『흑산일록』 6장b~7장a

이처럼 장석영은 곽종석과 함께 망국의 비천한 선비로서 파리 회중에 조선의 독립을 호소하는 장서를 썼다. 이 글이 완성되자 장석영은 송준필에게 보이고 그 뜻을 물었다. 그때 마침 서울에서 돌아온 김창숙이 곽종석에게 가서 경사(京師)의 분위기를 전하며 「파리장서」를 요청하자, 곽종석이 자신은 나이가 많아 글을 쓸 수 없으니 장석영에게 요청하는 것이 좋겠다고 하면서, 김창숙을 장석영에게 보냈다. 이러한 과정을 거치면서 장석영은 이미 지어 놓은 글을 조카인 장시원(張始遠: 晩堂, 1900~1950)을 통해 곽종석이 있는 다전(茶田)으로 보내 가부를 묻게 하였는데, 곽종석은 "이 글이 너무 과격하여 사용하기에 합당하지 않다."(『흑산일록』 7장a~b)라고 했다. 그리고 자신이 지은 것이라며 글 한 편을 장석영에게 보내 교정을 부탁했다.[17]

곽종석은 장석영의 글이 너무 과격하다고 평가했다. 외교문서로 사용하기에 부적합하다는 것이었다. 기실 장석영의 글은, "갑신년에 죽첨광홍(竹添光鴻, 다케조에 고코)이 우리 황제를 협박해서 궁(宮)을 옮기게 하였고, 우리 대신들을 죽였으며, 을미년에는 삼포오루(三浦梧樓, 미우라 고로)가 병사들을 잠입시키고 대궐을 침범하여 우리 황후 민씨를 시해하였습니다."(『흑산일록』 5장a)라고 하는 등 그 언어가 시종 준절하면서 과격하였다. 이러한 과격성과 함께 국내 문제에 많은 지면을 할애하였다. 다음은 그 일부이다.

---

17 장석영에게 보낸 당시의 「파리장서」가 최초의 면우본이 된다. 이 면우본은 지금 『면우선생연보』에 보이는 「파리장서」와 대동소이하다. 곽종석, 『俛宇先生年譜』 卷3, 9b~11b 참조.

> 을사년(1905)에는 이등박문(伊藤博文, 이토 히로부미)이 몰래 적신 송병준(宋秉畯)과 결탁하여 일진회(一進會)를 만들어, 스스로 일본국이 보호하는 것은 국민이 원하는 것이라 하고 그해 10월에 적신 이완용(李完用) 등과 함께 스스로 다섯 가지 조약을 맺어 우리 황제를 협박하여 강제로 국새(國璽)를 찍게 하였습니다. 우리 황제께서 스스로 사직을 위해 죽기를 맹세하시니, 대신 민영환(閔泳煥), 조병세(趙秉世) 등은 모두 죽고, 기타 벼슬아치와 유생, 무사와 호위병, 초야의 선비들은 혹은 스스로 목숨을 끊고, 혹은 구금되어 죽음에 이른 자가 천백(千百)을 헤아리게 되었습니다. 급기야 저 해아(海牙, 헤이그) 회의에서는 이준(李儁) 등이 할복(割腹)하여 피를 뿌리며 본국의 실정을 밝혔습니다. 이것은 천하의 사람들이 함께 눈으로 본 것입니다.
>
> –『흑산일록』 5장a~b

이렇듯, 장석영은 송병준(宋秉畯: 濟庵, 1858~1925)과 이완용(李完用: 一堂, 1858~1926) 등이 자행한 일들을 열거하면서 국내의 문제를 특기하고 이들에 대한 적의를 불태웠다. 이러한 사유로 곽종석은 그의 글이 부드러우면서 문제의 핵심을 드러내는 외교문서로는 적절하지 않다고 본 것이다. 그러나 장석영의 「파리장서」에는 국내의 만세운동, 국제사회에서의 일본의 기만, 독립에 대한 강렬한 의지 등이 두루 나타나 있으며, 당시 우리나라가 처한 절박한 사정이 간결한 문체로 거침없이 기술되어 있다. 이로써 우리는 장석영이 당시의 민족 현실을 어떻게 인식하고 있었는지를 명확하게 이해할 수 있다.

『흑산일록』이 지닌 최대의 가치는 회당본 「파리장서」가 수록되어 있다는 것이다. 그동안 학계에서는 그 존재는 알고 있었지만 현존하지 않는 것으로 잠정 결론을 내리고 있었기 때문이다. 회당본 「파리장서」는 시종 과격하고 준절하며 국내 문제가 많이 기록되어 있다. 이 때문에 김창숙의 『벽옹73년회상기(躄翁73年回想記)』[18]에서 보듯이 수정을 강하게 권유받기도 했다. 결국 외교문

18 金昌淑, 『心山遺稿』 卷5, 「雜著」(國史編纂委員會, 1973)에 실려 있다.

그림 61 송병준(1858~1925)

그림 62 이완용(1858~1926)

서로는 결격 사유가 있다고 판단되어 최종적으로 선택되지는 못했다. 『흑산일록』은 이러한 회당본 「파리장서」를 고스란히 담고 있어, 그의 현실인식과 함께 이 분야 연구에 매우 중요한 자료를 제공한다.

2) 독립운동의 과정 서술

『흑산일록』은 성주를 중심으로 한 독립운동과 투옥 과정 및 옥중 생활에 대한 기록이 핵심이다. 당시 성주는 장날을 맞아 만세운동이 적극적으로 펼쳐졌고, 장석영을 중심으로 한 선비들은 「파리장서」를 짓는 등 유림으로서의 역할을 자각하며 독립운동에 깊이 관여하게 된다. 송준필이 그 자제문생들과 함께 관왕묘(關王廟) 앞에 사림의 깃발을 세우고 만세를 부르며 민심을 고무하던 장면과, 장석영이 「파리장서」를 쓰게 된 내력이 가장 자세하다. 이를 염두에 두고 중요한 사안 몇 가지를 살펴보기로 한다.

『흑산일록』에는 「파리장서」를 쓰는 과정이 비교적 자세하게 기술되어 있다. 장석영은 「통고도내문」과 「총독부장서」를 먼저 쓴다. 그러나 「통고도내문」은 이미 민중이 고무되어 있으므로 불필요하고, 「총독부장서」는 독립 허가가 일황의 권한이기 때문에 총독에게 보내는 것은 한계가 있다고 생각했다. 이 때문에 그는 「파리장서」를 쓰는 데 많은 정성을 기울인다. 먼저 곽종석에게 편지하여, 파리에서 개최되는 만국평화회의에 우리의 사정을 알리고 독립을 요청하는 것이 무엇보다 중요하다는 생각을 전했다.

이미 언급한 대로 소위 회당본 「파리장서」를 써서 장시원(張始遠, 1900~1950)을 시켜 곽종석에게 보였으나, 곽종석은 이 글이 지닌 과격성 때문에 문제가 있다고 판단하고, 자신이 지은 것을 검토해 달라고 요청했다. 그리하여 그는 최초의 면우본 「파리장서」를 받아 더할 것은 더하고 뺄 것은 빼서 다시 곽종석에게 보냈다. 이 글을 갖고 간 사람은 고산정에 사는 송규선(宋圭善: 自孝, 1880~1948)이었다. 송규선을 곽종석이 있는 다전으로 보내고 난 후, 마침 이능학(李能學: 肯窩, 1841~1925)이 집에 들렀는데 그 역시 이 일에 참여하고 싶어 했다. 관련 자료는 다음과 같다.

> 마침 이능학(李能學)이 찾아와 총독부에 보내는 글과 파리에 보내는 글을 보고 크게 기뻐하며 "내 나이 80이니 죽는 것이 어찌 애석하리요? 청컨대 내 이름도 함께 넣어 주시오."라고 말했다. 나는 그 뜻을 장하게 여겨 허락하고, 그 이름을 편지에 써서 다전으로 보냈다.
>
> –『흑산일록』 11장a

『흑산일록』에 따르면 「파리장서」는 한편으로 장석영 스스로의 기획으로 이루어지기도 하고, 다른 한편으로 김창숙이 곽종석에게 부탁하고 곽종석이 다시 장석영에게 부탁하면서 이루어지기도 한다.[19] 이것은 장석영 스스로가 파리로 독립청원서를 보내는 것이 유자로서 조국의 독립을 위하여 할 수 있는 최상의 방책이라 생각했기 때문이다. 결국은 이것이 빌미가 되어 체포·구속되

19 『흑산일록』의 이러한 기록은 회당본 「파리장서」의 작성 경위를 두 갈래로 이해할 수 있게 한다. 하나는 장석영 스스로의 의지에 의한 내발적인 것이며, 다른 하나는 김창숙의 요청에 의한 외발적인 것이라는 사실이다. 둘 다 곽종석과 의견 조율을 거친 뒤에 이루어졌다.

그림 63 오늘날의 성주 장터(1)

그림 64 오늘날의 성주 장터(2)

는 곤욕을 치르지만, 장석영은 「통고도내문」이나 「총독부장서」에 비해 「파리장서」가 그 효과면에서 더욱 긴요하다는 것을 깨달았다. 글이 이루어진 후, 이에 대한 처리 과정을 장석영은 다음과 같이 기술하고 있다.

2월 그믐쯤 김창숙(金昌淑)이 안동 예안에서 여러 사람들의 인명첩(人名帖)을 갖고 다전으로 갔다가, 다음 날 출발하여 북경(北京)을 거쳐 장차 돌아서 파리로 갔다. 지촌(枝村)의 정종호(鄭宗鎬)가 와서, "대구에 있는 거제(巨濟) 군수

> 윤상태(尹相泰)는 뜻이 굳은 사람인데, 그간의 「파리장서」에 대한 일을 듣고 그 의리를 함께하고자 합니다."라고 하였다. 또 빠른 길로 가는 미국인이 있어 파리에 전달할 수 있을 것이라 하면서, 그 글을 얻어 편지로 부치고자 하여 마침내 한 본을 써서 상태(相泰)에게 전달했다. 대개 창숙(昌淑)의 일이 만에 하나라도 잘못된다면, 두 길로 나란히 부치는 것도 나쁘지 않을 듯해서였다.
>
> -『흑산일록』 11장a

윤상태(尹相泰: 香山, 1882~1942)는 달성군 월배 출신으로, 거제 군수로 부임하여 많은 선정을 베푼 인물이다. 그러나 을사조약이 체결된 이후 비분강개하여 벼슬을 버리고 구국운동에 앞장서게 된다. 정종호(鄭宗鎬: 磊軒, 1875~1954)는 바로 이 인물이 미국인과의 소통로가 있으니 파리에 독립청원서를 두 갈래로 보내자고 했다. 이에 장석영은 곽종석에게 받아 자신이 교정한 글 한 부를 다시 베껴 정종호를 거쳐 윤상태에게 전달하였다. 이처럼 「파리장서」는 김창숙이 서울로 가져가 다시 수정하는 과정을 거치기도 하였지만, 장석영은 자신이 교정을 본 면우본을 최종본으로 인식하고 이를 파리에 전달하기 위하여 노력하였던 것이다.

성주의 만세운동은 3월 2일 성주 장날에 대대적으로 일어났다. 장석영은 이 일 때문에 성주경찰서에 소환되었는데 그는 만세운동을 '천의(天意)'라고 하면서 "내가 비록 일찍이 찬성을 하지는 않았지만, 내 마음은 저 만세를 부르는 사람들과 다르지 않소."(『흑산일록』 11장a)라고 하였다. 경찰서에서 나와서 돌아가는 길에, 군중은 장석영에게 만세를 한번 부르라고 요청했다. 이에 장석영은 "날이 이미 저물어 돌아가지 않을 수 없소. 날이 저물었는데도 흩어지지 않으면 다른 변고가 생길까 두려우니, 그대들은 곧 해산하시오."(『흑산일록』 12장a) 라며 타일렀다. 이어 『흑산일록』에는 이렇게 기술되어 있다.

> 드디어 교자를 재촉하여 출발하였다. 막 읍 밖을 벗어나는데 만세 소리가 또 한바탕 크게 일어났고 잠시 후 포성(砲聲) 역시 일어나더니, 시인(市人)

들이 바람과 우박처럼 흩어졌다. 대개 수천 명의 시인들이 날이 저물어도 흩어지지 않고 캄캄한 밤인데도 곳곳에서 잇달아 만세를 부르니, 일본 사람이 변괴가 있을까 염려하여 드디어 발포를 하였던 것이다. 군에서 갖고 있는 포를 쏘았는데, 포에 맞아 죽은 사람이 6명, 중상을 당한 사람이 10여 명이라고 하였다. 아! 저 시인들로 하여금 일찍이 내 말을 듣게 하였더라면 일이 여기에 이르지 않았을 터인데, 필부(匹夫)를 깨우치기 어려운 것이 이와 같았다. 밤을 틈타 집으로 돌아왔다.

–『흑산일록』 12장a

장석영은 시인(市人), 즉 시장 사람들의 만세운동에 대하여 이해는 하고 있었지만, 스스로 적극적으로 참여하지는 않았다. 그러하였기에 경찰서를 나서면서 만세를 한번 불러 달라는 부탁을 거절하고 오히려 해산하라고 당부하였던 것이다. 적들이 이들을 위험에 빠뜨릴지도 모를 일이었기 때문이다. 3월 2일, 당시 상황도 장석영의 예언처럼 되었다. 날이 저물자 마침내 일경은 총을 쏘았고, 그 총에 맞아 6명이나 사망하였다.

일경의 방포 사건이 있은 지 일주일 후 장석영은 가택 수색과 함께 성주경찰서로 압송되었고, 마침내 긴 옥중 생활이 시작된다. 장석영이 투옥된 결정적인 이유는 「파리장서」의 초안자이자 서명자였기 때문이다. 3월 9일 성주경찰서에 체포되었을 때 경부가 장석영에게 "곽종석과 함께 쓴 파리장서가 있소?"(『흑산일록』 12장b)라고 질문한 이래 심문을 당할 때마다 이 문제는 재론되었다. 이후 대구감옥으로 이송된 후에도 이 질문은 거듭되었다. 3월 16일 조의 기록에 보면 "그가 '곽종석과 함께 「파리장서」를 작성하여 조선의 독립을 청한 일이 있소?'라고 하기에, 내가 '그렇소!'라고 했다."(『흑산일록』 14장a)는 등 다양하게 나타나고 있다.

『흑산일록』의 핵심은 독립운동이다. 장석영은 파리에 독립청원서를 보내는 일이 유림의 일이며, 또한 조선의 독립을 위해 가장 긴요한 일이라 생각했다. 이 때문에 그는 곽종석과 의견을 조율하면서 적극적으로 이 글의 초안을

그림 65 한국유림독립운동파리장서비(서울 장충단공원 소재)

작성했고, 자신의 글이 기각되자 곽종석이 보낸 면우본 「파리장서」를 직접 수정하여 파리에 제대로 전달될 수 있도록 노력하였다. 곽종석과의 조율 과정에서 김창숙·장시원·송규선 등이 그 중간에서 일정한 역할을 하였고, 파리에 안전하게 전해질 수 있도록 김창숙이 가져간 것 외에 면우본 한 부를 더 써서 윤상태에게 전달하기도 했다.

3) 옥중 생활의 사실적 묘사

1919년 3월 16일, 장석영은 성주경찰서에서 대구감옥으로 이송되었다. 이송 당시의 상황이 『흑산일록』에 자세히 기록되어 있는데, 철로 만든 수갑을 두 손에 채우고 포승줄로 허리를 묶어 두 줄로 한 열을 이루어 길을 따라 가게 하였다고 한다. 그리고 순사 십수 명이 칼을 차고 감시하였고 군인 십여 명이 포를 메고 서로 사이를 두고 늘어서 좌우에서 위협하며 따라왔다. 그들은 배웅 나온 각 집안의 자질들을 몰아내었는데, 장석영의 며느리도 여종과 함께 이 대열에 끼여 있었다. 장석영은 여종이 업고 있는 증손자에게 절을 하라고 하며 애써 태연한 척하였다고 한다. 이렇게 해서 도착한 대구감옥을 장석영은 다음과 같이 묘사하였다.

> 대개 감옥에는 제1감(監), 2감, 3감이 있었고, 기타 병원 및 장랑(長廊)은 몇 천백 칸이 되는지 모르겠다. 감에는 모두 16개의 방이 있다. 양쪽에 방이 있고 중간에는 대청이 있으며, 대청과 방에는 모두 나무판이 깔려 있다. 모든 방마다 나무문이 하나씩 있는데, 문 가운데는 손 하나만 겨우 넣을 수 있는 구멍이 있고 철망이 쳐져 있다. 마주한 벽에는 두 개의 구멍이 있지만 구멍 가운데는 여섯 개의 철주가 세워져 있다. 비록 맹분(孟賁)과 하육(夏育)이라도 번쩍 들어 뽑을 수 없고, 바깥 공기만 겨우 통하게 할 뿐이었다.
>
> -『흑산일록』 15장a

> 방 한 모퉁이에 물통[水桶]을 비치해 두고 아침저녁으로 물을 받아 놓았다. 한 모퉁이에는 똥통[糞桶]을 놓아 두었는데, 똥과 오줌은 모두 통 위에서 보았으며, 뒤에 들어온 자는 반드시 똥통 곁에 자리를 잡았다. 밥 먹을 때가 되면, 관식(官食)은 방 안에서 먹고, 사식(私食)은 대청에 가서 먹었다. 먹을 때는 반드시 꿇어앉아야 하고, 또한 등을 지고 앉아 서로 말을 하거나 곁눈질도 하지 못하였다.
>
> -『흑산일록』 15장b

앞의 자료는 대구감옥 전체의 규모와 구조를 말한 것이다. 이에 따르면 대구감옥은 3감 48방으로 되어 있고, 1감에 당 하나를 두어 16방을 관할하도록 하였다. 방의 수용 인원은 서로 달랐는데 많은 경우 24, 25인이나 되었다.[20] 문에는 수감자를 감시하기 위해 구멍도 뚫어 두었다. 뒤의 자료는 방의 구조와 식사 규칙에 대하여 적은 것이다. 방에는 물통과 똥통이 있어 대소변을 모두 방 안에서 해결하였고, 관식과 사식을 구분해 관식은 방 안에서, 사식은 당상에 나가서 먹었다. 식사 시간에는 규칙이 매우 엄격해 밥은 꿇어앉아 먹어야 하고, 등을 돌려 먹어야 하며, 서로 보는 것도 금지되어 있었다. 규율의 엄격함은 식사 시간만이 아니었다. 다음 자료를 보자.

> 이른바 담당 순사는 밤새도록 대청에서 여기저기를 돌아다니며 철망 틈으로 각 방을 엿보았다. 꿇어앉아 있지 않은 자, 사사로이 서로 말하는 자, 앉아서 다른 사람의 등을 보고 있지 않은 자, 낮인데도 누워 있는 자, 밤인데도 누워 있지 않은 자가 있으면 모두 문을 열고 들어가 뺨을 때리거나 허리를 차서 수만 가지로 능욕(凌辱)을 하였다. 대개 이 속에 들어온 한인(韓人)은 일찍이 짐승만도 못하였다.
>
> –『흑산일록』 15장a~b

순사들의 삼엄한 감시를 이렇게 묘사하고 있다. 순사들이 당상에서 순시하면서 각 방을 엿보고 문제가 있으면 감옥에 있는 사람을 짐승처럼 다루었다고 했다. 순사들은 잡혀 온 조선 인들의 머리부터 깎았다. 차례대로 끌려 나가 머리카락이 깎였으며, 이에 따라 사람들은 실성해 울기도 했다. 장석영과 송준필이 통곡을 하면서 "내 머리를 자른 다음에 내 머리카락을 자를 수 있을 것이다!"라고 하면서 버티자 그들은 서로 돌아보면서 "판결을 기다린 다음 깎아도 늦지 않을 것이다."(『흑산일록』 16장a)라고 하면서 잠시 말미를 주기도 했다.

---

20 『흑산일록』 1919년 3월 16일 조에는, 당시 옥중에는 징역자가 항상 1,500명이 있었고 이번 독립운동으로 들어온 사람이 5,000여 명이나 되는데, 13도를 합하면 17만 명이나 된다고 적혀 있다. 그리고 방마다 사람 수가 스물네댓 명이나 되어 앉으나 누우나 비좁아 서로 어깨와 등이 부딪히고 밤에 눕기가 어려워 혹 앉아서 아침을 기다린다고도 하였다.

그림 66 죄수들의 노역 장면(중국 여순감옥)

감옥의 규정에 따라 3월 25일부터 심문이 있었고, 4월 21일 첫 공판이 열렸다. 이때 장석영은 징역 2년을 언도받고서 너무 혹독하다며 죽을 결심을 한다. 똥통을 지고 구차하게 사느니 차라리 죽는 것이 낫겠다고 생각했기 때문이다. 그러나 죽는 방법은 고민하지 않을 수 없었다. 스스로 목을 매거나 찌르는 것은 부모께 받은 유체를 손상시키는 것이기에, 수양산에서 굶어 죽은 백이(伯夷)와 숙제(叔齊)를 따르기로 했다. 이러한 생각을 하며 한시 8수와 단가 3수를 짓는다. 장석영은 『흑산일록』에서 다음과 같이 잇는다.

> 시가 완성된 뒤 스스로 '내가 비록 죽더라도 오직 이 두 편의 시가 신표(信標)는 되겠지만, 지척이 천 리여서 우리 아이에게 전달할 방법이 없다. 생전과 사후가 이렇게 장차 사라지게 될 것이다.'라는 생각이 들었다. 마침 대청에 나가서 아이에게 편지를 쓸 때 미리 작은 종이 한 조각을 준비하여 가만히 저들이 보지 않을 때를 틈타 몰래 이 시를 써서, 장차 옷깃 속에 넣어 두었다가 몸이 죽은 후 집안사람들이 찾아서 볼 수 있도록 대비하였다. 그러나 쓰기를 마치기 전에 순사들에게 들키고 말아, 그들이 힐문(詰問)하면서 빼앗아 갔다.
>
> ―『흑산일록』 20장b

죄수들이 집으로 글을 보내는 것이 원천적으로 봉쇄된 것은 아니었다. 매주 일요일 담당순사는 죄수 가운데 서찰을 쓸 자가 있는지를 묻고, 있으면 당상으로 나오게 하여 열 지어 앉아 쓰게 하였다. 이러한 옥중 규율을 이용하여 장석영은 시를 써서 옷깃에 넣어 두었다가, 죽어 시체로 밖을 나가면 집안사람들이 자신의 몸 가운데서 이 시를 발견하게 될 것이라 생각했다. 이로써 자신의 뜻을 전하고자 하였으나, 이마저 발각되어 실행하지 못했다.

장석영은 3일 동안 곡기를 끊었으나 기갈을 느끼지 못했고 근력도 여전하였기에 수십 일이 되어도 죽지 않을 것이며, 또한 갑자기 죽게 된다고 하더라도 이것은 죄를 인정하는 꼴이라며 자결을 포기한다. 이후 4월 24일에 공소(控訴)를 하게 되고, 여러 차례 심문을 받으며 옥중 생활에 적응해 갔다. 감옥측에서는 나름대로 장석영을 배려하였다. 그 가운데 가장 중요한 것이 방에 대한 배려다. 투옥(3월 16일) 후 며칠이 지나자 장석영이 거처하는 곳이 너무 좁아 불편하다며 일본인 10여 명이 있는 곳으로 방을 옮겨 주었다. 그러나 그곳은 강도와 살인을 저질러 잡혀 온 강력범들이 머무는 곳으로, 그들은 피로하고 야윈 장석영을 핍박하였다.[21] 이에 장석영은 4월 10일에 방을 옮겨 달라고 다시 요청하였고, 마침내 4월 13일에 일본인 미결수가 주로 사용하는 방으로 옮기게 된다. 이때부터 장석영은 옥중 생활이 '심관(甚寬)'해졌다고 했다.

방을 옮긴 후 글쓰기는 금지되었으나 책 읽기는 허용되었다. 이에 아들이 보내온 청나라 유학자 육세의(陸世儀: 桴亭, 1611~1672) 등의 성리설로 구성된 『학안(學案)』 14책을 읽기도 했다. 5월 5일부터 면회가 허용되었는데, 미결수는 한 달에 두 번, 기결수는 두 달에 한 번이었다. 이때 두 달 만에 아들 우원(右遠)과 조카 시원(始遠)이 면회를 와서 혈육 상봉의 감회를 느끼기도 하였다. 우원

21 물론 예외도 있었다. 『흑산일록』 16b의 기록에 따르면, 김해에 사는 김춘길(金春吉)은 공경과 정성을 다하였고, 광원길태랑(廣園吉太郎)은 자신을 아버지라 부르며 따랐으며, 유랑(由郎)이라는 사람은 서로 절구를 지어 화답하기도 했다.

그림 67 청나라 유학자 육세의(1611~1672)

과 시원은 대구감옥 주변의 여관에 머물며 조석으로 손수 사식을 장만하여 정성껏 장석영의 옥바라지를 했다. 또한 감옥에는 나무로 만든 목욕탕이 있었는데, 각 방의 죄수들이 5일마다 돌아가며 한 번씩 목욕을 했다. 장석영은 처음에는 하고자 하는 마음이 없었으나 상쾌함을 느낀 후 그 역시 5일에 한 번씩 목욕을 했다. 특히 통도(桶渡)라는 자가 있어 면회와 식사, 그리고 목욕 등 여러 가지로 편의를 봐주었다. 예컨대, 면회는 마지막에 하게 하여 시간을 더 주었고, 목욕은 맨 처음에 하게 하여 깨끗한 물을 사용할 수 있게 했던 것이다.[22]

이처럼 『흑산일록』에는 장석영의 옥중 생활이 다양하게 기록되어 있다. 그가 생활하였던 감옥의 구조는 말할 것도 없고, 생활 규칙 등도 필요에 따라 적어 두었다. 그는 자결을 결심하기도 하였으나 옥중 생활에 서서히 적응해

---

22 이러한 우대에 대하여 다른 수감자들이 장석영을 지목해서 '국적'이라 칭하기도 했다. 장석영은 감옥 측에서 자신을 우대하는 것은 자신을 죄인의 수괴로 보고, 다른 한인(韓人)들과 만나는 것을 금하기 위한 조처로 이해했다.

갔다. 나이와 학식 등으로 장석영을 특별히 대우하는 사람들도 있었다. 이 밖에 장석영은 옥중에서 만난 다양한 사람들 역시 기록해 두었다. 그 가운데 일본인 판원정행(阪元正行)이 대표적이다. 그는 출옥 후 장석영의 제자가 될 것을 다짐하였는데, 이들은 옥중에서 시를 나누며 서로의 마음을 주고받기도 했다.

4) 성주 지역 독립운동의 부각

성주는 독립운동사상 매우 중요한 지역이다.「파리장서」에 서명한 사람 수만 보더라도 15인으로 전체의 24.2%에 해당한다.[23] 이것은 군 단위로서 전국에서 가장 많은 숫자이다. 특히「파리장서」의 초안이 성주에서 작성되었기 때문에, 파리장서사건으로 체포된 사람은 성주를 들러 대구로 이송되었다. 장석영이 "안동, 예안의 노인 류필영(柳必永), 류연박(柳淵樸), 이만규(李晩煃) 제공도 모두 성주에 갇혔다가 대구로 옮겨 왔다고 한다."(『흑산일록』 28장a)라거나, "모든 죄수들이 반드시 먼저 성주에 간 것은 내가 성주에 있고,「파리장서」가 나에게서 처음 나왔기 때문이다."(『흑산일록』 29장a~b)라고 한 데서 이러한 사실을 확인할 수 있다.

독립운동 과정에서 스스로 목숨을 끊는 사람도 나왔는데, 수륜면 수성리의 정재기(鄭在夔: 省齋, 1851~1919)는 일제의 출두 명령을 거부하며 1919년 4월 9일 음독 자결하였고, 벽진면 봉계리의 장기석(張基奭: 紫下, 1867~1911)은 1911년 1월 5일 옥중에서 단식 순절하였다. 그리고 대가면 옥성리의 이경환(李慶煥: 文益, 1902~1929)은 교토의 동본원사(東本願寺) 앞에서 피체되어 9개월의 옥고를 치르고 귀국한 후, 1929년 11월 25일 목을 매어 자결하였고, 그 부인도 따라 죽었다. 경상북도에서 자정 순국한 사람 18명 중 3명이 성주 사람이었다. 이제『흑산일록』에 성주 사람들이 어떻게 등장하는지 살펴보도록 하자.

송준필은 장석영과 여러 차례 편지로 의견을 교환하며 독립운동을 주도했

---

23 임경석,「파리장서 서명자연구」,『대동문화연구』38집, 성균관대학교 대동문화연구소, 2001.

그림 68 정재기의 순국을 기린 묘도비(정재화 찬, 성주군 수륜면 소재)

던 인물이다. 그는 특히 대내적 독립운동에 많은 관심을 가지며 스스로 글을 지어 인쇄해 배포하였다. 송인근의 『유림단독립운동실기』에 따르면, 송준필 역시 곽종석과 비슷한 시기에 3·1독립운동과 파리평화회의 소식을 접하고 적극 동참하였다고 한다. 장석영은 송준필과 상의하면서 독립운동에 대한 자신의 뜻을 밝혔다. 그 과정에서 그들은 함께 성주경찰서에 구금되고 대구감옥에서 옥고를 치렀다. 『흑산일록』에는 이러한 상황이 자세히 기록되어 있다.

김창숙은 그의 독립운동에 대한 『벽옹73년회상기』를 쓴 바 있는데, 여기에 「파리장서」와 관련한 장석영과의 관계가 기술되어 있다. 이 글에 따르면 김창숙이 경성에서 내려오면서 장석영에게 들르지 않은 일, 김창숙이 장석영의

그림 69 장기석의 순국을 기린 해동청풍비(김창숙 찬, 성주군 벽진면 소재)

「파리장서」 초안을 수정하고자 한 일 등에 대해 장석영이 매우 노하였다고 한다. 『흑산일록』에는 김창숙이 아홉 차례[24] 등장하지만 지극히 소략하게 제시되고 있다. 즉, 김창숙이 「파리장서」의 일로 서울에서 내려온 일, 안동과 예안 유림의 명단을 확보하기 위하여 좌도로 갔다가 곽종석이 있는 다전을 거쳐 북경으로 간 일, 공판에서 김창숙이 없는 상황에서 곽종석과 자신이 함께 2년 징역형에 처해진 일 등이 그것이다.

---

24 이 가운데 두 번은 장석영이 김창숙의 부탁으로 쓴 「조선 유림이 중화 정부에 드리는 글[朝鮮儒林與中華政府書]」을 쓰면서 제시한 것이다. 이 글은 『흑산일록』의 부록으로 실려 있다.

장석영은 성주의 암포(岩浦, 덤개)[25]에 살면서 「파리장서」 초안을 작성하였고, 또한 서명자가 많았다. 『흑산일록』은 옥중 일기의 성격이 강하므로 「파리장서」와 관련해 구속된 인물들이 많이 제시될 수밖에 없었다. 성주 지역에서 「파리장서」에 서명한 사람은 장석영을 비롯해서 성대식(成大湜)·송준필(宋浚弼)·송홍래(宋鴻來)·이계원(李啓源)·이계준(李季埈)·이기정(李基定)·이기형(李基馨)·이덕후(李德厚)·이만성(李萬成)·이봉희(李鳳熙)·이수인(李洙仁)·이현창(李鉉昌)·정재기(鄭在夔) 등이다. 『흑산일록』에는 이 가운데 송홍래(宋鴻來)와 정재기(鄭在夔)를 제외하고 모두 등장한다. 이에 대한 몇 가지 자료를 제시하면 다음과 같다.

> 이인광(李寅光)이 일찍이 나에게 보낸 편지에 장서에 관한 일이 언급되어 있었기 때문에 그도 여기에 연루되어 잡혀 와 구속되었고, 이경재(李景載), 성락현(成洛賢) 또한 모두 장서에 이름이 들어 있다고 하여, 읍에 들어와 1차 심문을 한 후 바로 나가게 하였다.
>
> –『흑산일록』 13장a

> 25일. 경찰관과 통역 한 사람이 또 나와서 나에게 조사를 받으라고 했다. 지난번에는 「파리장서」 가운데 등장하는 인명을 조사하였는데, 전날과 조금도 다름이 없었다. 나 또한 전날처럼 답했다. 이기형(李基馨)에 이르러서는 '모른다'고 하니, 그가 "같은 마을에 사는데 모른다고 하오?"라고 했다.
>
> –『흑산일록』 27장a

> 또 이현창(李鉉昌), 이만성(李萬成), 이계준(李季埈), 이계원(李啓源)에 대해서도 '모른다'고 하니, 그가, "같은 마을 사람인데, 모른단 말이오?"라고 했다. "같은 마을에 이 같은 이름이 있으나, 이 사람들은 모두 글 읽고 농사짓는 것을 업으로 하는 사람이라 이름이 향리(鄉里)에서도 드러나지 않았는데, 어찌 드

25 성주군 월항면에 있는 암포(岩浦)는 해방 후 안포(安浦)로 이름이 바뀌었다.

러나지 않은 이름으로 장서에 들어올 수가 있단 말이오? 이 또한 반드시 동명(同名)이 있을 것이므로 모른다고 한 것이오."라고 했다.

–『흑산일록』 27장a~b

첫 번째 자료는 장석영과 함께 성주경찰서에 구류된 사람들에 대한 기록이다. 당시 송준필을 비롯해서 송회근·송수근·이기정·이봉희·이기윤·송규선 형제와 함께 고령 사람 이인광, 그리고 이덕후·성대식이 「파리장서」 혹은 만세운동과 관련해 잡혀 와 있었다. 당시 순사들은 이완용이 쓴 "독립이란 전혀 성사될 리가 없으니 뜬소문에 부화뇌동하지 말라."(『흑산일록』 13장a)라는 글을 내어 보이며 장석영에게 무엇 때문에 파리장서를 썼는지 다그쳐 물었다. 이때 그는 이완용의 말은 듣고 싶지 않다며 물리쳤다고 한다.

두 번째와 세 번째 자료는 대구감옥에 갇혀 있으면서 순사들이 틈틈이 장석영을 불러 서명한 사람들에 대하여 심문하는 과정을 적은 것이다. 당시 「파리장서」에 서명한 사람들을 체포하여 대구감옥으로 속속 잡아들이고 있었는데, 이현창·이만성·이계준·이계원 등의 이름을 묻자 장석영은 '모른다'고 대답한다. 이들이 향리에서도 이름이 드러나지 않았는데 「파리장서」에 서명했을 리가 없다면서 동명이인이지 모르겠다고 했다. 사실 장석영은 「파리장서」에 누가 서명했는지를 알지 못했다. 이 때문에 이렇게 대답하면서 이들을 보호하고자 했던 것이다. 이수인(李洙仁: 枕山, 1880~1962)에 대해서는 다음과 같이 특별히 적고 있다.

며칠 후에 마침 대청에 나갔다가 이수인(李洙仁)이 밖에서 잡혀 온 것을 보았다. 옥례(獄例)에 얽매여 입을 열어 물어볼 수가 없었으나 몹시 놀랍고 한탄스러웠다. 대개 일전에 조사를 받을 때 이수인이라는 세 글자가 저들의 입에서 나오는 것을 들었는데, 그날 밤 꿈에 한 노인이 스스로 수인의 고모부(姑母夫)라고 하기에, 내가 말했다. "수인의 이름이 저 기록 속에 들어 있으니 화

> (禍)의 기미가 이미 임박하였습니다. 공께서는 가서 수인에게 고하여, 수인으로 하여금 미리 알고 대비토록 하십시오." 그 사람이 말하길, "내가 가겠소만 이미 미치지 못할 것 같소이다."라고 하였다.
>
> –『흑산일록』 27장b~28장a

이수인 역시 성주군 월항면 대포(大浦, 한개)에 살았던 서명자다. 그가 대구 감옥으로 잡혀 오기 전에, 순사의 입에서 이수인의 이름이 오르내리는 것을 듣고 장석영은 꿈을 꾸게 된다. 꿈에서 이수인의 고모부를 만나 수인에게 알려서 대책을 마련하게 하였으나 사정이 여의치 않았던 것이다. 이처럼 장석영은 성주의 「파리장서」 서명자들이 속속 잡혀 오는 것을 보고 매우 안타까워하였다. 모르는 사람이라며 질문을 회피하기도 하고, 이수인의 경우는 꿈에서까지 상황의 긴박성을 전했다. 우리는 여기서 장석영이 여타의 「파리장서」 서명자가 체포 구속되는 데 대한 안타까움과 함께 많은 부담감을 갖고 있었다는 것을 알게 된다.

장석영은 「파리장서」와 관련하여 피체 투옥되었다. 따라서 『흑산일록』에는 「파리장서」에 서명하여 투옥된 사람들에 대하여 관심을 갖고 기술한 부분이 많다. 장석영은 재판소로 가다가 이들이 다른 사람들 속에 섞여 있는 것을 발견하고 안타까워한다. 이들의 석방 역시 관심을 갖고 기술하였는데, "그 후 면회 온 사람들에게 들으니, 이계원은 구속된 지 6, 7일 만에 나갔고, 이수인은 한 달 남짓 있다가 나갔으며, 이기형 또한 이수인과 함께 나갔고, 안동과 예안의 여러 노인과 이능학 씨는 성주읍에서 풀려나기도 하고 대구에 와서 2, 3일 갇혀 있다가 풀려나기도 했다고 한다."(『흑산일록』 29장a)라고 한 것이 그것이다. 성주 인사가 많이 거론되는 것은 당시 그가 파리장서를 쓴 것이 성주의 암포이며, 밀접한 관계를 맺고 있었던 사람들이 주로 성주인이었기 때문이다.

그림 70 '회당' 현판

5. 새로운 모색을 위한 제언

이 글은 장석영의 항일투쟁기인 『흑산일록』을 번역하면서 지난 글을 개고한 것이다. 이 일기에는 그동안 현존하지 않는 것으로 알려져 있었던 회당본 「파리장서」가 수록되어 있어 매우 중요한 자료적 가치가 있으며, 독립운동으로 인한 체포와 투옥, 그리고 석방의 과정이 자세하게 기록되어 있어 이 분야 연구에서 활용도가 높을 것으로 보인다. 본 절에서는 지금까지의 논의를 요약하고, 이 작품과 관련해서 새롭게 모색할 필요가 있는 몇 가지 문제를 제시하기로 한다.

『흑산일록』은 장석영의 독립운동과 피체 과정, 그리고 수감 생활이 기록의 대부분을 차지한다. 이 작품은 기본적으로 산문이지만 군데군데 운문을 삽입하여 정서를 더욱 고양시키고 있는데, 그는 이를 통해 사실의 정확한 전달과 함께 자신의 특별한 정서를 표출하고자 했다. 이 작품은 일기지만 기억에 입각하여 한꺼번에 쓴 것이기 때문에, '서사-본사-결사'라는 작품적 완결성도 확보하고 있다. 이로써 『흑산일록』은 일기가 갖는 주제의 분열성을 최소화하고 독립운동이라는 하나의 통일된 주제로 귀결될 수 있었다.

『흑산일록』이 지닌 최대의 가치는 회당본 「파리장서」가 수록되어 있다는

그림 71 장석영의 강학처 '녹동서당(甪洞書堂)', 경상북도 칠곡군 기산면 소재

점이다. 회당본 「파리장서」는 시종 과격 준절한 태도를 유지하고 있다. 이 때문에 외교문서로 결격 사유가 있다고 판단되어 최종적으로 선택되지는 못했다. 그러나 장석영은 곽종석이 자신이 쓴 것이라며 보내온 「파리장서」를 교정하였고, 이를 파리에 보내기 위하여 노력했다. 「파리장서」와 관련하여 그는 결국 피체 구금되었는데, 『흑산일록』은 이에 대한 기록이 자세하다. 아울러 장석영이 당시 성주에서 독립운동을 하였기 때문에 『흑산일록』에는 성주 사람들의 독립운동이 특별히 부각되어 있기도 하다.

이상의 논의로 『흑산일록』이 지닌 대체적인 서술 방식이나 주요 내용이 밝혀졌다고 본다. 그러나 관심을 갖고 따져 보아야 할 문제들이 여전히 남아 있다.

첫째, 『흑산일록』을 중심으로 한 다층적인 연구가 이루어져야 한다. 여기에는 장석영이 쓴 「통고도내문」·「총독부장서」·회당본 「파리장서」가 실려 있을 뿐만 아니라, 최초의 면우본 「파리장서」도 실려 있다. 이 글들을 독자적으로 분석하는 것도 중요하지만, 당시 작성되었던 같은 계열의 글들, 예컨대 이두훈(李斗勳: 弘窩, 1856~1918)의 「포고천하문(布告天下文)」 등과 비교하면서 그것들의 의미를 정확하게 읽어 낼 수 있어야 한다. 뿐만 아니라, 최초의 면우본 「파리장서」, 장석영의 독립운동 등 여러 가지 연구주제들을 갖고 있고, 특히 독립운동가들의 옥중 생활을 구체적으로 다루는 생활사적 측면에서의 접근 역시 적극 시도되어 마땅하다.

둘째, 『흑산일록』을 통해 성주 지역 독립운동의 구체상을 밝힐 수 있어야 한다. 물론 이러한 방향에서의 연구는 김창숙의 『벽옹73년회상기』나 송인근의 『유림단독립운동실기』 등과 함께 다루어야 한다. 이들 자료는 같은 사안을 다소 다른 시각에서 서술한 것도 있고, 때로는 간략하게 때로는 상세하게 기술한 부분도 있다. 이러한 사정을 감안한다면 『흑산일록』은 장석영의 시각으로 서술한 새로운 항일투쟁기로서, 당시의 독립운동을 총체적으로 보여 줄 수 있어 주목된다.

셋째, 『흑산일록』은 민족의식을 고취하는 콘텐츠로 거듭날 수 있어야 한다. 일기가 대체로 그러하듯이 『흑산일록』 또한 장석영의 경험이 사실적으로 기술되어 있다. 특히 성주 장날을 중심으로 한 만세운동이나 「파리장서」가 작성되는 과정이 매우 실감나게 기술되어 있다. 뿐만 아니라 독립지사들이 체포 수감되어 곤욕을 치르는 과정과 옥중 생활 역시 자세하다. 이러한 사정을 고려할 때 『흑산일록』은 민족의식이 약화 일로에 있는 오늘날, 이를 고취할 수 있는 영화나 연극 등의 콘텐츠를 만들기에도 충분하다.

현재 장석영 연구는 출발선상에 있다. 그는 만주 체험 일기인 『요좌기행(遼左紀行)』 등 흥미 있는 자료를 많이 남겨 놓았다. 그동안 학계에서는 회당본 「파리장서」가 현존하지 않는 것으로 알려져 있었는데, 이제 이 자료가 발굴·번역됨에 따라 장석영 연구가 본격적으로 이루어져야 할 것이다. 장석영은 이진상의 대표적인 문인이자 당대 최고의 문장가였고, 또한 「파리장서」를 초안한 독립운동가였다. 이러한 점을 감안할 때 그에 대한 본격적인 연구는 이미 늦은 감이 없지 않다. 이를 인식하면서 장석영에 대한 새로운 관심이 학계에서 활발하게 일어나기를 기대한다.

참고문헌

郭鍾錫, 『俛宇先生年譜』
金昌淑, 『心山遺稿』, 國史編纂委員會, 1973.
司馬光, 『資治通鑑』
徐 兢, 『宣和奉使高麗圖經』
宋仁根, 『儒林團獨立運動實記』, 편찬위원회, 2001.
張錫英, 『晦堂集』
張錫英, 『黑山記事』
張錫英, 『先文別集』 智

郭富純, 『旅順日俄監獄實錄』, 吉林人民出版社, 2003.
金道基 편, 「중재선생의 파리장서 試草에 대한 시비 전말」, 內塘書舍, 1998.
김희곤 외, 『경북독립운동사』 Ⅱ~Ⅳ, 경상북도, 2012~2013.
南富熙, 「유교계의 파리장서사건과 3·1운동」, 『한국의 철학』 12, 경북대학교 퇴계연구소, 1984.
서동일, 「조선총독부의 파리장서운동 참가자에 대한 사법처리와 관련 수감자의 대응」, 『한국민족운동사연구』 68, 한국민족운동사학회, 2011.
이택동, 「晦堂 張錫英論」, 『한국고전연구』 19, 한국고전연구학회, 2009.
임경석, 「유교 지식인 독립운동—1919년 파리장서의 작성 경위와 문안변동」, 『대동문화연구』 37, 대동문화연구원, 2000.
임경석, 「파리장서 서명자연구」, 『대동문화연구』 38, 성균관대학교 대동문화연구소, 2001.
정우락, 「회당 장석영이 쓴 『흑산록』의 서술 방식과 가치」, 『영남학』 23, 경북대학교 영남문화연구원, 2013.
정우락, 「『遼左紀行』을 통해 본 張錫英의 만주체험과 그 의의」, 『한국학논집』 66, 계명대학교 한국학연구원, 2017.
정인열, 『대구독립운동사』, 광복회 대구광역시지부, 2018.
趙東杰, 『한국 근현대사의 이해와 논리』, 지식산업사, 1998.
許善道, 「유교 지식인과 유교계」, 『3·1운동50주년기념논집』, 동아일보사, 1969.

대구감옥 127일, 그 고난의 기록

-제3부-

『흑산일록』

원문 교감

3

『회당집』 초고본

黑山綠己未[1]

是歲 己未二月二日[2] 葬我 大行皇帝 前二日 京都學生 在在[3]蜂起 建大韓獨立之旗 大呼大韓獨立萬萬歲 先是 巴里萬國平和之會 五大國爲盟主 許孤弱國獨立之權 而本國人李承晩 伸明本國之寃枉 諸大國皆感動其至誠云 本國人孫秉熙 探知此事 因此因山 八路人大會之時 遂敎各學徒 大呼萬歲 唱起衆心 一夜之間 京師震動 風聲所及 延及各港口各州里 數日之間 八域同聲 至於山氓野叟 婦人孺子 唱予和予 天地震盪 盖亦天意之所在 非人謀之所及也 余唯此時凡爲人類者 莫不蠢動 而名爲吾儒者 十年囚舌敵門飮泣 而今因千載之一會 其可以不做了一口氣耶 第念呼萬歲 則已是擧國之所同 而吾儒之事 則只可

1 黑山綠己未: 초고본에는 '黑山日錄'으로 되어 있다.

2 二月二日: 초고본과 교정본에는 모두 '二月四日'로 되어 있다. 그러나 고종의 인산일이 음력 1919년 2월 2일이므로 여기서는 바로잡는다.

3 在在: 초고본에는 두 글자가 생략되어 있다.

以文字 而申明義理而已 遂作一篇文字 通告道內 其文曰

嗚[4]乎 吾人皆貳負耶 衣被五百年 先王之化 而躬逢此世 關了門 喫了飯 作無懷氏之民歟 天運循環 無往不復 仄聞 近日 時機一變 萬邦[5]之公議 不泯 天下之大義 終彰 漢師以下 名都巨港 萬姓鼓舞 士女齊呼 天意人心 以此可知 而有彝性者 所可感動也 窃念吾輩平生 所讀何書 所講何義 屋社以來 做不得一事 而今當千載之會 其可以不做一聲而甘作彼人之俘虜乎 夫士 殉道則可矣 未嘗有殉社之責 然今日之義 則亦自有[6]別 噫 彼賣國諸賊 弑我 皇上 春秋之義 亂臣賊子 人人討之可也 且彼賊臣 扮做儒林代表 潛通各國 眩弄天下之議 沮塞獨立之事 此若任之而不爲自明之地 則所謂儒林 將與國賊同科 而天下之人 又安知本國之人情乎 鄙等不勝憤抑[7] 玆敢布告於同志 惟僉君子 隨其所在 鼓發彝衷 使吾同胞之人同此忿疾 且以一書 布告天下 聲明我一國之心 且討逆臣之罪 俾不容於一天之下 則邦國幸甚

既[8]布告道內 又作一書 抵總督府 其書曰

嶺[9]南儒生 郭鍾錫將以郭鍾錫爲首題 張錫英 李能學等 謹書于總督府總督閣下 夫達大體者 識天理之順逆 明治道者 察人心之向背 天之蒼蒼 若

---

4 嗚: 초고본에는 윗줄에 이어 썼다.
5 萬邦: 초고본에는 '萬國'으로 되어 있다.
6 自有: 초고본에는 '有自'로 되어 있다.
7 憤抑: 초고본에는 '忿抑'으로 되어 있다.
8 既: 초고본에는 윗줄에 이어 썼다.
9 嶺: 초고본에는 윗줄에 이어 썼다.

無所視聽 而視聽如響 民之蚩蚩 若無所識[10]知 而知識如神 天何言哉 人心卽天意也 順天者昌 逆天者亡 可不懼哉 嗚乎 我韓之人 自合邦以來 十年之間 緘口囚舌 莫敢誰何 貴邦 以謂服其心耶 自我太上皇帝 陟方之後 擧國騷然 上自京都 下及閭巷 建獨立之旗 萬姓齊心 萬口同唱 雖百死而不悔者 是孰使之然哉 天也 非人也 盖嘗言之 貴國之得國於賣國之逆臣 已非天理之正 而我韓之人 未嘗心服 不心服而其能久假其服耶 今有病瘇[11]之人 不治其內 而彌縫其外 自以謂已其瘇者鮮 有不內食 不已一朝而潰決 此必然之理也 貴國自得國之後 尙用厭迫之手 而今於呼萬歲之場 囹圄充溢 砲聲震天 積戸載路 是則欲救燎原之火 而使之吹噓 而益熾也 夫好生惡死 人之常情也 今我韓之人 冒白刃而北首爭死者 豈惡其生而樂其死[12]哉 直國復則死猶榮也 國未復則生不如死也 二千萬生靈 皆願舍其生而復其國 則其心之團結 已可知矣 人心團結 則許以自國之獨立 非今日萬國之公法耶 萬國之公聽自在 而天下之目 非衛朴之所可廢也 貴國 不念萬國之議 又不念韓人之不服 而專事强制 留時逆衆 尙不許以獨立之權 而將使生靈魚肉 天地震盪 是可曰順天理而察人心乎 窃念閣下 以全權之臣 寄一方之命 目見韓人之情形矣 假使二千萬之民族 一朝殄滅 則已無可言 而苟有孑遺[13]之民 則將不禁其不服之心矣 惟閣下 千萬細思 恢張公議 特遵當初馬關

10 所識: 초고본에는 '所'가 생략되어 있다.
11 瘇: 초고본에는 '腫'으로 되어 있다.
12 其死: 초고본에는 '其死者'로 되어 있다.
13 孑遺: 초고본에는 '了遺'로 되어 있다.

之約 我韓則依舊獨立 貴國則撤還本國 兩國修好 還尋三百年友邦之義[14] 則天人胥悅 其將永有辭於天下萬世矣 鄙等 山野鄙儒 窮居讀書 不敢聞於天下之事 而鄙等[15] 亦二千萬之一也 疾聲一號 暴其悃愊 苟蒙見采於蕘說 則千萬幸甚

文[16]旣成 爲書於高山宋舜佐浚弼[17]曰 吾爲此兩書 一則告道內也 一則抵總督也 第念道內國內之人 旣皆鼓動矣 似無待於此書之通告矣 且以總督言之 渠只是管轄一方之政治 而至於獨立許可 乃是日皇之事 非總督之所可爲也 兩皆休罷 而或可於巴里國會 投以長書 宣明我一國之民情乎 幸亟回 示明言其可否也 舜佐之答 深以告道內 最爲得宜 而使少輩[18] 活印吾文 將不日宣告云矣 余又爲書於郭俛宇曰 時事至此 吾輩其可以惜一死而無言乎 如欲有言 莫如投書於巴里 如欲投書[19]於巴里 令公不得不首題其名 大抵時人 皆以令兄 爲惜死之人 而今若隱默 則令兄雖生而猶死也 惟令公圖之 俛宇答書曰 吾非惜死 只怕浪死 兄亦以我爲惜死耶 巴里書 吾亦思之 此不可已也 呼萬歲 非吾輩事也 云云 見其答書 甚合吾見 遂作巴里一書 其書[20]曰

韓[21]國儒生 郭鍾錫 張錫英[22]等 拜書于巴里會中 鍾錫[23]等 乃亡國

---

14 義: 초고본에는 '誼'로 되어 있다.
15 鄙等: 초고본에는 '某等'으로 되어 있다.
16 文: 초고본에는 윗줄에 이어 썼다.
17 浚弼: 초고본에는 이름을 명기하지 않았다.
18 少輩: 초고본에는 '少年'으로 되어 있다.
19 投書: 초고본에는 '抵書'로 되어 있다.
20 其書: 초고본에는 '其文'으로 되어 있다.
21 韓: 초고본에는 윗줄에 이어 썼다.
22 郭鍾錫 張錫英: 초고본에는 '某某'로 되어 있다.
23 鍾錫: 초고본에는 '某'로 되어 있다.

之賤儒也 殘命不死 十年囚舌 不敢聞於天下之人者 以其爲他人之厭迫[24]也 今因事會之可言 而敢不以其所懷 自陳於萬國平和之席也哉 鍾錫[25]等 窃伏聞巴里萬國之會 至許波蘭等諸孤弱獨立之權矣 我韓情形 獨不及爲羣公之矜恤 則是誠太陽升天 萬物咸覩 而獨不照於覆盆之下也 嗚乎 鄙邦之呑噬於日本 今十年矣 請言日本之前後情迹也 鄙邦之於日本 三百年之隣邦也 頃在丙子 日本井上馨等 有江華之盟 乙未 日本伊藤博文 淸國李鴻章 有馬關之約 皆許以朝鮮自主獨立 其後 日本與俄國 宣戰時 通牒歐西列國 亦曰鞏固韓國自主[26]獨立 凡此[27]數條 皆天下人之所共知也 奈彼日本外修隣好 而所以實施於韓人者 有若別人行別事也 甲申 竹添光鴻劫遷我皇帝 屠殺我大臣 乙未 三浦梧樓 潛兵犯闕 弑我皇后閔氏乙巳 伊藤博文 潛結賊臣宋秉畯 作一進之會 自謂日國保護 乃國民之願 其年十月 與賊臣李完用等 自搆五約 脅迫我皇帝 勒調御印 我皇帝 自誓以殉社之義 而大臣閔泳煥 趙秉世等 皆死之 其他縉紳章甫 武士衛卒 草野士庶[28] 或自決性命 或被拘致斃者 千百爲計 而及夫海牙之會 李儁等 刺腹揮血 以明本國之情 此則天下人之所共睹也 其後 庚戌 日本與逆臣完用等諸賊 脅勒君上 稱以讓與 遂爲合邦之擧 高官厚金以償 逆臣貶降我皇上 拘於別宮 虐待

---

24 厭迫: 초고본에는 '壓迫'으로 되어 있다.
25 鍾錫: 초고본에는 '某'로 되어 있다.
26 自主: 초고본에는 두 글자가 생략되어 있다.
27 此: 교정본에는 '我'로 되어 있으나 초고본을 따랐다.
28 士庶: 교정본에는 '臣庶'로 되어 있으나 초고본을 따랐다.

我民 命視若畜生 韓人迫於虐燄 不得自做一聲 而十年之間 有若失哺之嬰 沫涕含血 靡所依泊矣 去年 巴里萬國之會 制彊悍而恤孤弱 如鄙邦之無告者 尙或可以丐其餘瀝 而賊臣完用等 先偵此機 或慮有獨立之事 自稱本國代俵之人 脅勒我大行皇帝 欲得御押 以實其言 而皇上不從 遂於一夜之間 皇上暴崩 嗚乎 尙忍言哉 及國葬之日 一國人民 大會京城 本國人孫秉熙等 身先倡起 以巴里之事 宣言衆中 傳聞所及 萬姓歡呼 建大韓獨立之旗 唱大韓獨立之號 內自京都 外至各邑各港 一時齊唱 聲動天地 日本之人所在收縛 而身雖被縛 口不絕聲 雖無知小兒 皆踴躍而歡呼 窮山僻巷 匹夫婦之愚 無不輻湊而鼓舞 彼日人者 欲爲彊制 而收縛[29]脅勒 囹圄充溢 而人心之團結日甚 擧國洶洶 皆以必死爲期 無有解散之心 此其天意之所在 有非人力之可至也 盖嘗言之 鄙邦雖爲日本之所呑 而先王之化 肥髓已浹 祖國之想 寤寐難忘 而一朝爲日人之强制 無一人欲爲其臣僕者 彼乃誣告萬邦 以謂得其心願 噫 上天臨之 萬國有耳目 其又可以瞞過耶 是宜億兆熱血 潛滯[30]於一腔之中 待其時而自發 其勢不得不然也 第念 今天下 有人皆平等也 有國皆自主也 奚獨鄙邦之人 不得自立而被人厭迫[31] 悲凉憔悴 以死於溝壑也 萬國群公 統萬國之務 任平和之責 其於天下之事 無微不燭 而獨於區區鄙邦 不得蒙平和之澤耶 顧今時機一變 民智已發達

29 收縛: 초고본에는 '收捕'로 되어 있다.
30 潛滯: 초고본에는 '潛沸'로 되어 있다.
31 厭迫: 초고본에는 '壓迫'으로 되어 있다.

矣 人心已團結矣 鍾錫[32]等 不敢不以本國情狀 仰聞於閤下 伏願群公大人 細察其本情 特依馬關之約及歐西通牒之例 許我以依舊獨立自主之權 得免日人之網羅 而并列於四海之同胞 則是豈特小邦之幸哉 實天下萬邦之公義也 如謂鍾錫[33]等 以無情之辭 厚誣萬國 則願與日本委員 并坐會席之下 質其曲直 理屈辭窮 則甘伏誣罔之律 惟千萬垂察焉

文[34]既成 見舜佐[35] 書其意 欲與子弟門生 出坐於闕廟等處 建儒林之旗 一唱萬歲 鼓發衆人之心 答其書 畧言 爲吾儒者 未必爲呼萬之擧 而旣不呼萬 則巴里一書 不可已也 因謄送此文 請與聯名 適金昌淑自京回言 十三道儒生 方會京師 將以獨立事 抵書巴里 而非郭俛宇則無製[36]此文 使昌淑急下 請文于俛宇 俛宇曰 吾今昏耄 無以下筆 必得張晦堂之文 可也 因抵書於我 苦要作一文字 以送昌淑 則旣傳此言遂向左峽去 爲得安東禮安儒林之名 而共之也 余遂書巴里書一本 使家姪始遠 齎往茶田 與俛翁議其可否 其回見俛書曰 此文過激 不合於用 不得已用自己所作文書一本 以來而要我點化之 其文曰

朝[37]鮮[38]賤士 郭鍾錫 張錫英[39]等 敢愬告巴里平和會諸大位閤下 天覆地載 萬物并育於其間 大明之照 大化之行 其道可知已 自夫爭奪

32 鍾錫: 초고본에는 '某'로 되어 있다.
33 鍾錫: 초고본에는 '某'로 되어 있다.
34 文: 초고본에는 윗줄에 이어 썼다.
35 舜佐: 초고본에는 '宋舜佐'로 되어 있다.
36 無製: 초고본에는 '無以製'로 되어 있다.
37 朝: 초고본에는 윗줄에 이어 썼다.
38 朝鮮: 초고본에는 '韓國'으로 되어 있다.
39 郭鍾錫 張錫英: 초고본에는 '某'로 되어 있다.

之釁起 而强弱之勢分 兼并之權用 而大小之形懸 以至毒人命而恣其威 窃人國而私其有 嗚乎 天下一何多此也 此 天之降仁武於今日 奉若天地之心 照大明而行大化 一天下而歸之大同 俾萬物 各遂其性者也 於是 萬國同覩 四海一晏 而乃或有聞風 而不獲實德 紆冤而不徹公聽者 豈諸大位之用心 獨於此爾殊哉 抑別有以也 則其所以瀝血陳腔 仰首鳴號者 亦出於至痛迫切 不容自己之意 惟諸大位試察之 嗚乎 我韓之於天下 固蕞爾一小邦也 不堪比數於諸大邦之列 而尙賴神聖之後 域三千里 人二千萬口 維持存保 四千有餘年 不失爲半島文明之稱 亦萬國之所不能廢也 不幸邇來 旻天不吊 文弱成習 而國威不振 賊臣內訌 强隣外伺 馮其武力 挾其詐智 脅君而鉗民 勒成條約 從而攘國土廢天位 而無吾韓於天下矣 噫 日本之所爲 槩可擧矣 丙子之與鄙邦大臣盟于江華也 乙未之與淸國大官約于馬關也 皆以我韓之自主獨立爲永遵之案[40] 曁癸卯之宣戰于露國也 通牒于列國 斷斷 以鞏固我韓獨立爲聲明 此萬國之所共悉也 曾未幾 何機詐百出 內脅外欺 獨立變而爲保護 保護變而爲呑倂 誘之以韓民之情 願圖免萬國之公議 是不惟無韓於其手分 實亦無萬國於其心計也 未知萬國群公 其眞以日本之所爲於我韓者 爲無傷於公義耶 爲不失信於萬國耶 鄙邦臣民 極知赤手空拳 不能自奮以有爲 然 謳吟永歎 惟蚤夜於吾君吾國 日向上天之鑒我 大運之好還 包羞忍耻 艱辛顚倒 于玆十年所矣 自聞諸大位之設平和大會 寡

---

40 案: 교정본에는 '案' 자가 생략되어 있으나, 초고본에 따라 바로잡는다.

邦人民 踴躍奮激 以爲苟萬國而平和也 吾韓亦萬國之一也 豈應獨使之不平不和也 旣復聞 波蘭諸國 皆能獨立 則又復群聚呼萬歲曰平和之議已定矣 彼何國也 吾何國也 一視之仁 亦若是已矣 天其有時而好還矣 諸大位 其從此畢其能事矣 吾儕其從此有其國矣 吾其卽死而瀷于邱壑 白骨且不朽矣 莫不睢睢盱盱 以俟好音 而遷延之頃 天又不吊 寡君卽世 擧國洶洶 痛徹穹壤 乃於國葬之日 各敎各社 個人男女 猶唱獨立之聲 奉慰吾君之靈 雖捕縛鞭戮 交加於[41]前而徒手爭先 就死而不悔 此可見窒鬱之衷 積久必洩 而抑亦諸大位之啓其機 而鼓其勇也 然而因循歷月 尙不見劃然之區處 則又且疑且惧 恐寡邦之無由以自達 而中間用事者之反覆機詐 有以惑諸大位之視聽也 請更[42]有以辨明之 天之生萬物也 必有是物之能力 小則介鱗昆虫 皆有以自由活動 人之自爲人 國之自爲國 固亦有自人自國之治理能力 吾韓雖小 環三千里 數二千萬人 歷四千年 其能足當吾韓者 自不乏絕 初何待隣國之代治哉 千里不同風 百里不同俗彼謂吾韓之不能獨立 而欲以彼國之治理 加諸吾韓之風俗 則風俗之卒不可變 而所謂治理者 祇足爲成亂之階 此其不可行 明矣 治理之卒不可行 而說於公會 則曰 韓民之願 附於日本 久矣 韓民之自爲韓民 不惟其疆域風土之已定 抑亦所得於天性者 然也 是以 寧屈於一時 面受威脅之權 而其心則固 將歷千萬年 而不失爲韓國之民也 本心之存 安可誣也 心之卒不可誣 而欲用萬國所共廢之威權 以

41 於: 초고본에는 '于'로 되어 있다.
42 請更: 초고본에는 '更請'으로 되어 있다.

壓萬口一辭之公議 此於日本亦未爲得計也 昔在海牙之會 寡邦之臣有李儁者 奉寡君之命 夜行晝伏 冒百險之艱 赴愬于公座 至乃刳腹剖心 以鳴其寃 則在會之人 或至屬目嘘唏而終不見 有爲之敍其情 而謀其後者 寡邦之人 至今相語 未嘗不痛恨鳴[43]悒 而繼之以血淚也 鍾錫[44]等 山野廢朽 不及詳聞于外邦事實 而猶自以爲舊國臣子 依先君之遺風 粗從事於儒敎之門 今當大界維新之日 國之有無在此一擧 與其無國而生 不若有國而死 與其自枯於偏陬 孰若獻身於公聽幷觀之地 一以自暴其鬱抑 而俟其進退之也 海陸迢絶 關禁嚴急 恐褁足未達 而疾號不聞 朝夕之命 無逮於穹壤之痛 則此世此懷 永無望於自暴矣 雖以諸大位之仁武 亦安望其必笄及於不見不聞 幺麼幽眇之一偏邦哉 玆敢修咫尺之書 命[45]一部同情之辭 具十年生受之實 奉便風於天涯萬里之外 誠悲劇迫切 不知所云 惟諸大位 憐而察之 益恢公判之議 使大明之照無不遍 而大化之行無不順 則不惟鍾錫[46]等之無國而有國 抑亦道德之幸甚於一世 而諸大位之能事畢矣 如猶未也 鍾錫[47]等 寧駢首就死 而誓不爲日國之僕隷二千萬生命 獨不關天地之所育 而憾條暢之和氣乎 惟諸大位圖之[48]

旣[49]見此書 余略加筆削 而使高山宋圭[50]善 送于茶田 李能學 適來訪

---

43 鳴: 교정본에는 '於'로 되어 있으나, 초고본에 따라 바로잡는다.
44 鍾錫: 초고본에는 '某'로 되어 있다.
45 命: 초고본에는 '合'으로 되어 있다.
46 鍾錫: 초고본에는 '某'로 되어 있다.
47 鍾錫: 초고본에는 '某'로 되어 있다.
48 圖之: 초고본에는 '圖之' 뒤에 '云云' 두 글자가 더 있다.
49 旣: 초고본에는 윗줄에 이어 썼다.
50 圭: 초고본과 교정본에 '奎'와 '圭'가 함께 표기되어 있으나 '圭'로 바로잡는다.

見督府書及巴里書 大喜曰 吾年八十 死何足惜 請與同名 余壯其義而諾之 書送其名於茶田 二月晦間 金昌淑 自安東禮安得諸人名帖 而還于茶田 翌日發行 自北京將[51]轉往巴里[52]也[53] 枝村 鄭宗鎬來言 大邱尹巨濟相泰 有志人也 聞此間有巴里長書事 願附其義 而且有緊路於米人 可以轉達于巴里 願得那書 而信付之[54] 遂寫一本 傳與相泰 盖爲昌淑之事 萬有一失 則不害其爲兩路并付也

○[55] 三[56]月初二日 本邑市日也 本邑儒生及教徒及市人 將以是日大呼萬歲 風聞甚壯 是日食後 邑巡檢二人來 言曰 大邱警部 一人來到本邑 請與相見 余曰 有文字乎 曰無 曰旣無信蹟 吾不可往 巡查一人 卽乘自行車 馳往邑中 須臾持文字而來 不得已 命駕而往 至邑近 萬歲之聲 震動山嶽 遂乘轎 直入警署 署長及警部金鍾元 迎我坐椅上 待遇甚恭 警部曰 在達府 已聞尊名 而此中公務甚煩 不能躬往 有此請見 休罪休罪 余曰 何以請見 曰老人丈 爲儒林[57]之長 而彼呼萬歲者不爲調停 乃反贊成云 故敢問其由 余曰 呼萬歲 乃市人之事也 吾未嘗呼之 又未嘗贊成 然 今日萬歲之呼 乃天意 非人力也 彼許多呼萬歲之人 豈待吾之贊成耶 吾不贊成 則其將不呼萬歲耶 且吾雖未嘗贊

---

51 將: 초고본에는 생략되어 있다.
52 巴里: 초고본에는 '巴里' 뒤에 '數日前' 세 글자가 더 있다.
53 也: 초고본에는 '也' 자가 생략되어 있다.
54 付之: 초고본에는 뒤에 '云云' 두 글자가 더 있다.
55 ○: 교정본에는 날짜가 새로 시작되면 줄을 바꾸거나 '○' 표시를 해 두었다. 초고본에서는 이를 생략하였는데, 이 책에서는 새로 날짜가 시작되면 일괄적으로 '○' 표시를 하여 날짜 구분을 명확히 하였다. 이하 같다.
56 三: 초고본에는 윗줄에 이어 썼다.
57 儒林: 초고본에는 '士林'으로 되어 있다.

成 然 吾心則與彼呼萬歲者 無以異也 且君是韓人也 君雖不呼萬歲 而其心則與彼有異乎 金鍾元曰 吾亦韓人 豈無是心乎 署長曰 聞老人丈喜爲詩會云 請勿復爾也 余曰 吾少時 未嘗不善爲詩 而自世變以來 發口皆悲憤之辭 是以 全廢詩會也 署長曰 他無可言 請出 署長以下皆下堂而送之 才出署門 市人屢百人 簇擁轎邊 随至旅館 請我一呼萬歲 余曰 日已暮矣 吾不得不歸 而日暮不散 恐生他變 君等可卽解散也 遂促轎夫發行 才出邑外 萬歲又一場大起 而須臾砲聲亦[58]起 市人 如風雹之散 盖數千市人 日暮不散 黑夜處處 連呼萬歲 日人慮有變怪 遂發砲 軍所在放砲 而砲死者 六人 中傷者 十餘人云 噫 使彼市人 早聽吾言 不至於此 而匹夫之難曉 如此也 乘夜還家 ○ 初九日 本邑警部朴在純 率巡查一人來 搜索家中文蹟 壁藏衣籠 及小小几案 無不開見 凡朋友往復書札 一一搜出 而又一一審見 其或有語到時衆者 皆取去焉 且曰 以巴里長書事 有所查覈 請余入邑 不得已命駕 偕入至警察署 宋舜佐及其子姪二人宋晦根 宋壽根[59] 及李忠夫基定[60] 李聲玉鳳熙[61] 李執中基允[62] 宋賢伯圭善[63]兄弟等十餘人 或以巴里長書 或以萬歲事 先已捉囚獄中 而獨舜佐拘之房中 不脫其冠衣 盖待遇也 是夜 警部呼我 入審問室 問與郭鍾錫[64] 有巴里長書否 又問有通告道內及總督府長書否 余曰

58 亦: 초고본에는 '大'로 되어 있다.
59 교정본에는 '宋晦根', '宋壽根' 두 사람을 추기하여 '2인'이 누구인지를 밝혔다.
60 교정본에는 '基定'을 추기하였다.
61 교정본에는 '鳳熙'를 추기하였다.
62 교정본에는 '基允'을 추기하였다.
63 교정본에는 '奎善'을 추기하였으나, '奎'는 '圭'의 오기이므로 바로잡는다.
64 鍾錫: 초고본에는 '某'로 되어 있다.

有之 彼曰 已皆傳去否 余曰 道內告文 則少輩[65]活印之 督府文 亦有委任者 而吾與宋浚弼[66] 今皆被拘 其傳之[67]與否 吾不可知 而巴里書則郭鍾錫[68]已發送之矣 彼曰 其文皆可記誦否 曰耄昏者 何可記也 彼曰 辭意云何 曰其辭意則 如此如此也 彼乃一一錄其言 要我着指章 余使之一讀 而着指於其文 警部曰 儒林待遇 異於他人之拘囚 使之衣冠而處於堂上 日前 高山往復時 石安基持書而往 坐此爲罪[69] 吾入邑時 隨吾偕入 拘之獄中 翼日放出 李寅光[70] 曾與吾書 有言及長書事 亦坐此而捉來拘囚 李景載[71]德厚 成洛賢[72]大湜 亦皆以長書入名 入來 一次審問後 卽使出去 巡査輩 以一文字示余 乃賊臣完用警告文也 余曰 吾不願見此人文字 曰其言 曰獨立 萬無必成之理 無爲浮言所動云 如此至言 何不聽信 而長書之爲也 余曰 此人此說 吾不願聞 君等可休罷也 ○ 十三日 署長語余曰 老人全不開明 至於世界形便 似不辨菽麥矣 此間 多開化文字 可遍覽否 余曰 吾所知者 聖賢書而已 本不閒於開明文字 而今已日迫西山 何可回頭 向他歧去耶 以吾所知而終吾生足矣 ○ 十六日 曉頭 警部告余曰 今日將移往大邱 聽上府處決 已指委外間 等待轎丁矣 須臾乘轎出署門 吾子姪及各家子弟 皆等候門外矣 是日 同移者 二十一人 而皆高山大浦及鄕內之人也 以鐵鎖鎖其兩

---

65 少輩: 초고본에는 뒤에 '已'가 삽입되어 있다.
66 浚弼: 초고본에는 '某'로 되어 있다.
67 之: 초고본에는 '去'로 되어 있다.
68 鍾錫: 초고본에는 '某'로 되어 있다.
69 爲罪: 초고본에는 뒤에 '昨日' 두 글자가 더 있다.
70 李寅光: 초고본에는 '高靈李寅光'으로 되어 있다.
71 景載: 초고본에는 생략되어 있다.
72 洛賢: 초고본에는 생략되어 있다.

手 以繩縛其腰 兩兩成行 夾道而去 滿目慘淡 不可形喻 巡査十數輩 皆帶劍砲軍十餘人 皆荷砲 相間列立 簇擁左右 各家子姪 皆敺逐而不敢近 至村前近店 子婦使婢負鳳孫 號泣伏轎前 見之不覺傷心 强自寬之曰 豈謂余死而不返耶 死生在天 不足憂也 因號鳳孫曰拜 鳳孫從婢背上 點頭屈腰 作拜狀 余撫之曰 善在 遂行至倭館車場 親戚故舊來見者 甚衆 遂升車 須臾至大邱 下車 升人力車 至裁判所前 半日留置於拘置監 晡時 巡査一人 押入裁判所 檢事一人 通辯一人 列坐卓上 使余立卓下 余曰 老夫不堪立語 遂坐椅上 通辯傳檢事之言 問所居坊里 年幾何 所業何事 從前有受律與否 余隨其問而答之 彼曰 與郭鍾錫 爲巴里長書 請以朝鮮獨立 有之否 曰有之 彼曰 又爲通告道內及總督府長書 有之否 曰 有之 然 道內書 則道內之人 皆已鼓動 書或無益 督府書 則獨立認許 乃日皇[73]之事 非一箇總督之所可許 故吾雖作文 而衆論携貳 適吾被捉[74]至此 其傳書與否 吾不知也 彼曰 其辭意則云何 曰 今不能誦其文 而其大意 則如此如此 彼曰 煽動人心 違反[75]國法 可乎 余曰 吾自爲吾國之事 而貴國法之違反[76]與否 吾所不知也 彼曰 出去 遂隨巡査 出拘置所 宋浚弼以下諸人 皆以次入裁判所出來少間 巡査要吾與宋浚弼以下諸人 往監獄署 入署門 至事務所 有一日人坐卓上 使吾輩 脫冠網及上服 有咨且而難之者 輒下來拳踢而辱之 雖欲不從而不可得也 遂先脫冠網 次脫深衣 次脫小周衣 次脫襪 彼皆

73 日皇: 초고본에는 '日本皇帝'로 되어 있다.
74 捉: 교정본에는 '促'으로 되어 있으나, 초고본에 따라 바로잡는다.
75 反: 초고본에는 '叛'으로 되어 있다.
76 反: 초고본에는 '叛'으로 되어 있다.

書各人姓名 藏之別處 使一人引吾輩入署中 夜已向深 皆露髻徒跣 隨彼所之 至第一監十三房 有一人迎之 則渠所謂擔當官吏也 開鎖金 使投房中 與吾同入者 宋浚弼[77] 成大湜 李鳳熙 宋圭善 李基定等諸人 先處房中者 十餘人 皆異教人也 執中諸君落後 不知轉入何房 念不能忘也 夜與諸君 相對歎息 而又隘狹不能容也 盖署中 有一監二監三監其他 病院及長廊 不知幾千百間 而監皆十六房 兩邊爲房 中爲堂 堂及房 皆鋪木板 房皆一木門 門中爲穴 可容一手 被以鐵絲網 對壁有二穴 中立六鐵柱 雖賁育 莫能掀却 而僅通外氣而已 所謂 擔當巡查 終夜巡行於堂上 窺見各房鐵網隙 有不跪坐者 有私相言語者 有坐不向他人背者 有晝而臥者 有夜而不臥者 皆開門入 批頰踢腰 百端凌辱盖韓人之入此中者 曾畜生之不若也 房之一隅 置水桶 朝夕受水 一隅置糞桶 屎尿皆於桶上 而後入者 必居糞桶傍 至食時 官食則房中喫 私食則堂上喫 食必跪坐 又[78]相背坐 不相通語[79] 不相流睇 署中徵役者常時不下一千五百人 而今番獨立被罪者 至爲五千餘人 通十三道 爲十七萬名云 每房人數 少[80]不下二十四五人 而坐臥稠匝 肩背相磨 夜不堪臥 或坐而待朝 入獄之日 或慮此心之有變遷 作一句語 以自警曰

斷送一點和泥氣 常待千仞立壁心[81]

---

77 浚弼: 초고본에는 '舜佐'로 되어 있다.

78 又: 초고본에는 뒤에 '皆' 자가 더 있다.

79 通語: 초고본에는 '通言'으로 되어 있다.

80 少: 교정본에는 '每'로 되어 있다.

81 入獄~壁心: 초고본에는 이 부분이 '詩歌三章' 앞에 삽입되어 있는데, '入獄之日'에 맞게 순서를 바꾸었다.

居[82]一日 巡查輩 開門請剃髮 李基定[83]以下諸人 以次引出 一齊削去 少頃 僧頭十餘人 以次入房見之悲慘 不覺失聲一哭也 次及舜佐 舜佐 放聲大哭 不出門外 余亦執舜佐手 而大哭日 斷吾頭 然後吾髮可斷 彼輩相顧日 老人姑且寬之 待旣決而削之未晚也 又居數日 看守者 向 余日 居處狹隘 老人最是不便 請移他房 乃十五房也 稍似寬裕 日人 徵役者所居 而略十餘人也 其人 皆强盜殺人 無禮無義者 而見我疲癃 慢侮太甚 困迫日至 而獨有金春吉者 自稱居金海 向我頗致款 又有廣 園吉太郎者 呼父於我 而不無情念 又有由郎者 貌甚不揚 而頗識字云 故 以一[84]絕句 相和之 盖幽囚中 初無紙筆可寫 凡言語 皆以指寫於席 而此亦彼輩之大禁也 ○ 二十五日 自裁判所 送巡査 謂有審問 盖獄例 入獄日 始一審問 旬日前 又一審問 二十二日內有公判 而若過卄二日 則付之例審 無期限云 朝後衆巡査[85] 會諸罪人於一處 各於兩腕 以鐵 鎖之 又以一鐵連鎖兩人之手 又以鐵索[86]縛腰 頭戴藁笠 足掛倭履 兩 人爲列 合五十餘人 聯綴而去 余唯手鎖腰索[87] 非力可免 不得不任渠 所爲 而足履則寧跣而不欲着 遂投之而跣行 足刺如針 果所不堪也 入 裁判所拘置監[88] 以次招入 次及於余 檢事日 違反國法 煽動人心 非國 家之賊耶 余答而日[89] 裁判所 乃決訟地也 吾請以訟理言之 今有人奪

---

82 居: 초고본에는 윗줄에 이어 썼다.
83 基定: 초고본에는 '聲玉'으로 표기해 字만 제시했다.
84 一: 교정본에는 '絕'로 되어 있으나 초고본에 따라 바로잡는다.
85 巡査: 초고본에는 '巡檢'으로 되어 있다.
86 鐵索: 초고본에는 '麻索'으로 되어 있다.
87 腰索: 초고본에는 뒤에 '則' 자가 더 있다.
88 拘置監: 초고본에는 '拘置所'로 되어 있다.
89 答而日: 초고본에는 '笑而答日'로 되어 있다.

人土地 而被奪者 欲覓土地 則奪之者賊耶 覓之者賊耶 覓者與奪者來訟於裁判所 則裁判官 將以何者爲賊 彼無答 乃曰 巴里長書時 往復於郭鍾錫[90]否 曰然 彼曰 何日往復 何人持書而往 余曰 余固耄昏[91]不記其日子 又不記何人送書也 彼曰 郭鍾錫[92]言 張博士始遠持書而來 何故欺情 余曰 始遠乃吾姪也 郭鍾錫[93]之言如是 則又何必問我也 且夫知其有往復之事則足矣 必問其持書之人 送書之日 何濟於事 不亦刻覈之甚耶 且郭鍾錫[94]之言 何以聞之 彼乃以一幅長書示余曰 知此書爲何書耶 余視之 乃俛宇所送巴里書也 曰此是吾輩所爲巴里書也 此書何由而[95]來 彼曰 郭鍾錫[96]持來 余以是知[97]俛公來也 彼又問通告道內及督府長書辭意如何 余答之如初 遂出 ○ 四月十日 余謂擔當巡查曰 彼同房懲役輩 無道太甚 侮慢老者 吾不堪久處於此 可使我移於他房否 擔當曰 此非吾所自主 報告於典獄署長 然後可諧 遂請願於署長 署長使巡查 請與相見 余隨往焉 躡二層梯 升最上層 有一人袖綴兩金圜 坐了椅上 云 是日官之高等也 余坐對椅上 言移房之意 署長曰 此非吾獨斷 洵同于此中各官吏 可也 請少俟之 其人年可六十 言貌甚恭 待遇頗隆焉 ○ 十三日 有一巡查來言 以署長命移房 引余往拘置監第十五房 乃日人未決囚之所居也 見居者三人 蓋日罪囚之居

---

90 郭鍾錫: 초고본에는 '郭某'로 되어 있다.
91 耄昏: 초고본에는 '耄甚'으로 되어 있다.
92 郭鍾錫: 초고본에는 '郭某'로 되어 있다.
93 郭鍾錫: 초고본에는 '郭某'로 되어 있다.
94 郭鍾錫: 초고본에는 '郭某'로 되어 있다.
95 而: 초고본에는 뒤에 '而' 한 자가 더 있다.
96 郭鍾錫: 초고본에는 '郭某'로 되어 있다.
97 知: 초고본에는 '始知'로 되어 있다.

多不過十人以下也 自此居停甚寬 然 自在一監時 所與處者 日人 彼雖終日喧聒 吾不知其何說 又無書冊可見 又無四友可以書寫 大抵有耳而無所聞 有目而無所見 有手而無所用 長長夏日 獨坐如泥塑人 夜則終夜無寐 獨自臥起 言念身世 良亦悲歎 是月初 家兒買[98]學案十四冊 自外入送 乃淸儒陸桴亭以下諸賢心性理氣說也 自是以後 稍可消暑 而每遇會心 發聲諷讀 則彼人輒訶止之 盖日本讀書之法 心讀而不發聲云 可笑也 ○ 十六日 云是公判 朝後又鎖縛如初 入於拘置所 諸罪人 一齊偕入於裁判所 俛令亦入來此 是十年後初面 而今相見於鬼府之中 直欲握手一痛哭 而拘於彼法 不能一語相酬 悲夫 吾與俛翁及舜佐聲玉[99]長書諸人 爲一列 其他呼萬歲者 各以次爲列 而各人之親戚故舊來觀者 洞開門而并許入見 盖千百計也 判事檢事 列坐卓上 而最初問於俛宇 俛宇云云以答 次及於余 余曰 此事源委 本於呼萬歲 而身爲儒者 只可以文字明義理故 呼萬歲 則初不爲之 巴里書 則果與郭鍾錫[100]相議爲之 彼曰 文是誰文 曰郭鍾錫[101]所製 而吾亦自製一文也 彼曰 聯名乎 曰金昌淑之去 吾不見之 文字正本 吾亦不見[102] 然此事 乃吾之所倡起也 吾名 豈有不入此之理乎 吾與郭鍾錫[103] 爲四十年[104]道義之交 而同功一體也 況此事 乃兩人之合議 則聯名與否 更何

---

98 買: 교정본에는 '賣'로 되어 있으나, 초고본에 따라 바로잡는다.
99 聲玉: 교정본에는 '舜佐' 뒤의 '聲玉'이 삭제되어 있으나, 초고본에 따라 추가한다. 성옥은 이봉희(李鳳熙)의 자이다.
100 郭鍾錫: 초고본에는 '郭某'로 되어 있다.
101 郭鍾錫: 초고본에는 '郭某'로 되어 있다.
102 不見: 초고본에는 뒤에 '吾雖不別自許名'이라는 일곱 자가 더 있다.
103 郭鍾錫: 초고본에는 '郭某'로 되어 있다.
104 四十年: 교정본에는 '四十'으로 되어 있으나, 초고본에 따라 바로잡는다.

論乎 次及舜佐以下諸君 皆以實對 檢事曰 金昌淑 郭鍾錫[105] 張錫英[106] 皆處以二年徵役 宋浚弼一年半 以下長書人及呼萬歲者[107] 或十二月 或十月處律 判事曰 以今二十日(即陰曆二十一日)入受判決 卽皆起身入內受律者 雖欲言其不可受役而無及矣 皆退出 還入署中[108] ○ 二十一日[109] 又鎖縛如初 入裁判所 判檢事列 坐如初 以次判決 而無少異於公判之說 問答畢 仍處之以二年懲[110]役 退還署中 自念當初擧事 知有禍機 而二年處役 何其酷也 朝暮之年 無復望於生出獄門 而與其着赭衣[111]而織絲網荷糞桶 苟求生活 無寧一死之爲安 而自縊自刭 以傷遺體 初非聖人之法門[112] 第唯夷齊之淸聖 而聖人許其餓死于[113]首陽 吾今不欲處役 則寧自餓死 泉壤之下 見夷齊而無愧也 遂作八絕詩 以誓死 其詩曰[114]

妄[115]擬江南明社復 徒然海北漢旒呑 室家妻子都忘却 阿鼻舂磨亦自安

如人如獸此何地 非死非生我久留 那時劈却千重鎖 一躡長空寫我愁

板門生出杳無期 却憶蘇郎羝牧時 時復看看乳也未 勝吾終日坐無爲

---

105 郭鍾錫: 초고본에는 '郭某'로 되어 있다.
106 張錫英: 초고본에는 '張某'로 되어 있다.
107 萬歲者: 초고본에는 '者' 자가 생략되어 있다.
108 署中: 초고본에는 '署中及二十日云云'으로 되어 있다.
109 二十一日: 초고본에는 '及二十一日'로 되어 있다.
110 懲: 초고본에는 '徵'으로 되어 있다.
111 着赭衣: 교정본에는 '着' 자가 생략되어 있으나, 초고본에 따라 바로잡는다.
112 法門: 초고본에는 뒤에 '又不得尺繩寸鐵 雖欲自截其命 亦未由也'라는 문장이 더 있다.
113 死于: 교정본에는 '死于'가 생략되어 있으나, 초고본에 따라 바로잡는다.
114 其詩曰: 초고본에는 '其詩曰'을 '其一曰'로 표기하여 '其八曰'까지 '其○曰'로 적었다. 교정본에서는 한 자를 내려 써서 작품임을 분명히 했다.
115 妄: 초고본에는 윗줄에 이어 썼다. 다른 작품도 마찬가지다.

三載文山柴市在[116] 十年洪佛冷山遲 吾今老矣生無益 苟活牢中愧望之

匹夫爲諒本非當 父母遺身況可傷 追惟古聖求仁地 獨有夷齊餓首陽

三朝絕粒不知飢 此去重泉問幾時 回首三韓千萬里 可憐人命畜生微

吾人大義不曾隳 生與同生死與歸 他年我有東門目 會見韓人自立時

斯道平生我自任 禮書勘覈尙餘今 直卿不見身先死 後輩何人述此心

又[117]作[118]詩歌三章其歌曰[119]

八[120]公山[121] 져 구름아(每從門隙中[122] 餘麓 雲烟黯淡 望見八公山[123] 不禁悲憤下淚) 오고가고 너는 自由로다 너

도샤 故國悲懷 못닛는가 往來間 비 흔줄기 淚水로다

琴湖江[124] 깃븐물은 누를 위히 밧비가노 漁父야 빅 머물너라 十七萬

冤獄淚 져 江水와 비교ᄒ시

三角山[125] 저닷[126]놉고 漢江水가 깁것마는[127] 五百年 王家疆土 一朝

屬誰家오 啓母石下 呱呱聲잇나 저 가마구 何處止오[128]

---

116 在: 초고본에는 '住'로 되어 있다.

117 又: 초고본에는 윗줄에 이어 썼다. 다른 작품도 마찬가지다.

118 又作: 초고본에는 '余又於入獄之日 或慮此心之有變遷 作一句語 以自警曰 斷送一點和泥氣 常持千仞立壁心又嘗'으로 되어 있다. 이 부분을 교정본에서는 '入獄之日'에 맞게 배치하였다.

119 其歌曰: 초고본에는 생략되어 있다.

120 八: 초고본에는 윗줄에 이어 썼다. 다른 작품도 마찬가지다. 초고본에는 시조의 각 작품 앞에 '其一曰'에서 '其三曰'까지 '其○曰'로 표기되어 있다. 교정본은 행을 나누어 표기하여 작품임을 분명히 했다.

121 八公山: 교정본에는 '八空山'으로 되어 있으나, 초고본에 따라 바로잡는다.

122 隙中: 초고본에는 '隙之中'으로 되어 있다.

123 八公山: 교정본에는 '八空山'으로 되어 있으나, 초고본에 따라 바로잡는다.

124 琴湖江: 초고본과 교정본에 모두 '金烏江'으로 되어 있으나, '琴湖江'으로 바로잡는다.

125 三角山: 초고본에는 '三角山이'로 되어 있다.

126 닷: 초고본에는 '듯'으로 표기되어 있다.

127 ᄂᆞᆫ: 초고본에는 '는'으로 표기되어 있다.

128 시가 3장의 경우, 초고본과 교정본 모두 한자에 한글로 음이 달려 있다.

詩[129]成後 自念 吾雖死矣 獨此二詩 爲信蹟 而咫尺千里 無由可達於吾兒 生[130]前死後 此將泯然 適因出堂 寫抵兒書每空日書札者 則擔當巡査有則出堂上 問囚徒爲列坐書之 預備一片小紙 暗覘彼輩不見 潛寫此詩 將納之衣領中 以備身死後 家人搜[131]見 寫未畢 被巡查輩之窺見詰問 而遂攫去之 自公判日爲始 凡三日絶粒 不知甚飢 而筋力如常 諺言 餓死者 男七女九 其言似誤也 三日而猶如此 大略不數十日 則似無可死之理也 ○ 第四日二十四日[132] 有人從門隙中 叫余日 爲控訴乎 余日 控訴何謂也 其人日 凡一審日 地方法院[133] 二審日 覆審法院[134] 三審日 京城[135]大審院 一審而不欲處役 則控訴於二審 又不得 則上告[136]三審也 因以一册子 列錄控訴者名 而授余日 欲爲控訴 則姓名下着指章 若過五日 則雖欲控訴 不可得也 余不詳其事狀 而杏且未決 諸巡査等 自外力請日 公之三日不食 雖死 而其死無名 公今年老矣 徵役則非但不能堪 亦不宜處也 若控訴則下不失執行猶豫在[137]家受役 請勿復疑 余唯死非樂 爲亦固無名 姑從彼言 且觀[138]受役之期限 而觀他下回之如何 可也 遂着指於名下 ○ 二十七日有日人伯岐者 以私欺罪入來 其人善爲鮮語 其言日 吾幽囚警署 已近十日 而窃聞警察官吏相語日 星州罪人 雖受兩年徵役 然其人自十歲

---

129 詩: 초고본에는 윗줄에 이어 썼다.
130 生: 초고본에는 앞에 '而' 자가 더 있다.
131 搜: 교정본에는 '攫'으로 되어 있으나, 초고본에 따라 바로잡는다.
132 二十四日: 초고본에는 생략되어 있다. 날짜를 달리하므로 '○'로 표시해 두었다.
133 地方法院: 초고본에는 '裁判所'로 되어 있다.
134 覆審法院: 초고본에는 '控訴院'으로 되어 있다.
135 京城: 초고본에는 '京師'로 되어 있다.
136 上告: 초고본에는 '上京'으로 되어 있다.
137 在: 초고본에는 앞에 '卽' 자가 더 있다.
138 觀: 초고본에는 '寬'으로 되어 있다.

前有才名 今名滿一國 年今七十 此人不久必爲執行猶豫云 今見先生此必是先生之謂也 願先生勿慮 不久當出獄 且曰[139] 星州 吾足迹遍踏處 往來星邑時 夙聞尊名也[140] 余曰 余本無名 何以當此言也 其人又稍解文字 時復以言語酬酌 稍可慰懷也 ○ 五月一日 自裁判所 謂有檢事調査事 呼余入 檢事曰 大邱禹氏一人 春間 曾有一來否 余曰 大邱禹氏 初無知面 所知者 只是禹玄風也 彼曰 禹玄風 何名 余曰 其人死已三十年 問名何用 吾又忘其名也 彼曰 知其子孫乎 曰初無知者 彼曰 二月間 的有往拜者 而何不吐實 余曰 記得春間 余方往遊隣洞 而出門之際 有一人拜之 余曰 吾方有事往隣洞 而不能待客 請與吾子姪輩安坐 吾將不久卽還矣 其人曰 渠亦辭退 數日後 當更來 遂去 其後不復來見 今更思之 此人似是禹姓云 彼曰 其人之名 不入於長書否曰出門暫見 何暇語及於長書事耶 此則吾所不知也 且曰 吾旣控訴 則無所關於裁判所矣 裁判官何故 呼我也 若有調査 則來我而調査可也鎖吾手而縛吾腰 呼入於無所關之裁判所 此何法例也 彼曰 郭鍾錫[141]則不爲控訴 張錫英[142]則控訴 事同而處事之異 何也 余曰 人見各自不同 處事亦或有異 控訴與不控訴者 其事則不同 而其心則未嘗不同 不控訴者 非自服其有罪也 控訴者 非自丐其免罪也 旣疑我控訴一款 則吾當爲一書而明吾志也 請借紙筆 彼曰 此無格例 不可借也 日暮還獄

139 且曰: 초고본에는 생략되어 있다.
140 也: 초고본에는 '云云'으로 되어 있다.
141 郭鍾錫: 초고본에는 '郭某'로 되어 있다.
142 張錫英: 초고본에는 '張某'로 되어 있다.

中 屢回思量 不可無一言自明 使彼輩知[143]吾控訴之義也 遂投書于控訴院 其書畧曰

此[144]身之有罪無罪 可詳於前後問答之辭 而在日本則謂我罪人 在吾韓則當然底義理也 設有大罪徵役則不可受也 七十年讀聖賢書 身爲儒林之首 而其可以苟活於徵役之房乎 此則萬無可受之義 而旣不受役 則唯[145]抵死不服然後 吾志可明 爲[146]此控訴 乃所以明吾志也 貴國之人 旣謂我以罪人 則寧可處我以死刑 而徵役則吾不可受也[147]

○ 初[148]四日 警察官 率通辯出來 調査於我 問曰 柳必永 柳淵博 李晩煃 李能學 盧相稷等 知之乎 余曰 知之 又問 其所居邑 所居坊里 余曰 某鄕人某洞[149]人 面名則不知 其下列問一百三十餘人 知者 答以知 不知者 答不知 問畢遂去 余唯此皆巴里書中人也 那書發於二月晦間 而恰[150]才數朔 業已綻露 彼輩之調査苛刻 大率類此 未知昌淑君已達於巴里耶 抑未達而露出耶 獨坐思量 不勝憂懣也 ○ 初五日[151] 與家兒面會 盖獄例 未決則一月再面會 旣決則二月一面會也 入獄之後 面會變例 而數朔之後 父子相見 悲不可言 自吾來此之後 兒子右遠及始遠 并留旅館 吾之朝夕私食 渠輩自手供饌 而每時買了魚肉 烹飪調味

143 知: 초고본에는 '明知'로 되어 있다.
144 此: 초고본에는 윗줄에 이어 썼다.
145 則唯: 초고본에는 '則'과 '唯' 사이에, '有死而已 三日不食 以死自處 而更思之 吾無一言 而居然身死 則是誠自處以有罪之人也'라는 문장이 더 있다.
146 爲: 초고본에는 앞에 '故' 자가 더 있다.
147 也: 초고본에는 '云云'으로 되어 있다.
148 初: 초고본에는 윗줄에 이어 썼다.
149 洞: 초고본에는 '鄕'으로 되어 있다.
150 恰: 교정본에는 '洽'으로 되어 있으나 초고본에 따라 '恰'으로 바로잡는다.
151 初五日: 초고본에는 '明日'로 되어 있다.

而錡鐺之屬 皆具有 若別設一産云[152] 監中有沐浴湯 以木爲函 四圍各數丈 而盛以熱水 使各房囚徒 五日輪番一浴 余初間不欲出浴 而晩後試一出浴 水熱如蒸 精神爽然 自是 每五日一出 夜則長懸電燈 盖日入則電燈自明 日出則自滅 每兩房穴壁 而掛琉瓶 使兩房通明 而終夜不滅者 盖備暗中有非常之變也 所謂擔當 名桶渡 爲人頑慢 初間 待我甚薄 久後 忽加敬待 每日吾視公如父母 每吾之裁判所出入 悶吾之鎖手縛腰 以此報告典獄署長曰 此人 年老長者 特加待遇 署長又報告于[153]裁判所 出入時 脫去手鎖 但以細繩長長繫腰 特位於衆囚徒之後 盖優待也 且於朝夕食時 以次呼班號 出坐堂上 而百餘人食畢入房之後 使余出食 又於數十百人面會入來 最後使余出會 至於沐湯時 使余與日人同房者 最先出浴 入房後 出他房之人 其言曰 老人 群居同食則飮食易噎 面會沐湯 群出群入 則易爲顚躓 故待遇如此云 然 探其實際 則以我爲首罪人 渠所謂上官 密通於監獄中 居處出入飮食之際嚴防其與韓人相見 或慮其有交睇私談也 是故 監中人 皆目我以[154]國賊云 可笑也 安坐喫飯 飯不消下 故只進朝夕兩時飯 兒輩屢書 欲進午飯 而吾不許 旣不午食 則掃除輩 例進官食太飯 此是雜以沙石者不但不堪食 吾豈爲渠輩所謂官食哉 嚴禁之使不進 而掃除必進食於壁孔中[155] 曰此傳例也 日人同房者 固請我勿禁 渠輩私自分食 以此之故 向我稍似溫恭 世間炎凉 大率類此也 陜川居朴性薰者 自云主事基

---

152 云: 초고본에는 뒤에 '老父無狀 使無辜兒輩 日夜焦心 只願此身一朝溘然也'라는 문장이 더 있다.
153 于: 초고본에는 '於'로 되어 있다.
154 以: 초고본에는 '爲'로 되어 있다.
155 孔中: 초고본에는 '空中'으로 되어 있다.

鎬子也 基鎬吾十數年情親之人 而屢受吾文字者也 性薰見我 甚歡待而吾亦待之如子姪 坐在禽獸群中已屢月 而忽見故人之子 可喜也 有阪元正行者 日本民議黨也 以與政府不協 衝火於其外務大臣之家 而受律來此者也 年今二十三 狀貌儒雅 稍有識字而卒業英文 又善英語向我執弟子之禮 日出獄之日 願從先生受學爲門生 余日 君與吾長孫同庚 君若先我出獄 則訪吾家 與吾孫同學 以待吾還 自此人之入 稍可慰懷 而每以指寫席 酬以文字 每見我有憂愁之色 則輒日 悲歎無益願自安心 又或日 基督日 欲後伸者 必先屈 先生 必有大伸之日 安心以待天命 又或日 有捨己神 必有救己神 願先生安意 以待神救 又或日 心配無益日人[156]以心憂謂心配 心配而自死者愚也 死生在天 不必爲無益之心配也 余日 吾非汝師 汝言乃吾師也 每日以此等說 消却永日 而其言往往多格言 居一朔 竟受一年徵役 往于役房 其去時 語余日 先生二年吾一年 吾之出獄 必先於先生 出獄之日 先訪先生之宅 當與令孫同學以待先生還 此意 敎示於令孫 千萬伏望 因書一絕詩日

男[157]兒立志出鄕關 學若不成死不還 人間到處有靑山 埋骨何須在故園　山洋伏呈[158]

山[159]洋其自號云也[160] 且日 此是英詩體 與漢文少異也[161] 余和其詩日

---

156 日人: 초고본에는 '日本人'으로 되어 있다.
157 男: 초고본에는 윗줄에 이어 썼다.
158 山洋伏呈: 초고본에는 '末段書山洋(其自號云)伏呈'으로 되어 있다.
159 山: 초고본에는 윗줄에 이어 썼다.
160 其自號云也: 초고본에는 주석으로 처리되어 있다.
161 也: 초고본에는 '云'으로 되어 있다.

幽[162]囚幾日似鄉關 賴子才明慰我懷 知君志氣立如山 他日應須訪我來

余[163]日 君若先我而出 則先往吾家 待吾之還 我或有天神之助 先君而出 則吾當待君之來 一年之後 君必訪吾 相見之日 以此詩爲證 相與揮涕而別 自別阪元 益復無聊[164] 無所猷爲 每看書倦 或端坐主靜 收斂心神 或從壁孔中 窺見日影之長短 日長如年 晝以待夜 夜而待晝 得過一日如度十年 同房之群不逞 時復慢侮百端 悶不可言 余嘗有不臥工夫 自朝起至夕後臥寢前 未嘗暫臥 蓋數十年 今用此工夫 終日整坐 與彼輩不相計較 彼之稍慧者 終亦敬服 外間所聞 寂然不知 而或因面會時出外 見新入署中者 私相告之日 願安心進飯 朝鮮獨立 已得萬國許可 而不久可成云 未知果否 稍可慰也 謾唫[165]一絕日

一[166]封朝寄海西書 夕入監門作釜魚 北地王春何日暢 獄中枯骨也吹噓

有[167]巡檢一人 每日往來於門外 見我苦楚狀 若或注目而相矜 一日瞰門外無他巡檢 以其鉛筆 題一句詩 傳與我 其詩日

雨[168]雪風霜過去後 一輪明月在江心

觀[169]其詩意 蓋悶余而慰余 今雖苦楚 他日 有好時節云也 余感其意

---

162 幽: 초고본에는 윗줄에 이어 썼다.
163 余: 초고본에는 윗줄에 이어 썼고, '且'로 되어 있다.
164 聊: 교정본에는 '料'로 되어 있으나, 초고본에 따라 '聊'로 바로잡는다.
165 唫: 초고본에는 '吟'으로 되어 있다.
166 一: 초고본에는 윗줄에 이어 썼다.
167 有: 초고본에는 윗줄에 이어 썼다.
168 雨: 초고본에는 윗줄에 이어 썼다.
169 觀: 초고본에는 윗줄에 이어 썼다.

受其鉛筆 書其下方曰

雨[170]雪風霆雖蔽塞 一輪明月未曾虧

其[171]人 又書其下曰 君子之心 固當如此 遂去 盖其人 不詳其爲何人 而若是鮮人 則必有言語 以其無言 可知其日人 若是日人 則其亦好人也 噫 彼獄卒 防守甚苛 使不得與此輩詩人 共論詩文 爲之忘懷也 時光不淹 奄已六月矣 熇熱如火 無望生全 而又得癬疥之疾 遍身搔癢 當暑益熾 一日之生 爲一日之辱 而盖亦無以自脫也 ○ 六月六日 則彼之陽曆 七月一日也 擔當者以五柄尾扇 遺之各房 盖獄例然也 以五柄扇輪回扇之 亦可幸也 ○ 二十四日 面會家兒 兒言俛翁於數日前還家 盖其病勢漸劇 病院院長[172] 報告於裁判所 而自裁判所 以執行停止 出送執行停止者 以病出送 而病差則還囚云也 旣聞此說 儘覺決豁 而彼之於儒林一邊 稍有待遇 亦可知也 ○ 二十五日 警察官與通辯一人 又爲出來 請見我而調査 乃前者 巴里書中人名調査 而毫無異於前日也 余又答之如前日 而至李基馨曰 不知 彼曰 居在同坊 而不知云耶 曰同坊內 果有此名而其人 則已以其親命 索名於宋浚弼 其人已索名 則此必是更有同名者 故曰不知也 又至李鉉昌 李萬成 李季埈 李啓源 曰不知也 彼曰 同里之人 而曰不知耶 曰同里似有此等名 而此人皆書農爲業名不著於鄕里者也 豈有以不著之名 而入於此書乎 此亦必是有同名故曰不知也 査畢遂還 盖彼輩於五月初 以此調査於我 而于今五十餘

170 雨: 초고본에는 윗줄에 이어 썼다.
171 其: 초고본에는 윗줄에 이어 썼다.
172 院長: 초고본에는 '署長'으로 되어 있다.

日 寥寥掩置者 其間潛自搜探 以知其所居地也 今又調査 以驗其孚合與否 而自此 必將一一捕促矣 士林之禍 其可勝言哉 吁亦痛矣 居數日 適出堂上 見李洙仁自外來矣 拘於獄例 不得開口問之 而驚歎則極矣 盖於日前調査時 聞李洙仁三字 出於彼口[173] 而其夜夢 有一老人 自稱爲洙仁姑母夫 余曰 洙仁之名 入於彼錄 而禍機已迫 請公往告于洙仁 使洙仁 預知而爲之地也 其人曰 吾將往矣 而似已無及云[174] 不數日 果見洙仁之來 大率人之魂夢 發於其存諸[175]心者 而其孚驗 亦或類此也 聞[176]有四五老人云 是忠淸儒生聯名者 皆入署中 又聞安禮老人[177] 柳必永 柳淵博 李晩煃 諸公 皆就囚于星州 而移於大邱云 又於食時 見尹相泰[178] 余問何以至此 曰非長書事也 別有事端 勿慮也[179] 又於[180]壁孔中望見 二老人 露髻徒跣 踉蹌而來 諦視之 李能學 李晩煃也 盖二月間 李公能學 訪我于巖捿 見吾巴里文字 請與聯名 故果書其名矣 今見此公之來 伯仁將由我而死也 八耋老人 將何以耐得此苦阨也 滿心驚惶 不啻若自己之痼也 ○ 二十[181]八日 又以調査事 入裁判所 路中 見李啓源 在諸囚徒中 余問[182]曰 宗茂來否宗茂李萬成字[183]曰 不來 遂不敢復言 旣入與

---

173 彼口: 초고본에는 뒤에 '滿心驚慮'가 더 있다.
174 云: 초고본에는 '云云'으로 되어 있다.
175 諸: 초고본에는 '乎'로 되어 있다.
176 聞: 초고본에는 '又'로 되어 있다.
177 安禮老人: 초고본에는 '安東禮安諸老成如'로 되어 있다.
178 尹相泰: 초고본에는 '尹巨濟相泰'로 되어 있다.
179 也: 초고본에는 뒤에 '云云'이 더 있다.
180 又於: 초고본에는 '又嘗於'로 되어 있다.
181 二十: 초고본에는 '卄'으로 되어 있다.
182 余問: 초고본에는 '余暗問'으로 되어 있다.
183 宗茂李萬成字: 초고본에는 '宗茂' 뒤에 '萬成字也'로 되어 있다.

啓源 因之對房 而日已向晩 終無調査 使之還出署中 想是關連李啓源之事 而終無所問 未可知也 ○ 七月初三日 又以調査事 入裁判所 終日無所問 至晡時 呼余入 問李啓源之名 聯錄於巴書中耶 余曰 居在同隣 故事機則或相[184]告知 而其名則渠未嘗許之 吾未嘗書之 遂出囚如初 黃昏時 又呼入云 是例審判事調査 而問曰 巴里書何故也 曰爲復國也 曰國可復乎 曰復不復 天也 自盡己事而已 人各自爲己事 非他人之所可問也 彼曰 曾因大邱禹夏敎來 請有曺兢燮所作長書校正事乎 曰禹夏敎 吾所不知 曺兢燮書 吾所不見[185] 而焉有校正之事乎 彼曰 又嘗有尹相泰處文字校正事乎 曰尹乃吾所知面者 而初無文字之[186]校正也 彼曰 控訴欲得執行猶豫乎 曰此身旣爲俘虜 生殺在人 非吾力之所可及也 控訴 只是發明吾不受役之義也 苟使我而歸死於家則幸也 又使我而瘐死獄中 亦有所不辭也 時日已暮 而擧燭矣遂出 盖彼所謂調査多是閒話 說沒緊要 而但務細碎刻薄 令人耐煩不住 前後三四朔 呼余入而調査者七 渠輩出而調查者二 而今番兩次調査 則究其說而不得也 其後因面會人聞之 李啓源被拘六七日放出 李洙仁月餘放 李基馨亦與[187]洙仁同出 安禮諸老[188] 及李能學氏 或自星邑而放去 或至大邱拘[189]幽二三日而去云[190] 諸囚徒之必先至星州者 以吾在星州 而巴里書

184 相: 초고본에는 '嘗'으로 되어 있다.
185 所不見: 초고본에는 뒤에 '不知不見'이 더 있다.
186 之: 초고본에는 생략되어 있다.
187 亦與: 초고본에는 '亦拘囚月餘與'로 되어 있다.
188 諸老: 초고본에는 '諸老儒'로 되어 있다.
189 拘: 초고본에는 앞에 '皆' 자가 더 있다.
190 云: 초고본에는 뒤에 '可知其爲儒林而待遇也'가 더 있다.

之倡出於吾也 ○ 十四日 巡査一人 請余出外 隨出至當下 有一官人坐椅上 列搭影板於其前 搭影者 要余坐椅上 余日 搭影何故 既搭吾影則吾不可以不知其由 彼日 自上府有命也 余日 然則此非吾力之所可禁也 然蓬頭寫眞 是甚貌樣 彼日 無傷也 搭影者 從影板中窺 一窺弄其手 俄頃掇之 使余還入 盖莫知其所以然也 余初入獄時 得一夢 此間有古人影幀 吾頭戴其[191]影幀 出獄門之外矣 今日搭影 無乃是出獄之兆耶[192] ○ 二十一[193] 自覆審[194]院告余 以今日公判 朝後入院 舜佐諸人皆來會焉 檢事列坐而通辯傳檢事之言日 凡罪有偶然而犯者 又有故犯者 張錫英[195] 宋浚弼等 是故犯也 不可容貸 依初審所受律 處以二年徵役 以下諸人皆依初審之律 判事日 更以今二十一日即陰曆二十[196]六日 入受判決 遂皆入內去了 雖欲接語爭詰 而不可得 皆退出 還至署中 無復望於生出獄門 而思之痛惋 寧欲無言 第於公判之時 判事凡三人 首判事則言畢入內 末判事一人 留後向余日 張錫英[197]年老矣 院中待遇極[198]隆 余日 何謂待遇 彼自執其手腕 日此不鎖鐵 又腰不縛繩 是極待遇也 余日使老且病者 二年處役 死於獄中 是可日待遇乎 腕鐵不鎖 此外面小小待遇 何足道哉 其人微笑而入 此其或者 有變動之說 而異於檢事之云耶 ○ 二十六日 朝後 入受判決 判檢事列坐如初 觀聽者 彌滿於中外

---

191 其: 초고본에는 '古人'으로 되어 있다.
192 耶: 초고본에는 뒤에 '未可知也'가 더 있다.
193 二十一: 초고본에는 '二十一日'로 되어 있다.
194 覆審: 초고본에는 '控訴'로 되어 있다.
195 張錫英: 초고본에는 '張某'로 되어 있다.
196 二十: 초고본에는 '卄'으로 되어 있다.
197 張錫英: 초고본에는 '張某'로 되어 있다.
198 極: 초고본에는 '甚'으로 되어 있다.

判事使書記傳言曰 張錫英[199]以下 宋浚弼 成大湜 李基定 自己之言 雖曰 爲巴里長書 然證據不充分 特爲無罪白放[200] 其他呼萬歲諸人 或一年半[201] 或一年 或十個月 處役 語畢 遂使退出 還於署中 不入於本房 而入于十一房留止 半日以待 院中放出通知 而晡時出獄 各家子姪 皆等俟門外矣 覓所脫衣服之貯置者而出 私食舘林士洪家 親戚故舊來會者 不可勝記 五朔之間 不飮酒 不吸茗 果甚難堪 少輩進酒進茗 久廢之餘 不覺痛飮 又吸茗而不知休 人情之隨境易遷 還可戒[202]也 ○[203] 夜宿室中 開窓見之 有物當窓盤臥 乃狗也 敺之不去 朝起視之 那狗 尙盤臥不去 逐之又不去 有知其狀者 向余言曰 此[204]日狗也 此去日人家稍間 而[205]令胤每於朝夕 自炊供具奉飯盒 往監獄前 才出此門 此狗便跟隨 風風雨雨 未嘗不隨 而及至監獄門前 令胤立於門外 待其飯盒之出 而泣涕不已 此狗不離其側 逗遛不去 及飯盒旣出 令胤還則狗亦隨還 至此家門前 便辭去 日以爲常 今於出獄之日 又此來衛 驅之不去 此[206] 必是令胤之孝 感而致然也 滿座諸人 皆爲感歎 而吾亦思之 蓋非尋常[207]之事也 余曰 此狗或可買歸否 諸人曰 日人非吾族類 必無賣狗之理 而雖或賣之 價必夥然 欲買則必不諧矣 余曰 然 因敎右遠 發行

---

199 張錫英: 초고본에는 '張某'로 되어 있다.
200 白放: 초고본에는 뒤에 '李鳳熙 旣犯長書 又出萬歲之招 一年半處役'이 더 있다.
201 或一年半: 초고본에는 생략되어 있다.
202 戒: 초고본에는 '誡'로 되어 있다.
203 ○: 날짜를 달리하므로 '○'로 표시해 둔다.
204 此: 초고본에는 '此是'로 되어 있다.
205 而: 초고본에는 뒤에 '其家有此狗'가 더 있다.
206 此: 초고본에는 뒤에 '非尋常之事'가 더 있다.
207 蓋非尋常: 초고본에는 '蓋亦非尋常'으로 되어 있다.

之時 撫狗而詔之深 致眷戀之意 而言其惜別之意 蓋天彝之感 人獸未嘗不同 尙恨其不得買歸也 飯後 出車場升車 甘英八(麒鉉)[208]聖檣(濟鉉)[209]從昆弟 隨至車場而別 午抵倭館 親戚故舊來見者[210] 及[211]渡江後路次來見者 皆不可勝記[212] 日暮還家 盖星邑滯留 爲九日[213] 自星邑移大邱 至初審公判 爲三十一日[214] 自初審公判 至控訴公判 爲一百一日[215] 通計 爲一百四十一日[216]也

○[217] 此錄 成於十月晦間 而十一月一日 鷄旣鳴(卽冬至日) 夢至一處 官室帷帳甚盛 云是 上皇來臨 大臣數人列坐 堂上云是閔忠正泳煥也 須臾一卒 押罪囚四五人伏前 數其罪告之曰 罪人完用等 正刑矣 從官向余言曰 出此門外 廣告人民 余曰 此不可 家喩而人告之也 請作一詩 而傳布於世 詩旣成 大叫曰 快哉 便挑身一踊 遂覺[218]而記其詩 詩曰

喜看武穆斬秦檜 更願神州復漢都 寄語吾東千萬族 太平同我共歡呼

---

208 麒鉉: 초고본에는 생략되어 있다.

209 濟鉉: 초고본에는 생략되어 있다.

210 者: 초고본에는 뒤에 '又不可勝記'가 더 있다.

211 及: 초고본에는 생략되어 있다.

212 皆不可勝記: 초고본에는 '又不可勝記也'로 되어 있다.

213 九日: 장석영이 1919년 3월 9일(양 4. 9.) 성주경찰서에 잡혀 와 3월 16일(양 4. 16.)에 대구감옥으로 옮겨 갔으니, 그가 성주경찰서에 구류되었던 기간은 8일이다.

214 三十一日: 장석영이 1919년 3월 16일(양 4. 16.) 대구감옥에 수감되어 4월 21일(양 5. 20.) 대구지방법원 초심 공판에서 징역 2년이 구형되었으니, 대구감옥 투옥일에서 초심 공판까지의 기간은 34일이다.

215 一百一日: 장석영이 1919년 4월 21일(양 5. 20.) 초심 공판이 있은 후 7월 26일(양 8. 21.) 대구지방법원 복심원 공소 공판에서 증거 불충분으로 무죄 석방되었으니, 초심 공판에서 공소 공판까지의 기간은 93일이다.

216 一百四十一日: 장석영은 8일 동안 성주경찰서에 구류되고, 대구감옥 투옥일에서 초심 공판까지 34일, 초심 공판에서 공소 공판까지 93일 동안 대구감옥에 수감된다. 이로 보아 그의 구류 및 투옥 기간은 총 135일이다.

217 ○: 날짜를 달리하므로 '○'로 표시해 둔다.

218 覺: 초고본에는 '覺覺'으로 되어 있다.

附[219]朝鮮儒林與中華政府書

庚申八月 孫伯淵晋洙 自上海還 傳金昌淑之言 而要我作一書 遂作此而付之 其書曰[220]

朝鮮賤儒 某某等 拜書于中華政府諸公閣下[221] 某等 竊以爲天地之大 而五方之人性皆同 古今之遠 而萬世之公義不易 是以 凡爲人類 而失其性而背於義 則人亦可以獸也 生亦不如死也 某等國破君亡 身爲俘虜 生固非榮 死不足惜 然其受於天之彝性 不泯 而平生讀書所講究者 人獸之別也 今其至痛在中 大義難屈 則不得不瀝血陳腔 仰首鳴號於大邦諸大位之下 以聽其察不察也 嗚乎 弊邦僻在海隅 土壤偏少 而自箕師渡江 八條宗張 爲文明之國 國朝五百年右文崇德 爲天下之小中華 及夫末年 朝網隳於內 强隣伺於外 而賊臣李完用等 乘時弄權 賣國於日人 彼日人者 邱壑我宗社 貶辱我君主 虐待我民命 小邦之民 沫涕歃血 誓不作讐國之臣僕 而所以含血茹痛 大耐今日者 亦將有待於皓天之返 而陰厓窮谷 尙冀有昭回之日也 乃[222]於戊午之冬 國變層生 上皇[223]暴崩 人情洶洶 莫保朝夕 適會巴里 有事孤弱者 許以獨立 此聞播傳[224]於世 寡邦之

---

219 附: 초고본에는 생략되어 있다.

220 초고본에는 '庚申八月 孫晋洙 自上海還 傳金昌淑之言 而要我一書 作此而付之'가 '朝鮮儒林與中華政府書' 뒤에 주석으로 처리되어 있다. '孫晋洙'는 교정본에 '孫伯淵晋洙'라 하여 자도 함께 표기되어 있으며, '其書曰'도 추기되어 있다.

221 朝鮮~閣下: 초고본에는 생략되어 있다.

222 乃: 초고본에는 '迺'로 되어 있다.

223 上皇: 초고본에는 '皇上'으로 되어 있다.

224 播傳: 초고본에는 '傳播'로 되어 있다.

人 於是乎 睡睫煩電 渴喉引歔 內食之癰 不得不潰 乃於因山之日 八域齊會 建獨立之旗 倡萬歲之呼 一日之間 擧國齊唱 是盖義血弸中 不怕湯火之殺人 而國未復則雖生而辱 國復則雖死而榮也 儒林 郭鍾錫[225] 張錫英[226]等 三百餘人 擧本國情形 書告巴里 送金昌淑 冒萬死 涉滄溟 號訴於萬國之會 盖欲以日人奸騙之狀 弊邦哀痛之情 致達於萬國之席 而尙庶幾見憐而垂察也 坐此一着 呼萬歲及長書之人 幽囚於日獄者 不知其幾千萬人 而或中丸喫棒而死 或放火而屠殺[227] 或赭衣而隷役 或九死而僅生 其困苦如此 而人心之團結益甚 今於經歲之後 上自京都 下至閭巷 連呼萬歲 一箇箇 摩拳擦掌 咬牙切齒 若將不死則不休 此可[228]見天意之所在 而人心之所同也 窃聞 中華上海之間 有弊國政府 而天涯萬里聲息中絕 或曰 聲勢孤弱 非時月可期 或曰 已承認於萬國 而最得中華之哀憐 國中之人 翹首西望 有若嬰兒之望乳哺 而岳鄂之旌旗遲回 武候之興復無期 噫 其悲哉 玆曷故焉 顧今弊邦現狀 苟或似此因循 延拖時期 則全國人命 其將不救涸轍 而訪之枯魚之肆矣 人命旣盡 則國雖復 而其將誰與而爲國也 窃念 寡邦之於中華 事大畏天 今四千餘年 皇明之世 受再造之恩 含恩盛德 至今謳吟而不忘 自我大行之末 始建獨立之名 而所以仰慕大邦 豈特列强之兄弟者哉 大邦之視之 本同一家 而今於危急存亡之秋 不宜以秦瘠之視 其理明矣 且

225 郭鍾錫: 초고본에는 '郭某'로 되어 있다.
226 張錫英: 초고본에는 '張某'로 되어 있다.
227 殺: 초고본에는 '戮'으로 되어 있다.
228 可: 초고본에는 '可以'로 되어 있다.

夫日人之呑噬寡邦 其意豈徒然哉 盖自壬辰之訌 寡邦被上國之厄 而今其驕恣跳踉 倍甚於其時 先呑寡邦 次及南滿山東 一路可探囊中 而神州萬里 一超直入 無全牛於庖丁之目 是不但無寡邦於天下 實亦無中華於日人之心計也 嗚乎 寡邦之事 已無可言 而中華之人 亦可得高枕而無憂哉 貴邦之政府諸公 佩天下之重望 任天下之大權 秉天下之大義 凡天下之事 無不可以總裁 況寡邦之情 如此其可哀者乎 赤子入井 仁人之所惻 剝床有災 君子之所戒 伏願群公大人 特察寡邦之情形 且念我政府諸人 萬死危險 賢勞王事 其精誠義理 有可以動天地而感鬼神者 其可不惻然而爲之悲耶 此在大邦 特一擧手之勞也 一旅之師 賦无衣而同仇 旌麾東渡 掃除陰氛 中華萬年 永無東顧之憂 而使我東人 生死肉骨 復見天日之光明 則環東土萬億含生 世世生生 敢不結草而隕[229]首也哉 某等 海外腐儒 文不能以黼黻皇猷 武不能以執殳前驅 而亡國十年 剷跡囚舌 求死而不得矣 旣因事會之相當 以一書而聲明於泰西 今又陳其悃愊 仰干崇嚴之下 出位之言 固知罪合誅戮 然 彝性所同 大義可伸 則亦不得無望於諸公之曲察也 嗚乎 興滅國而繼絕世 聖王之大法 尊中國而攘夷狄 春秋之大義也 以春秋之義 行聖王之法 中國爲天下之盟主 而寡邦既絕而復興 蠻方退聽於遐裔則 猗歟 盛矣 豈不休哉 某等 每念宗社 空灑袁安[230]之淚 封函萬里 敢效包胥之哭 無任猥越之至

229 隕: 초고본에는 '殞'으로 되어 있다.
230 袁安: 교정본에는 '表安'으로 되어 있으나, 초고본에 따라 '袁安'으로 바로잡는다.

[附錄][231] 家弟在獄時 誦杜工部 憶弟看雲白日眠 一句 賦懷七絕 一帆病兄

老去猶難一日離 況今三月長相憶 祇可死生扶義牢 區區情界詎能憶

夜誦坡翁寄弟詩 與君世世爲兄弟[232] 相彼在原雙鶺鴒 猶知急難共兄弟

倚枕頻移孤燭殘 開窓偶坐遠山看 癯容暫入前宵夢 夢裡無由仔細看

天鑑昭昭善惡分 有時獰雪更春雲 平心逆境機關在 大祖良箴詔耳雲

吉凶惟俟在穹蒼 義理寧渝蹈刃白 志士困窮從古然 不須齎怒轉晴白

壽昌城裏雨蕭蕭 歌管樓臺異舊日 滿眼傷心故國墟 葵花一點向朝日

君何孤鴈自羅網 我似老鰥長不眠 爲待君歸長枕設 願從今夜共甘眠

喜聞家弟出獄 一帆

忽聞華君出福堂 乍歡乍淚心如狂 備經百怮行乎素 終獲再生信彼蒼
天際孤鴻空自叫 沙頭雙鶺更回翔 一身招辱秖爲國 鯷海邦時闢舊疆

231 附錄: 부록 이하는 초고본에는 없고 교정본에만 있다.
232 與君世世爲兄弟: 뒤에 '東坡在囚中 寄子由詩曰 與君世世爲兄弟 更結來生未了因'이 주석으로 달려 있다.

1

초고본

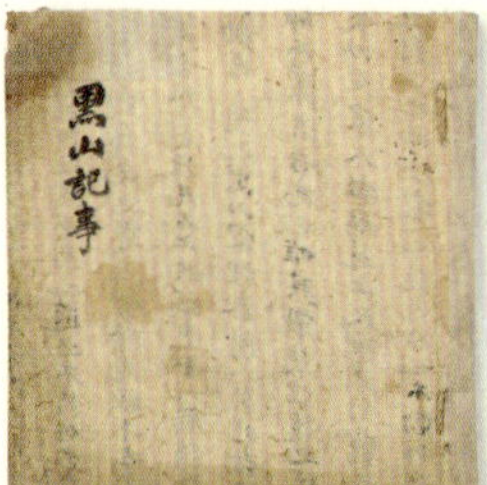

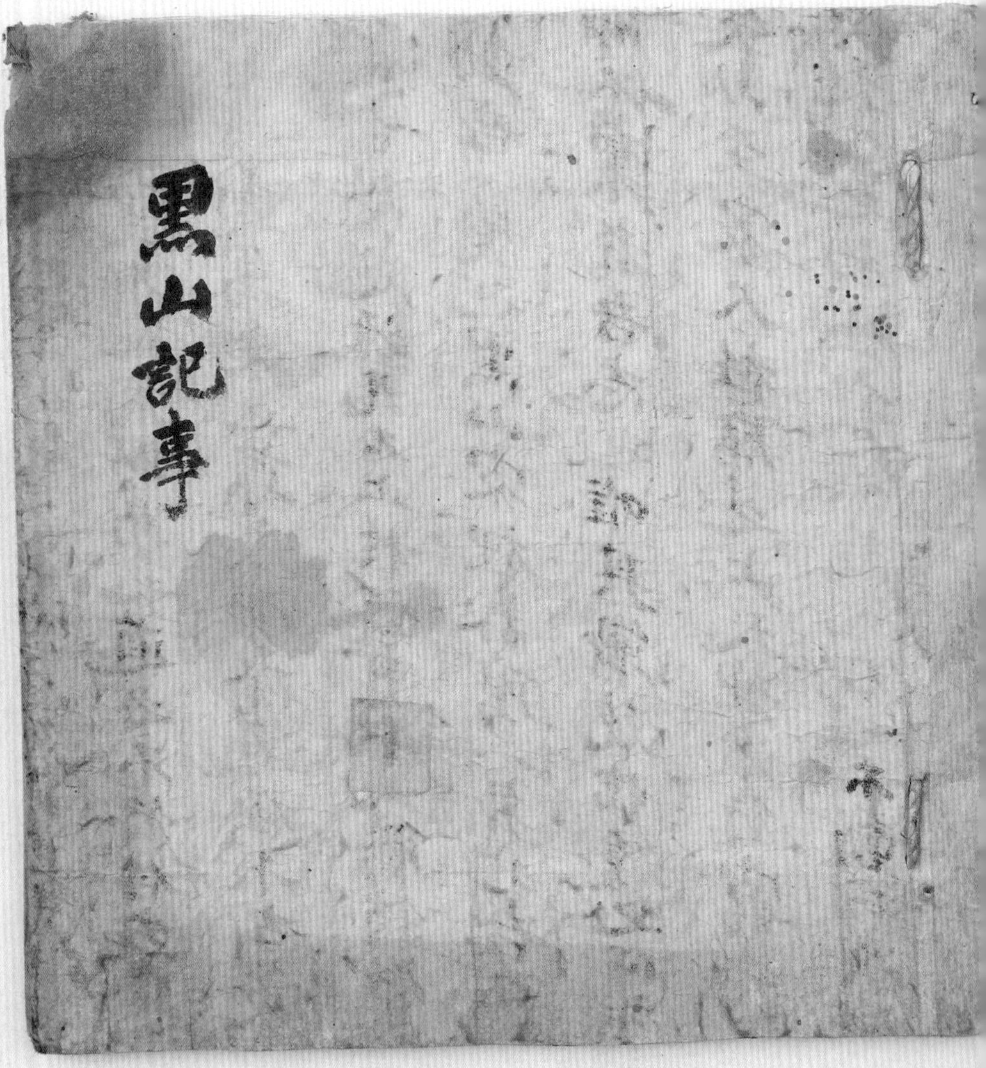

黑山記事

- 03 -

초고본

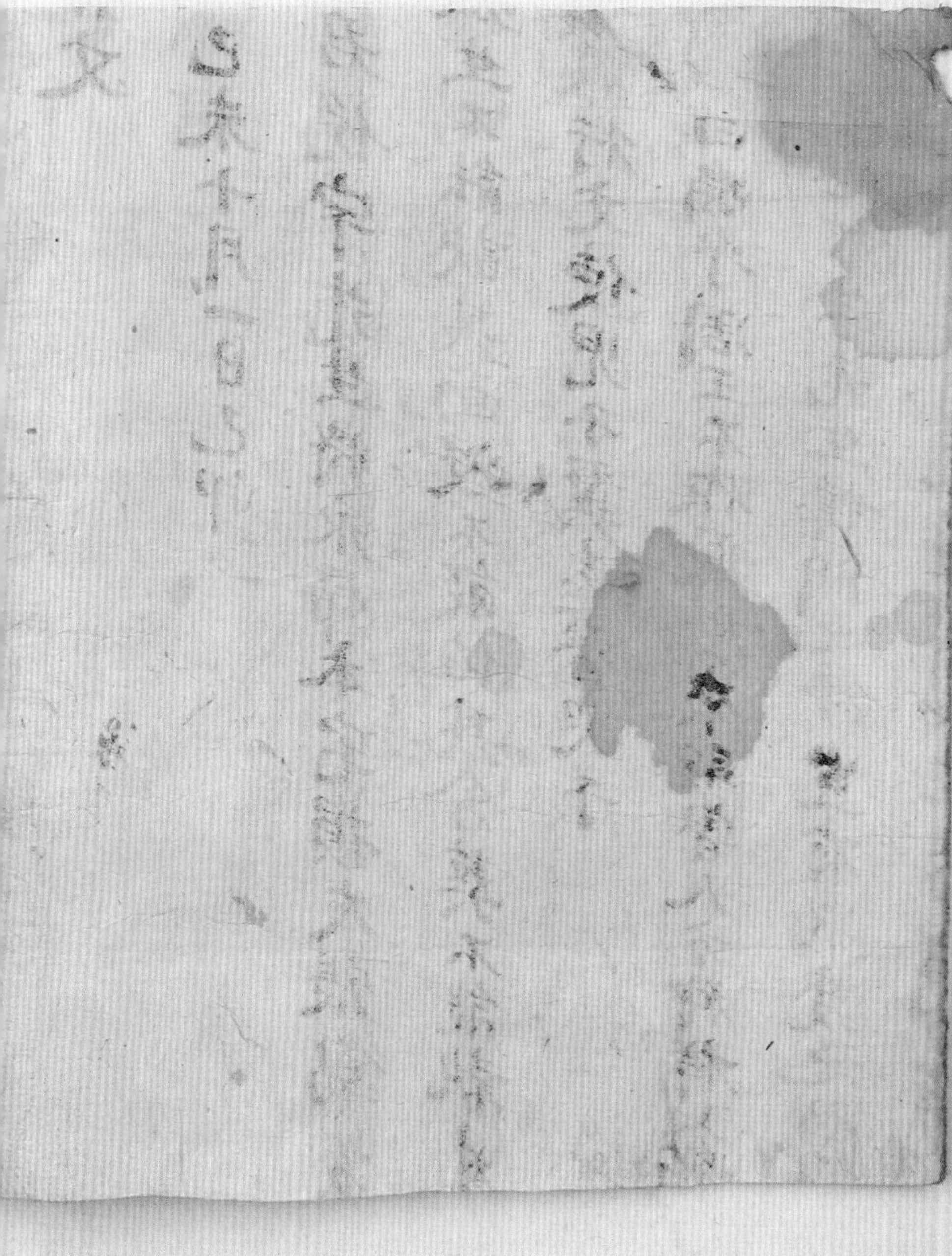

- 04 -

초고본

黑山日錄

是歲己未二月四日葬我大行皇帝前二日京都學生蜂起建大韓獨立之旗大呼大韓獨立萬〻歲先是巴里萬國平和之會五大國爲盟主許扶弱國獨立之權而本國人李承晩伸明本國之冤枉諸國皆感動其至誠云本國人孫秉熙探知此事因此因山八路人大會之時發敎各學徒大呼萬歲唱起衆心一夜之間京師震動風聲所及迨及各港口各州里數日之間八域同聲至於山城野叟婦人孺子唱乎和乎天地震盪蓋亦天意之所在非人謀之所及也余唯此時凡爲人類者莫不感動而名爲吾儒者十年内含慶門飮泣而今因千載之一會其可以不做了一口氣耶第念呼萬歲則已是舉國之所同而吾儒之事只可以文字而申明義理而已遂作一篇文字通告道内其文曰嗚乎吾人皆戴負而衣被五百年先王之化而竊逢此世閉了門喫了飯作無懷氏之民戕天運逆循環無往不復反閱近日時機一度萬國之公議不泯天下之大義終彰漢師以下各都巨港萬姓鼓舞士女齊呼天意人心從

此可知而有彛性者所可感動也究竟今吾輩平生所讀何書所講何義
屋社以來做不得一事而今當千載之會豈可以不做一番事而甘作從人之
俘虜乎夫士殉道則可矣未嘗殉社之責然今日之義則亦有自別者
後賣國諸賊戕我 皇上春秋之義亂臣賊子人人討之可也且從賊自拚
徵儒林代表潛通各國聽其天下之議沮塞獨立之事此若任之而不爲自
明之地則所謂儒林將與國賊同科而天下之人又安知本國之人情乎鄙等
不勝忿抑爰敢布告於同志惟僉君子隨其所存鼓發義衷使吾同胞之
人同此忿疾且以一書布告天下發明我一國之以冝討逆臣之罪俾不容於天
之下則邦國幸甚既布告道內又作書抵總督府其書曰嶺南儒生郭
鍾錫將以郭鍾錫爲首張錫英李晩學等謹書于總督府總督閣下夫達大
體者識天理之順逆明治道者察人心之向背天之蒼蒼若無所視聽而
視聽如響民之蠢蠢若無識知而知識如神夫何言哉人心即天意也
順天者昌逆天者亡可不懼哉嗚乎我韓之人自合邦以來十年之
間緘口囚舌莫敢誰何豈邦以謂服其心耶自我 太上皇帝

隣方之後舉國騷然上自京都下至閭巷建獨立之旗萬姓齊心萬口同唱雖百死而不悔者是孰使之然哉天也非人也蓋當日之貴國之得國於貴國之匪臣已非天理之正而我韓之人未嘗心服不心服而其能久假其權耶今有病腫之人不治其内而彌縫其外自以謂已其瘡者鮮有不内潰乎一朝而潰決必然之理也貴國自得國之後專用威迫之手而今於呼萬歲之場圍屠充溢砲聲震天積人戮殺是則欲救燎原之火而使之吹嘘而益熾也夫好生惡死人之常情也今我韓之人冒白刃而先首爭死者豈無心其生而樂其死者哉立國復則死猶榮也國未復則生不如死也二千萬生靈皆願舍其生而復其國則其心之團結已可知矣人心團結則許以自國之獨立非今日萬國之公法耶萬國之公聽自在而天下之目非衛朴之所可蔽也貴國不念萬國之議又不念韓人之不服而專事彊制暫時逞衆尚不許以獨立之權而將使生靈塗炭而天地震盪是可曰順天理而安人心乎當今貴國下至當權之臣奉一方之命目見韓人之情形矣假使二千萬之民族一朝殄滅則已無可言而苟有孑遺之民則將不禁其不服之心矣雖閣

下千萬細思恢張公議特遵當初馬關之約我韓則依舊獨立貴國則
撤還本國兩國修好還尋三百年友邦之誼則天人皆悅其將永有辭
於天下萬世矣鄙(儒)山野鄙儒窮居讀書不敢聞於天(說)下之事而其等
弁二千萬之一也疾聲一號暴其悃愊苟蒙見采於葉則千萬幸甚
是既或為書於高山宋舜佐曰吾為此兩書一則告滿道內也一則於
總督世萬念道內國內之人既皆鼓動矣似無待於此書之遍告矣且以
總督[illegible](語)之渠只是管轄一方之政治而至於獨立許可乃是日皇之事非總
督之所可為也兩皆休罷而或可於巴里國會投以長書宣明我一國之
民情尊華並四字明言其可否也舜佐之答淩以告道內最為得宜而
使少年語即吾言更將否宜書云矣金又為書於郭俛宇曰時事至此吾輩
甚可以惜一死而無言乎如欲有言莫如投書巴里如欲投書於巴里
令公不得不首題其名大抵時人皆以令兄為惜死之人而今若隱默則令
兄雖生而猶死也惟令公圖之俛宇答書曰吾非惜死只怕浪死兄亦以
我為惜死耶巴里書吾亦思之此不可已也將萬歲非吾輩事也云云見

其答書甚合吾見遂作巴里一書其文曰韓國儒生某某某等拜書于巴
里會中某某乃亡國之賤儒也殘命不死十年因舌不敢聞於天下之人者
以其為他人之壓迫也今因事會之可言而敢不以其所懷自陳於萬國
平和之席也某某等竊伏聞巴里萬國之會至許波蘭等諸弱獨
立之權矣我韓情形獨不及為群公之矜恤則是誠太陽升天萬物咸覩
而獨不照於覆盆之下也嗚乎鄙邦之吞噬於日本今十年矣請言日本之
前後情迹也鄙邦之於日本三百年之隣邦也頃在丙子日本井上馨等有
江華之盟乙未日本伊藤博文清國李鴻章有馬關之約皆許以朝鮮自
主獨立其後日本與俄國宣戰時通牒歐西列國亦曰韓國獨立
凡此數條皆天下人之所共知也奈彼日本外修隣好而所以實施於韓人者
有若別人行別事也甲申竹添光鴻劫遷我皇帝屠殺我大臣乙未三
浦梧樓潛兵犯闕弑我皇后閔氏乙巳伊藤博文潛結賊臣宋秉畯作
一進之會自謂日國保護乃國民之願其年十月與賊臣李完用等自搆
五約脅迫我皇帝勒調御印我皇帝自誓以殉社之義而大臣閔泳煥

趙秉世等皆死之其他縉紳章甫武士衛卒草野士庶或自決性命或被拘致斃者千百爲計而及夫海牙之會李儁等剚腹揮血以明本國之情此則天下人之所共觀也其後庚戌日本與逆臣完用等諸賊脅勒君上稱以讓與遂爲合邦之擧高官厚金以償逆臣既降我皇上拘於別宮虐待我民命視若畜生韓人迫於虐威不得自做一聲而十年之間有若失哺之嬰沫濡含血靡所依泊矣去年巴黎萬國之會制彊悍而恤孤弱如鄭邦之無告者尚或可以與其餘瀝而賊臣完用等先偵此機或慮有獨立之事自稱本國代表之人脅勒我大行皇帝欲得御押以實其言而皇上不從遂於一夜之間皇上暴崩嗚乎尚忍言哉及國葬之日一國人民大會京城本國人孫秉熙等身先倡起以巴里之事宣言衆中傳聞所及萬姓歡呼建大韓獨立之旗唱大韓獨立之聲內自京都外至各邑各港一時齊唱聲動天地日本之人所在收縛而身雖被縛口不絕聲雖無知小兒皆踴躍而歡呼窮山僻巷匹夫匹婦之愚痴不輻湊而鼓舞彼日人者欲爲彊制而收捕脅勒囹圄

充溢而人心之團結日甚舉國洶洶皆以必死為期無有解散之心此其
天意之所在有非人力之可至也蓋嘗言之鄙邦雖為日本之所吞而先王
之化肥髓已浹祖國之想寤寐難忘而一朝為日人之羈制無一人欲為
其臣僕者彼乃誣告萬邦以謂得其心願噫上天臨之萬國有耳目其
又可以瞞過耶是宜億兆熱血潛沸於一腔之中待其時而自發其勢不
得不然也第念今天下有人皆平等也有國皆自主也奚獨鄙邦之人不得
自立而被人壓迫悲涼憔悴以死於溝壑也萬國群公統萬國之務任平
和之責其於天下之事無微不燭而獨於區區鄙邦不得蒙平和之澤耶顧
今時機一變民智已發達矣人心已團結矣某等不敢不以本國情狀仰
聞於閣下伏願群公大人細察其本情特依馬關之約及興亞通牒之例許
我以依舊獨立自主之權得免日人之羈羅而并列於四海之同胞則是豈
特小邦之幸哉實天下萬邦之公義也如謂某等以無情之辭厚誣萬
國則願與日本委員并坐會席之下質其曲直理屈辭窮則甘伏誣
罔之律惟千萬垂察焉 文既成見宋舜佐書其意欲與子弟門生

出坐於關廟等處達儒林之旗一唱萬歲鼓發衆人之心答其書略言我等儒者未必為呼萬之舉而旣不呼萬則巴里一書不可已也因謄送此文請與聯名適金昌淑自京回言十三道儒生方會京師將以獨立事抵書巴里而非郭俛宇則無以製此文使昌淑急下請文于俛宇俛宇曰吾今昏耄無以下筆必得張晦堂之文可也因抵書於我苦要作一文字以送昌淑則旣傳此言遂向左峽去為得安東禮安儒林之名而共之也余遂書巴里書一本使家姪始遠齎往蔡田與俛翁議其可否其回見俛書曰此文過激不合於用不得已用自己所作文書一本以來而要我點化之其文曰韓國賤士某等敢懇告巴里平和會諸大位閣下天覆地載萬物并育於其間大明並照大化之行其道可知已自夫爭奪之釁起而强弱之勢分兼并之權用而大小之形懸以至戔人命而恣其威富人國而私其有嗚呼天下一何多此也此天之陰仁武於今日奉若天地之心照大明而行大化一天下而歸之大同俾萬物各遂其性者也於是萬國同覩四海一晏而乃或有聞風而不獲實德紆究而不徹公聽者寔諸大位之用心獨於此爾殊哉抑別有以

也則其所以瀝血陳腔仰首唱號者亦出於至痛迫切不容自已之意惟諸
大位試察之噫乎我韓之於天下固最甬一小邦也不堪比數於諸大邦之
列而尚賴神聖之後域三千里人二千萬口維持存保四千有餘年不失為
半島文明之稱亦萬國之所不能廢也不幸適來吳天不吊文弱成習而
國威不振賊臣內訌強隣外伺馮其武力挾其詐智脅君而鉗民勒成
條約從而據國土廢天位而弱吾韓於天下矣噫日本之所為罪可舉
矣丙子之與敵和大臣盟于江華也乙未之與清國大官約于馬關也
皆以我韓之自主獨立為永遵之案暨癸卯之宣戰于露國也通牒于
列國斷斷以韓國我韓獨立為聲明此萬國之所共悉也曾未幾何機
詐百出內脅外欺獨立變而為保護保護變而為吞併誘之以韓民之
情願圖免萬國之公議是不惟無韓於其手分買亦無萬國於其心詐
也未知萬國羣公其亦以日本之所為於我韓者為無傷於公義耶為不
失信於萬國耶敵邦臣民極知赤手空拳不能自奮以有為然謳吟永
歎惟蚤夜於吾君吾國曰尚上天之鑒我大運之好還包羞忍恥艱辛

顛倒于玆十年所矣自聞諸大位之設平和大會寡邦人民踴躍奮
激以爲苟萬國而平和也吾韓亦萬國之一也宜應獨使之不平不和
也旣復聞波蘭諸國皆能獨立則又復群聚呼萬歲曰平和之議已定
矣彼何國也吾何國也一視之仁亦若是已矣天其有時而好還矣諸大
位其從此畀其能事矣吾儕其從此有其國矣否其即死而瞑于卯
發白骨且不朽矣莫不睢睢盱盱以俟好音而遷延之頃天又不吊寡君
即世舉國洶洶痛徹穹壤乃於國葬之日各教各社個人男女猶唱獨立
之聲奉慰吾君之靈雖捕縛鞭戮交加于前而徒手爭先就死而不悔
此可見寃鬱之衷積久必洩而抑亦諸大位之啓其機而鼓其勇也然而
因循歷月尚不見劃然之區處則又且疑且懼恐寡邦之無由以自達而
中間用事者之反覆機詐有以惑諸大位之視聽也。更請有以辨明之天
之生萬物也必有是物之能力小則介鱗昆虫皆有以自由活動人之自爲人
國之自爲國國亦有自人自國之治理能力吾韓雖小環三千里數二千萬人
歷四千年其能足當吾韓者自不乏絶初何待隣國之代治哉千里不

同風百里不同俗彼謂者韓之不能獨立而欲以彼國之治理加諸吾韓之風俗則風俗之本不可変而所謂治理者秖足爲氛亂之階此其不可行明矣治理之本不可行而說於公會則曰韓民之願附於日本久矣韓民之自爲韓民不惟其疆域風土之已定抑亦所得於天性者然也是以寧屈於一時而受威脅之權而其心則固將歷千萬年而不失爲韓國之民也本心之存安可誣也心之本不可誣而欲用萬國所共廢之威權以壓萬口一辭之公議此於日本亦未爲得計也昔在海牙之會寡邦之臣有李儁者奉寡君之命夜行晝伏冒百險之艱赴愬于公座至乃剚腹剖心以鳴其寃則在會之人或爲屬目嗟啼而終不見有爲之叙其情而謀其後者寡邦之人至今相語未嘗不痛恨嗚悒而結之以血淚也某等山野廢物不及詳聞于外邦事實而猶自以爲舊國臣子依先君之遺風粗從事於儒教之門今當大界維新之日國之存亡在此一舉與其無國而生不若有國而死與其自枯於偏陬孰若獻身於公聽并觀之地一以自暴其鬱抑而俟其進退之也海陸迢絕關禁嚴。

憩然累足未達而疾痛不聞朝夕之命無逮於穹壤之痛則此世
此懷永無望於自暴矣雖以諸大位之仁哉亦安望其必美及於不見不聞
么麽幽明之一偏邦哉茲敢修咫尺之書合一部同情之辭具十年生受
之實奉便風於天涯萬里之外誠悲劇迫切不知所云惟諸大位憐而
察之並恢公判之議使大明之照無不遍而大化之行無不順則不惟某等之
無國而有國抑亦道德之幸甚於一世而諸大位之能事畢矣如猶未也
某等寧斷首就死而誓不為日國之僕隸二千萬生命獨不関天地之
所育而憾倏暢之和氣乎惟諸大位圖之云云既見此書余畧加筆削而
使高山宋奎善送于蔡田李能學適來訪見督府書及巴里書大喜曰
吾年八十死何足惜請與同名余壯其義而諾之書送其名於蔡田二月晦間
金昌淑自安東禮安得諸人名帖而還于蔡田翌日發行自此京轉往巴里裝
日前楨村鄭與宗鎬來言大邱尹巨源相泰有志人也聞此間有巴里長書事願
附其義而且有聯絡於米人可以轉達于巴里願得那書而信付之云云遂寫
一本傳與相泰蓋為昌淑之事萬有一失則不害其為兩路并付也三月初二日

本邑市日也本邑儒生及教徒及市人皆以是日大呼萬歲風聞甚壯是
日食後邑巡檢二人來言曰大邱警部一人來到本邑請與相見余曰有文字
乎曰無曰既無信蹟吾不可往巡查二人即乘自行車馳往邑中須臾
持文字而來不得已命駕而往至邑近萬歲之聲震動山岳遂乘
轎直入警署署長及警部金鍾元迎我坐椅上待遇甚恭警部曰在
達府已聞尊名而此中公務甚煩不能躬往有此請見休罪休罪余
曰何以請見曰老人丈為士林之長而彼呼萬歲者不為調停乃反贊成云故
敢問其由余曰呼萬歲乃市人之事也吾未嘗呼之又未嘗贊成然今日萬
歲之呼乃天意非人力也彼許多呼萬歲之人豈待吾之贊成耶吾不贊成
則其將不呼萬歲耶且吾雖未嘗贊成然吾心則與彼呼萬歲者無以異
也且君是韓人也君雖不呼萬歲而其心則與彼有異乎金鍾元曰君亦
韓人豈無是心乎署長曰聞老人丈喜為詩會云請勿復爾也余曰吾少
時未嘗不喜為詩而自世變以來發口皆悲憤之辭是以全廢詩會也
署長曰他無可言請出署長以下皆下堂而送之才出署門市人屢百人

簇擁轎邊隨至旅館請我一呼萬歲余曰日已暮矣吾不得不怖
而日暮不散恐生他變君等可即解散也遂促轎夫發行才出邑外
萬歲又一塲大起而須臾砲聲大起市人如風雹之散盖數千市人日暮
不散黑夜齊聲連呼萬歲日人慮有変故遂發砲軍所在放砲而砲
死者六人中傷者十餘人云噫使役市人早聽吾言不至於此而匹夫之難曉
如此也是夜還家初九日本邑警部朴在秋率巡查一人來搜索家中文蹟壁
藏衣籠及小小几案無不開見凡朋友往復書札一一搜出而又一番見其
或有語到時衆者皆取去焉且曰以邑里長書事有所查覈請余入邑不得
已命駕偕入至警察署宋舜佐及其子姪二人及李忠夫李成贊至李執中
宋秉善兄弟等十餘人或以邑里長書或以萬歲事先已捉囚獄中而獨
舜佐拘之房中不脫其冠衣盖待遇也是夜警部呼我入審問室問與
郭某有邑里長書否又問有通告道內及總督府長書否余曰有之彼曰
已皆傳去否余曰道內告文則少輩已活印之督府文未有委任者而吾與
宋某今皆被拘其傳去與否吾不可知而邑里書則郭某已發送之矣彼

曰其文皆可記誦否曰老宿者何可記也彼曰辭意云何曰其辭意則如
此如此也彼乃一一錄其言要我着指章余使之一讀而着指於其文警
部曰儒林待遇異於他人之拘囚使之衣冠而處於堂上自府高山往復時石
安基持書而往坐此為罪昨日吾入邑時隨吾偕入拘之獄中翼日放出高
郡李寅光曾與吾書有言及長書事亦坐此而捉來拘囚李德厚咸大
湜亦皆以長書入名入來一次審問後即使出去巡査輩以一文字示余乃
賊臣完用警告文也余曰吾不願見此人文字曰其言曰獨立萬無必成之理
無為浮言所動云云如此至言何不聽信而長書之為也余曰此人此說吾不願
聞君等可休罷也十三日署長諸余曰老人全不開明至於世界形便似不
辨教事矣此間多開化文字可遍覽否余曰吾所知者聖賢書而已本
不開於開明文字而今已日迫西山何可回頭向他歧去耶以吾所知而終吾
生足矣十六日曉頭警部告余曰今日將移往大邱聽上府處決已指委外間
等待轎丁矣須臾乘轎出署門吾子姪及各家子弟皆等候門外矣是
日同移者二十一人而皆高山[illegible]鄉內之人也以鐵鎖鎖其兩手以繩縛其

腰兩兩成行夾道而去滿目慘淡不可形喩巡査十數輩皆帶銃砲軍十
餘人皆荷砲相間列立簇(雑)左右各家子姪皆敺逐而不敢近至村前近居子
婦使婢負鳳孫號泣伏轎前見之不覺傷心强自寬之曰豈謂余死而不
返耶死生在天不足憂也因號鳳孫曰拜鳳孫從婢背上點頭屈腰作拜狀
余撫之曰善在途行至倭館車塲親(戚)故舊來見者甚衆途外車復吏至
大邱下車外人力車至裁判所前半日留置於拘留監晡時巡査一人押入裁判
所檢事一人通辯一人列坐卓上使余立卓下余曰老夫不堪立請旋坐椅上
通辯傳檢事之言問所居坊里年幾何所業何事從前有受律與否余
隨其問而答之彼曰與郭鍾錫爲巴里長書請以朝鮮獨立有之否曰有
之彼曰又爲通告道內及總督府長書有之否曰有之然道內書則道內之人
皆已鼓動書或無益督府書則獨立認許乃日本皇帝之事非一箇總督之
所可許故吾雖作文而衆論携貳適吾被捉至此其傳書與否吾不知也彼曰
其辭意則云何曰今不能誦其文而其大意則如此如此彼曰煽動人心違叛國
法可乎余曰吾自爲吾國之事而貴國法之違叛與否吾所不知也彼曰出

去遂隨巡査出拘置所宋浚弼以下諸人皆以次入裁判所出來少間巡査要

吾與宋浚弼以下諸人往監獄署入署門至事務所有一日人坐卓上使吾輩

脫冠網及上服有咨且向難之者輒下來拳踢而辱之雖欲不從而不可得

也遂先脫冠網次脫深衣次脫巾周衣次脫襪袴皆書各人姓名藏之別處使

一人引吾輩入署中夜已向深皆露髻徒跣隨彼所之至第一監十三房

有一人迎之即渠所謂擔當官吏也開鎖全使投房中與吾同入者宋

舜佐成大湜李鳳熙宋圭善李塞廷等諸人先處房中者十餘人皆異

教人也執中諸君落後不知轉入何房念不能忘也夜與諸君相對嘆息而

又監狹不能容也蓋署中有一監二監三監其他病院及長廊不知幾千百間而

監皆十六房兩邊爲房中爲堂堂及房皆鋪木板房皆一木門門中爲穴可

容一手被以鐵絲網對壁有二穴中立六鐵柱雖賁育莫能撤却而僅通外

氣而已所謂擔當巡査終夜巡行於堂上窺見各房鐵網隙有不跽坐者

有私相言語者有坐不向他人背者有晝而臥者有夜而不臥者皆開門入

批頰踢腰百端凌辱蓋韓人之入此中者曾畜生之不若也房之一隅置

水桶朝夕受水一隅置糞桶床床皆於桶上而後入者必居糞桶傍至食時官食則房中喫私食則堂上喫食必跪坐又皆相背坐不相通言不相訴聯署中徵役者常時不下一千五百人而今番獨立被罪者至為五千餘人通十三道為十七萬名云每房人數少不下二十四五人而並臥稠匝肩背相磨夜不堪臥或坐而待朝居一日巡查一輩開門請剃髮李舜王以下諸人以次引出一府削去少頃僧頭十餘人以次入房見之悲慘不覺失聲一哭也次及舜佐舜佐放聲大哭不出門外余亦執舜佐手而大哭曰斷吾頭然後吾髮可斷彼輩相顧曰老人姑且寬之待既決而削之未晚也又居數日看守者向余曰居處狹隘老人最是不便請移他房乃十五房也稍似寬豁日人徵役者兩居而畧十餘人也其人皆强盜殺人無禮無義者而見我瘦癯慢侮太甚因迫日至而獨有金春吉者自補居金海向我頗致款又有廣國吉太郎者呼父於我而不無情念又有由郎者貌甚不揚而頗識字云故以一絶句相和之蓋此囚中初無紙筆可寫●凡言語皆以指寫於席而此亦彼輩之大禁也二十五日自裁判所送巡查謂有審問

蓋獄例入獄日始一審問旬日而又一審問二十二日內有公判而若過廿二日
則付之例審無期限云朝後衆必檢會諸罪人於一處各於兩腕以鐵鎖之
又以一鐵連鎖兩人之手又以麻索縛腰頭戴裹藁笠足掛倭履兩人爲列合
五十餘人聯綴而去余惟手鎖腰索則非力可免不得不任渠所爲而足履則
穿跣而不欲着遂投之而跣行足剌如鍼果所不堪也入裁判所拘置所以次
招入次及於余檢事曰違反國法煽動人心非國家之賊耶余笑而答曰裁判所
乃決訟地也吾請以訟理言之今有人奪人土地而被奪者欲覓土地則奪之者
賊耶覓之者賊耶覓者與奪者來訟於裁判所則裁判官將以何者爲賊彼
無答乃曰巴里長書時往復於郭某否曰然彼曰何日往復何人持書而往
余曰余固耄甚不記其日子又不記何人送書也彼曰郭某言張博士始遠持
書而來何故欺情余曰始遠乃吾姪也郭某之言如是則又何必問我也且夫
知其有往復之事則足矣必問其持書之人送書之日何濟於事不亦刻覈
之甚耶且郭某之言何以聞之彼乃以一幅長書示余曰知此書爲何書耶
余視之乃俛宇所送巴里書也曰此是吾輩所爲巴里書也此書何由而

而來彼曰郭某持來余以是始知倪公來也彼又問通告道內及督府
長書辭意如何余答之如初逢出四月十日余謂擔當巡査曰彼同房
懲役輩無道太甚侮慢老者吾不堪久處於此可使我移於他房否擔
當曰此非吾所自主報告於典獄署長然後可諧遂請願於署長署長
使巡査請與相見余隨往焉雖二層梯升最上層有一人袖緞而金圈坐
丁椅上云是日官之高等也余坐對椅上言移房之意署長曰此非吾獨斷
詢同于此中各官吏可也請少俟之其人年可六十言貌甚恭待遇頗隆焉
十三日有一巡査來言以署長命移房引余往拘置監第十五房乃日人未決
囚之所居也見居者三人蓋日本人之居多不過十人以下也自此居停甚寬並
自在一監時所共處者日人役雖終日喧聒吾不知其何說又無書冊可見又
無四友可以書寫大抵有耳而無所聞有目而無所見有手而無所用長
長夏日獨坐如泥塑人夜則終夜無寐獨自臥起言念身世良亦悲歎
是月初家兒買學案十四冊自外入送乃清儒陸桴亭以下諸賢心
性理氣說也自是以後稍可消暑而每遇會心發聲諷讀則彼人輒

訶止之盖日本讀書之法心讀而不發聲云可笑也十六日亦是公判朝後又鎖縛如初入於拘置所諸罪人一齊偕入於裁判所倪兮亦入来此是十年後初面而今相見於罪府之中直欲握手一痛哭而拘於彼法不能一語相酬悲夫吾與倪翁及舜佐暨長書諸人為一列其他呼萬歲者各以次為列而各人之親戚故舊来觀者洞開門而並許入見盖千百許也判事檢事列坐卓上而最初問於倪宇倪宇云云以答次及於余余曰此事源委本於呼萬歲而身為儒者只可以文字明義理故呼萬歲則初不為之巴里書則果與郭某相議為之彼曰文是誰文曰郭某所製而吾亦自製一文也彼曰聯名乎曰金昌淑之去吾不見之文字亦本吾亦不見吾雖不別自許名然此事乃吾之所倡起也吾名豈有不入此之理乎吾與郭某為四十年道義之交而同功一體也况此事乃两人之合議則聯名與否更何論乎次及舜佐以下諸君皆以實對檢事曰金昌淑郭某張某皆處以二年懲役宋浚弼一年半以下長書人及呼萬歲或十二月或十月處律判事曰以今二十日（二十一日）入受判决即皆起身入内受律者雖欲言其不可受役而無及矣皆退出還入署中及二十一日又鎖縛如初入裁判所判檢事列坐如初以次判决而無少異於公判之說問答畢仍處之以二年懲役退還署中

自念當初舉事知有禍機而二年處役何其酷也朝暮之年無復望
於生出獄門而與其著赭衣而織絲綢荷糞桶苟求生活無寧一死之爲
安而自縊自剄以傷遺體初非聖人之法門又不得尺繩寸鐵雖欲自裁其
命亦末由也第唯夷齊之清聖而聖人許其餓死首陽吾今不欲服役則
寧自餓死泉壤之下見夷齊而無愧也遂作八絶詩以誓死其一曰妄擬江南
明社復徒然海上漢旄吞空家妻子都忘却阿鼻吾舂磨亦自安其二曰如
人如獄此何地非死非生我久當那得擘却千重鎖一躍長空局我悠其三曰板
門生出杳無期却憶耕郎與牧時時復看看乳也未勝吾終日坐無爲其四
曰三載又山紫市往十年洪佛泠山遲吾今老矣生無益苟活牢中愧望之其
五曰匹夫爲謀本非當父母遺身況可傷追惟古聖求仁地獨有夷齊餓首
陽其六曰三朝絶粒不知飢此去重泉問幾時回首三韓千萬里可憐人
命爲生微其七曰吾人大義不曾隨衆生與同生死與歸他年我有東門目
會見韓人自立時其八曰斯道平生我自任禮書勘覈尚餘今直卿不見身先死後
輩何人述此心余又於入獄之日或慮此心之有變遷作一句語以自警曰斷送一點和
泥氣常持千仞立壁心又嘗作詩歌三章其一曰八公山(팔공산) 科子들아 八公山(每從門隙之中望見八公山餘麓雲烟黯)

淚不禁悲 憤下淚 오고가고너는自由로다 너도사故國悲懷못닛는가往來間비로소
기淚水로다 其二曰金烏江깁푼물은 누를위헌밧비가노漁父야비너물
너라十七萬冤獄淚저江水와비교헌시 其三曰三角山이저듯告고漢江水가
깁것마는五百年王家疆土一朝屬誰家오啓母石下呱呱聲잇나저가마
干何處止오 請成後自念吾雖死矣獨此二詩爲信蹟而咫尺千里無由可
達於吾兒而生前死後此將泯然遺因出堂寫抵兒書 每堂日則搭當巡查問因徒爲 書札者有則出堂上列筆書之
積備一尺小紙暗硯從輩不見潛寫此詩將納之衣領中以備身死後家人搜見
而未畢被巡查輩之窺見詰問而遂攫去之自公判日爲始凡三日絶粒不知甚
飢而筋力如常諺言餓死者男七女九其言似誤也三日而猶如此大畧不數十日
則似無可死之理也第四日有人從門隙中呼余曰爲控訴乎余曰控訴何謂
也其人曰凡一審曰裁判所二審曰控訴院三審曰京師大審院一審而不欲處
役則控訴於二審又不得則上京三審也因以一冊子列錄控訴者名而授余曰
欲爲控訴則姓名下着指章若過五日則雖欲控訴不可得也余不詳其事狀
而答且未決諸巡查等自外力請曰公之三日不食雖死而其死無名公今年

老矣徵役則非但不堪能亦不宜属也若控訴則下不失執行猶豫卽在衆受役
諸白復起余唯死非樂為亦固無名姑然彼言且寬受役之期限而觀他
下回之如何可也遂書指於名下二十七日有日人伯岐者以私數罪入來其人善
為解語其言曰吾此回警署已近十日而窃聞警察官吏相語曰星州罪人
雖受兩年徵役然其人自十歲前有才名今名滿一國年今七十此人不久必
為執行猶豫云今見先生此必是先生之謂也願先生勿慮不久當出獄星
州吾足迹遍踏處往來星邑時風聞尊名云云余曰余本無名何以當此言也
其人又稍解文字時復以言語酬酌稍可慰懷也五月一日自裁判所謂有檢
事調查事呼余入檢事曰大邱禹氏一人春間曾有一來否余曰大邱禹氏初
非知面所知者只是禹玄風也彼曰禹玄風何名余曰其人死已三十年問名何
用吾又忘其名也彼曰知其子孫乎曰初無知者彼曰二月間的有往拜者而
何不吐實余曰記得春間余方往遊譜洞而出門之際有一人拜之余曰吾方
有事往譜洞而不能待客請與吾子姪輩安坐吾將不久即還矣其人曰
渠亦辭退教曰後當更來遂去其後不復來見今更思之此人似是禹姓云

彼曰其人之名不入於長書否曰出門暫見何暇語及於長書事耶此則吾所
不知也且曰吾既控訴則無所關於裁判所矣裁判官何故呼我也若有調査
則來我而調査可也鎖吾手而縛吾腰呼入於無所關之裁判所此何法例也彼
曰郭某則不爲控訴張某則控訴事同而處事之異何也余曰人見各自不同
處事亦或有異控訴與不控訴者其事則不同而其心則未嘗不同不控訴
者非自服其有罪也控訴者非自丐其免罪也既疑我控訴一款則吾當爲一
書而明吾志也請借紙筆彼曰此無格例不可借也日暮還獄中屢回思量
不可無一言自明使彼輩明知吾控訴之義也遂投書于控訴院其書略曰
此身之有罪無罪可詳於前後問答之辭而在日本則謂我罪人在吾韓則
當無底義理也設有大罪徵役則不可受也七十年讀聖賢書身爲儒林之
首而其可以苟活於徵役之房乎此則萬無可受之義而既不受役則有死而
已三日不食以死自處而更思之吾無一言而居然身死則是誠自處以有罪
之人也唯抵死不服然後吾志可明故爲此控訴乃所以明吾志也貴國之人既
謂我以罪人則寧可處我以死刑而懲役則吾不可受云云初四日警察官來

通辯出來詷査於我問曰柳必永柳淵傳李曉烽李能學盧相稷等
知之乎余曰知之又問其所居邑所居坊里余曰某郡人某鄉人面名則不知其下
列問一百三十餘人知者答以知不知者答不知問畢遂去余唯此皆巴里書中
人也邦書發於二月晦間而恰才數朔業已綻露彼輩之詷査苛刻大率
類此未知昌淑君已達於巴里耶抑未達而露出耶獨坐思量不勝憂懣
也明日吳家兒面會蓋獄例未決則一月再面會既決則二月一面會也入獄之
後面會㡯例而數朔之後父子相見悲不可言自吾來此之後兒子右遠及始
遠并當旅館音之朝夕私食渠輩自手供饋而每時買了魚肉烹飪調
味而錡鐺之屬皆具有者別設一庫云老父無狀使無辜兒輩日夜焦心只
願此身一朝溘然也監中有沐浴湯以木爲盈四圍各數丈而盛以熱水使各
房囚徒五日輪番一浴余初間不欲出浴而晚後試一出浴水熱如蒸精神爽
然自是每五日一出夜則長懸電燈蓋日入則電燈自明日出則自滅每兩房
[illegible][illegible]穴壁而掛鏡甎使兩房通明而終夜不滅者蓋備暗中有非常之度也所
謂擔當名稱渡爲人頑慢初間待我甚薄久後忽加款待每日吾視公

如父母知吾之裁判所出入間吾之鎖手縛腰以此報告典獄署長曰此人年老長者特加待遇署長又報告於裁判所出入時脫去手鎖但以細繩長長繫腰特位於衆囚徒之後益優待也且於朝夕食時以次呼班歸出坐堂上而百餘人食畢入房之後使余出食又於數十百人面會入來最後使余出會至於沐浴時使余與日人同房者最先出浴入房後出他房之人其言曰老人擧居同食則飲食易噎面會沐浴群出群入則易為顛躓故待遇如此云並探其實際則以我為首罪人渠所謂上官密通於監獄中居齋出入飲食之際嚴防其與韓人相見或慮其有交瞻私談也是故監中人皆目我爲國賊云可笑也安坐喫飯飯不消下故只進朝夕兩時飯兒輩屢書欲進午飯而吾不許既不午食則掃除輩例進官食太飯此是雜以沙石者不但不堪食吾豈為渠輩所謂官食執嚴禁之使不進而掃除必進食於壁空中曰此傳例也日人同房者固請我勿禁渠輩私自分食以此之故向我稍似溫恭世間炎凉大率類此也陜川居朴姓薰者自云主事基鎬子也基鎬吾十數年情親之人而屢受吾文字者也姓薰見我甚歡侍而吾亦待之如

于姪坐在僉囚群中已屢月而忽見故人之子可喜也有阪元正行者日本民
議會也以與政府不協衝火於其外務大臣之家而受律來此森也年今二十
三歲貌儒雅稍有識字而卒業英文又善英語向我執弟子之禮曰出獄之日
願從先生受學為門生余(曰君)與君長孫國庚君若先我出獄則訪在家與吾孫
同學以待吾還自此人之入稍可慰懷而每以指寫唐酬以文字每見我有憂愁
之色則輒曰悲歎無益願自安心又或問基督曰欲後伸者必先屈先生必有
大伸之日安心以待天命又或曰有捨己之神必有救己神賴先生安意以待神救又
或曰心配無益(日本人以心憂謂心配)心配而自死者愚也死生在天(不)必為無益之心配也余
曰君非汝師汝言乃吾師也每日以此等說論却永日而其言往往多格言居一期
竟受一年懲役往于役房其去時語余曰先生二年吾一年吾之出獄必先於先生
出獄之日先訪先生之宅當與令孫同學以待先生還此意敎示於令孫千萬伏
望因書一絶詩曰男兒立志出鄕關學若不成死不還人間到處有青山埋骨
何須在故園東牒書山洋猶云(其自)伏星呈曰此是大英詩體與漢文和其詩曰(山巢寄余)幽囚幾日似鄕關賴
子才明慰我懷知君志氣立如山他日應須訪我來且曰君若先我而出則先

往吾家待吾之還我或有天神之助先君而出則吾當待君之來一年之後君
必訪吾相見之日以此詩為證相與揮淚而別自別後元益復無聊無所酘為每看書倦或端
坐主靜收斂心神或從壁孔中窺見日影之長短日長如年晝而待夜夜而待
晝得過一日如度十年同房之群不逞時復慢侮百端悶不可言余嘗有不卧工
夫自朝起至夕後卧寢前未嘗暫卧蓋數十年今用此工夫終日整坐與彼輩
不相詰較彼之積怨者終亦敬服外間所聞寂然不知而或因面會時出外
見新入署中者私相告之曰願安心進飯朝鮮獨立已得萬國許可而不成云未
知果否稍可慰也謾吟一絕曰一封朝寄海西書夕入監門作釜魚北地王春何
日暢獄中枯骨也吹噓有此檢丁人每日往來於門外見我苦楚狀若或注目
而相矜一日瞰門外無他巡檢以其鉛筆題一句詩傳與我其詩曰雨雪風霜
過去後一輪明月在江心觀其詩意蓋悶余而慰余今雖苦楚他日有好時
節云也余感其意受其鉛筆書其下方曰雨雪風霆雖蔽塞一輪明
月未嘗虧其人又書其下曰君子之心固當如此遂去蓋其人不詳其為
何人而若是鮮人則必有言語以其無言可知其日人若是日人則其亦好

●人也噫彼獄卒防守甚苛使不得與此輩請人共論詩文爲之一憶懷也晴光石
淹奄已六月矣熇熱如火無望生全而又得蘚疥之疾適身搔癢
當暑苦獄一日之生爲一日之辱而蓋亦無以自脫也六月六日即彼
之陽曆七月一日也據當者以五柄尾扇遺之各房蓋獄例然也以五柄
扇輪回扇之亦可幸也二十四日面會家兒兒言悅翁於數日前送
家蓋其病勢漸劇病院署長報告於裁判所而自裁判所以執行停止出
送執行停止者以病出送而病差則還囚之也既聞此說儘覺快豁而彼之
於儒林一邊稍有待遇亦可知也二十五日警察官與通譯一人又爲出來請
見我而調査乃前者已呈書中人名調査而毫無異於前日也余又答之
如前日而至李基馨曰不知彼曰居在同坊而不知否耶曰同坊内果有此名
而其人則已以其親命索名於宋浚弼其人已虛名則此必是更有同名者故
曰不知也又至李鉉昌李萬成李季峻李啓源曰不知也彼曰同里之人而
曰不知耶曰同里似有此等名而此人皆書農爲業名不著於鄉里者也
豈有以不著之名而入於此書乎此亦必是有同名故曰不知也査畢遂

遲蓋彼輩於五月初以此調查於我而于今五十餘日寥寥擲置者其間諸自搜探以知其所居地也今又調查以驗其字合與否而自此必將一一捕捉矣士林之禍其可勝言哉吁亦痛矣居數日適出堂上見李洙仁自外來矣拘於獄例不得開口問之而驚歎則極矣蓋於日前調查時聞李洙仁三字出於彼口滿心驚慮而其夜夢有一老人自稱爲洙仁姑母夫余曰洙仁之名入於彼錄而禍機已迫請公往告于洙仁使洙仁預知而爲之地也其人曰吾將往矣而似已無及云云不數日果見洙仁之來大平人之魂夢發於其存身心者而其豫驗亦或類此也又有四五老人云是忠清儒生聯名者皆入署中又聞安東禮安諸老咸如柳必永柳淵博李晩煃諸公皆就囚于星州而移於大邱云又於食時見尹巨濬相泰余問何以至此曰非長書事也別有事端而處也云云又嘗於壁孔中望見二老人露鬢皓徒跣踉蹌而來諦視之李能學李晩煃也蓋二月間李公能學訪我于巖棲見吾邑里文字請與聯名故果書其名矣今見此公之來伯仁將由我而死也八耋老人將何以耐得此苦阸也滿心驚惶不啻

若伯己之病也廿八日又以調查事入裁判所路中見李啓源在諸囚徒
中余暗問曰宋茂萬成宰也來否曰不來遂不敢復言既入與啓源因之對房
而日已向晚終無調查使之還出署中想是閭遲李啓源之事而終無
所聞未可知也七月初三日又以調查事入裁判所終日無所聞至晡時
呼余入問李啓源之名聯錄於己書中耶余曰居在同隣故事機則或
嘗告知而其名則渠未嘗許之者未嘗書之遂出因如初黃昏時又呼
入云是例當判事調查而問曰己里書何故也曰為復國也曰國可復
乎曰復不復天也但盡己事而已人各自為己事非他人之所可問也彼曰
嘗因大邱留夏教來請有曾競褒而作長書校正事乎曰留夏
教者所不知曾競褒書者所不見不知不見而焉有校正之事乎彼曰
又嘗有尹相泰處文字校正事乎曰尹乃吾所面知者而初無文字校
正也彼曰控訴欲得執行猶緣乎曰此身既為俘虜生殺在人非吾力
之所可及也控訴只是發明者不受役之義也苟使我而歸死於家則
幸也又使我而瘦死獄中亦有所不辭也時日已暮而舉燭矣遂

出蓋彼所謂調査多是閒話說沒緊要而但務細碎刻薄令人厭煩
不住前後三四朔呼余入而調査者七渠單出而調査者二而今番兩
次調査則究其說而不得也其後因面會人聞之李啓源被拘六七日
放出李洙仁月餘放李基馨亦拘四月餘與洙仁同出安禮諸老儒
及李能學氏或自星邑而放去或至大邱皆拘留二三日而去云可知其爲
儒林而待遇之諸囚徒之必先至星州者以吾在星州而巴里書之倡出於
吾也十四日巡査一人請余出外隨出至堂下有一官人坐椅上列搭影板於
其前搭影者要余坐椅上余曰搭影何故欲搭吾影則吾不可以不知其由
彼曰自上府有命也余曰然則此非吾力之所可禁也然蓬頭渦面是甚貌
樣彼曰無傷也搭影者從影板中窺一窺衷其手欲頃擬之使余還
入蓋莫知其所以然也余初入獄時得一夢此間有古人影幀吾頭戴
古人影幀出獄門之外矣今日搭影無乃是出獄之兆耶未可知也二十
一日自控訴院告余以今日公判朝後入院辯佐諸人皆來會正尚檢
事列坐而通譯傳檢事之言曰凡罪有偶然而犯者又有故犯者

張某宋浚弼等是故犯也不可容貸依初審所受律處以二年懲役
以下諸人皆依初審之律判事曰更以今二十一日(即陰曆廿六日)入受判決遂皆入
內去了雖欲援詔爭詰而不可得皆退出還至署中無復望於生出獄
門而思之痛悗寧欲無言第於公判之時判事凡三人首判事則言畢
入內末判事一人留後向余曰張某年老矣院中待遇甚隆余曰何謂
待遇彼自執其手腕曰此不鎖鐵又腰不縛繩是極待遇也余曰使老且
病者二年處役死於獄中是可曰待遇乎腕鐵不鎖此外面小小待遇
何足道哉其人微笑而入此與或者有爽動之說而異於檢事之云耶
二十六日朝後入受判決判檢事列坐如初觀聽者猶滿於中外判事
使書記傳言曰張某以下宋浚弼成大湜李基定自己之言雖曰爲己
里長書然諸據不充分特爲無罪白放李鳳熙旣犯長書又出萬歲之招
一年半處役其他呼万歲(諸人)或一年或十個月處役諸畢遂使退出還於署中
不入於本房而入于十一房留止半日以待院中放出通知而晡時
出獄各家子姪皆等候門外矣覓所脫衣服之所置者而出私食

歸林士洪家親戚故舊來會者不可勝記五朔之間不飮酒不吸茗果甚難
堪少輩進酒進茗久廢之餘不覺痛飮又吸茗而不知休人情之隨境易遷還
可識也夜宿室中開窓見之有物當窓盤卧乃狗也敺之不去朝起視之卽狗
尙盤卧不去逐之又不去有知其狀者向余言曰此是日狗也此去日人家稍間而
其家有此狗令胤每於朝夕自炊供具奉飯盒往監獄前才出此門此
狗便跟隨風風雨雨未嘗不隨而反至監獄門前令胤立於門外待其飯盒
之出而泣涕不已此狗不離其側逗遛不去及飯盒旣出令胤還則狗
亦隨還至此家門前便辭去日以爲常今於出獄之日又此來衛驅之不
去此非尋常之事必是令胤之孝感而致然也滿座諸人皆爲感歎而
吾亦思之蓋本非常之事也余曰此狗或可買歸否諸人曰日人非吾族類必
無賣狗之理而雖或賣之價必黠然欲買則必不諧矣余曰然因敎右
遠發行之時撫狗而諭之深致眷戀之意而言其惜別之意蓋天幾之
感人歟未嘗不同尙恨其不得買歸也飯後出車塲升車甘英八聖橋
從昆弟隨至車塲而別午抵倭館親戚故舊來見者又不可勝記渡江

後路次來見者又不可勝記也日暮還家蓋自星邑滯留爲九日自星邑移大邱至初審公判爲三十一日自初審公判至控訴公判爲一百一日通計爲一百四十一日也

此錄成於十月晦間而十一月一日鷄既鳴(即陰曆)夢至一處宮室帷帳甚盛云是 上皇來臨大臣數人列坐堂上云是閔忠正泳煥也復吏一卒押衆囚四五人伏前數其衆告之曰衆人完用等正刑矣從官向余言曰出此門外廣告人民余曰此不可家喩而人告之也請作一詩而傳布於世詩既成大呼曰快哉便跳身一踊遂覺覺而記其詩詩曰

喜看武穆斬秦檜更願神州復漢都寄語吾東千萬族太平同我共歡呼

朝鮮儒林與中華政府書 (庚申八月孫晋洙自上海還傳金昌淑之言而要我一書作此而付之)

某等竊以爲天地之大而五方之人性皆同古今之遠而萬世之公義不易是以凡爲人類而失其性而背於義則人亦可以獸也生亦不如死也某等國破君亡與爲俘虜生固非榮死不足惜然其受於天之彝性不泯而平生

讀書而議究者人獸之別也今其至痛在中大義難屈則不得不灑血陳腔
仰首鳴號於大邦諸大位之下以聽其察不察也嗚乎弊邦僻在海隅土壤偏
小而但以箕師渡江八條字張爲文明之國國朝五百年右文崇德爲天下之小
中華及夫末年朝綱𢿙於內强隣伺於外而賊臣李完用等乘時弄權
賣國於日人彼日人者卯癸我宗社貶辱我君主虐待我民命小邦之民沫滯
飮血誓不作讐國之隷僕而所以含血茹痛大耐今日者亦將有待於皓天之返
而陰厓窮谷尙冀有昭回之日也迺違於戊午之冬國變屬生皇上暴崩人情
洶洶莫保朝夕適會巴里有事孤弱者許以獨立此聞傳播於世寡邦之
人於是乎瞠膿煩電渴喉引鬱內食之癖不得不潰乃於因山之日八域齊會
建獨立之旗倡萬歲之呼一日之間擧國齊唱是蓋義血溯中不怕湯火之
殺人而國未復則雖生而辱國復則雖死而榮也儒林郭某張某等三百
餘人擧本國情形書告巴里送金昌淑冒萬死涉滄溟號訴於萬國之
會蓋欲以日人奸觿之狀弊邦哀痛之情致達於萬國之席而尙庶幾見
憐而垂察也噫此一番呼萬歲及長書之人幽囚於日獄者不知其幾千萬

人而或中丸喫棒死而或放火而屠戮或赭衣而隸役或九死而僅生其困苦如此而人心
之團結益甚今於經歲之後上自京都下至閭巷連呼萬歲一箇箇摩拳擦掌
咬牙切齒若將不死則不休此可以見天意之所在而人心之所同也窃聞中華上
海之間有韓國政府而天涯萬里彈丸中絶或因聲勢孤弱非時月可期
或曰已承認於萬國而最得中華之哀憐國中之人翹首西望有若嬰兒
之望乳哺而吳鄂之旗幟遲回武漢之興復無期噫其悲哉茲曷故焉顧
今韓邦現狀苟或似此因循延拖時期則全國人命其將不救涸轍而訪之枯
魚之肆矣人命既盡則國雖復而其將誰與而爲國也窃念寡邦之於中華事
大最久今四千餘年皇明之世受再造之恩含恩感德至今謳吟而不忘但
我大行之末始建獨立之名而爾以仰慕大邦莫特列強之兄弟者哉大
邦之視之本同一家而今於危急存亡之秋不宜以秦瘠之視其理明矣且
夫日人之吞噬寡邦其意豈徒然哉蓋因壬辰之託寡邦被上國之厄
而今其驕恣跳踉倍甚於其時先吞寡邦次及南滿山東一路可探囊中
而神州萬里一超直入無全牛於庖丁之目是不但無寡邦於天下實亦無

中華於日人之心計也嗚呼寡邦之事已無可言而中華之人亦可得高枕而
無憂哉貴邦之政府諸公佩天下之重望任天下之大權秉天下之大義凡天
下之事無不可以總裁況寡邦之情如此其可哀者乎赤子入井仁人之所惻剝床
有災君子之所戒伏願羣公大人特察寡邦之情形且念我政府諸人萬死危險
賢勞王事其精誠義理有可以動天地而感鬼神者其可不惻然而為之悲耶
此在大邦特一舉手之勞也一旅之師殲兇衣而同仇旌麾東渡掃除陰氣中
華萬年永無東顧之憂而使我東人生死肉骨復見天日之光明則環東土
萬億含生世世生生敢不結草而殞首也哉某等海外腐儒文不能以黼黻皇猷
武不能以執殳前驅而亡國十年亂跡固當亦死而不得矣既因事會之相當以
一書而聲明於泰西今又陳其悃愊仰干崇嚴之下出位之言固知罪合誅殛然
秉性所同大義可伸則亦不得無望於諸公之曲察也嗚呼興滅国而繼絕世
聖王之大法尊中国而攘夷狄春秋之大義也以春秋之義行聖王之法中
国為天下之盟主而寡邦既絕而復興蠻夷退聽於遐裔則猗歟盛矣

豈不休哉某等毋令宗社空灑袁安之淚封疆萬里敢效包胥之哭無
任悵越之至

초고본

2

교정본

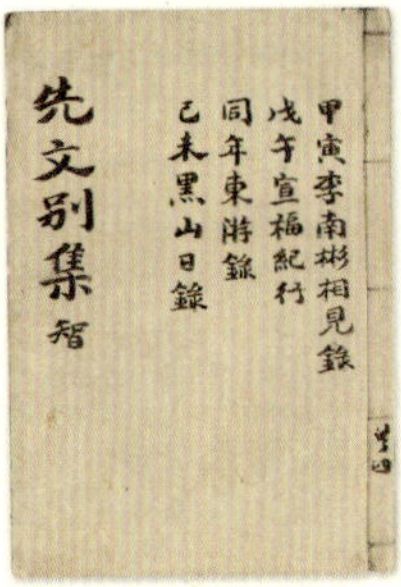

甲寅李南彬相見錄

戊午宣福紀行

同年東游錄

己未黑山日錄

先文別集 智

黑山錄 己未

是歲己未二月四日襄我 大行皇帝前二日京都學生在在蜂起建大韓獨立之旗大呼大韓獨立萬萬歲先是巴里萬國平和之會五大國爲盟主許孤弱國獨立之權而本國人李承晩伸明本國之冤枉諸大國皆感動其至誠云本國人孫秉熙揆知此事因此因山八路人大會之時遂教各學徒大呼萬歲唱起衆心一夜之間京師震動風聲所及近及各港口各州里數日之間八域同聲至於山氓野叟婦人孺子唱予和予天地震盪蓋亦天意之所在非人謀之所及也余唯此時凡爲人類者莫不蠢動而名爲吾儒者十年囚舌斂門飲泣而今因千載

之一會其可以不做了 一口氣耶第念呼萬歲則已是擧國之所同而吾儒之事則只可以文字而申明義理而已遂作一篇文字通告道內其文曰

嗚乎吾人皆戴履耶衣被五百年 先王之化而躬逢此世閱了門喫了飯作無懷氏之民歟天運循環無往不復反聞近日時機一變萬邦之公議不泯天下之大義終彰漢師以下名都巨港萬姓鼓舞士女齊呼天意人心以此可知而有彝性者所可感動也竊念吾輩平生所讀何書所講何義屋社以來做不得一事而今當千載之會其可以不做一聲而甘作彼人之俘虜乎夫士殉道則可矣未嘗有殉社之責然

今日之義則亦自有別噫彼賣國諸賊弒我 皇上春秋之
義亂臣賊子人人討之可也且彼賊臣扮做儒林代表潛通
各國眩弄天下之議沮塞獨立之事此若任之而不爲自明
之地則所謂儒林將與國賊同科而天下之人又安知本國
之人情乎鄙等不勝憤抑茲敢布告於同志惟僉君子隨其
所在鼓發彝衷使吾同胞之人同此忿疾且以一書布告天
下聲明我一國之心且討逆臣之罪俾不容於一天之下則
邦國幸甚
既布告道內又作一書抵總督府其書曰
嶺南儒生郭鍾錫(將以郭鍾錫爲首題)張錫英李能學等謹書于總督

府總督閣下夫達大體者識天理之順逆明治道者察人心之向背天之蒼蒼若無所視聽而視聽如響民之蚩蚩若無所識知而知識如神天何言哉人心即天意也順天者昌逆天者亡可不懼哉嗚乎我韓之人自合邦以來十年之間緘口囚舌莫敢誰何貴邦以謂服其心耶自我 太上皇帝陟方之後舉國騷然上自京都下及閭巷建獨立之旗萬姓齊心萬口同唱雖百死而不悔者是孰使之然哉天也非人也蓋嘗言之賣國之得國於賣國之逆臣己非天理之正而我韓之人未嘗心服不心服而其能久假其服耶今有病癰之人不治其內而彌縫其外自以謂己其癰者鮮有不內食不

已一朝而潰决此必然之理也貴國自得國之後尚用厭迫之手而今於呼萬歲之塲囹圄充滿砲聲震天積尸載路是則欲救燎原之火而使之吹噓而益熾也夫好生惡死人之常情也今我韓之人冒白刃而北首爭死者豈惡其生而樂其死哉直國復則死猶榮也國未復則生不如死也二千萬生靈皆願舍其生而復其國則其心之團結已可知矣人心團結則許以自國之獨立非今日萬國之公法耶萬國之公聽自在而天下之目非衛朴之所可廢也貴國不念萬國之議又不念韓人之不服而專事强制留時迷象尚不許以獨立之權而將使生靈魚肉天地震盪是可曰順天理而察人

心乎寤念閣下以全權之臣寄一方之命目見韓人之情形
矣假使二千萬之民族一朝殄滅則已無可言而苟有孑遺
之民則將不禁其不服之心矣惟閣下千萬細思恢張公議
特遵當初馬關之約我韓則依舊獨立貴國則撤還本國兩
國修好還尋三百年友邦之義則天人胥悅其將永有辭於
天下萬世矣鄙等山野鄙儒竄居讀書不敢聞於天下之事
而鄙等亦二千萬之一也疾聲一號暴其悃愊苟蒙見采於
善說則千萬幸甚

文旣成爲書於高山宋舜佐浚弼曰吾爲此兩書一則告道內
也一則抵總督也第念道內國內之人旣皆皷動矣似無待於

此書之通告矣且以總督言之渠只是管轄一方之政治而至
於獨立許可乃是日皇之事非總督之所可為也兩皆休罷而
或可於巴里國會投以長書宣明我一國之民情乎幸亞回示
明言其可否也舜佐之答淚以告道內最為得宜而使少輩治
印吾文將不日宣告云矣余又為書於郭俛宇曰時事至此吾
輩其可以惜一死而無言乎如欲有言莫如投書於巴里如欲
投書於巴里令公不得不首題其名大抵時人皆以令兄為惜
死之人而令若隱默則令兄雖生而猶死也惟令公圖之俛宇
答書曰吾非惜死只怕浪死兄亦以我為惜死耶巴里書吾亦
思之此不可已也呼萬歲非吾輩事也云云見其答書甚合吾

見遂作巴里一書其書曰

韓國儒生郭鍾錫張錫英等拜書于巴里會中鍾錫等乃亡國之賤儒也殘命不死十年閉舌不敢聞於天下之人者以其爲他人之厭迫也今因事會之可言而敢不以其所懷自陳於萬國平和之席也哉鍾錫等竊伏聞巴里萬國之會至許波蘭等諸孫弱獨立之權矣我韓情形獨不及爲羣公之矜恤則是誠太陽升天萬物咸覩而獨不照於覆盆之下也嗚乎鄙邦之吞噬於日本今十年矣請言日本之前後情迹也鄙邦之於日本三百年之隣邦也頃在丙子日本井上馨等有江華之盟乙未日本伊藤博文淸國李鴻章有馬關之

約皆許以朝鮮自主獨立其後日本與俄國宣戰時通牒迺
西列國亦曰鞏固韓國自主獨立凡我數條皆天下人之所
共知也奈彼日本外修隣好而所以實施於韓人者有若別
人行別事也甲申竹添光鴻刼還我皇帝屠殺我大臣乙未
三浦梧樓潛兵犯闕弑我皇后閔氏乙巳伊藤博文潛結賊
臣宋秉畯作一進之會自謂曰國保護乃國民之願其年十
月與賊臣李完用等自搆五約脅迫我皇帝勒調御印我皇
帝自誓以殉社之義而大臣閔泳煥趙秉世等皆死之其他
縉紳章甫武士衛卒草野臣庶或自決性命或被拘致斃者
千百爲計而及夫海牙之會李儁等剚腹揮血以明本國之

情此則天下人之所共睹也其後庚戌日本與逆臣完用等
諸賊脅勸君上稱以讓與遂爲合邦之擧高官厚金以償逆
臣賊降我皇上拘於別宮虐待我民命視若畜生韓人迫於
虐隊不得自做一聲而十年之間有若失哺之嬰沫涕含血
靡所依泊矣去年巴里萬國之會制疆悍而恤孤弱如鄙邦
之無告者尚或可以丐其餘瀝而賊臣完用等先偵此機或
慮有獨立之事自稱本國代表之人脅勸我大行皇帝欲得
御押以實其言而皇上不從遂於一夜之間皇上暴崩嗚乎
尚忍言哉及國葬之日一國人民大會京城本國人孫秉熙
等身先倡起以巴里之事宣言衆中傳聞所及萬姓歡呼連

大韓獨立之復唱大韓獨立之號內自京都外至各邑各港
一時齊唱聲動天地日本之人所在收縛而身雖被縛口不
絶聲雖無知小兒皆踴躍而歡呼窮山僻巷匹夫婦之愚無
不輻湊而鼓舞彼日人者欲為彊制而收縛聲動閭閻充溢
而人心之團結日甚擧國洶洶皆以必死為期無有解散之
心此其天意之所在有非人力之可至也蓋嘗言之鄙邦雖
為日本之所吞而先王之化肥髓已浹祖國之想寤寐難忘
而一朝為日人之强制無一人欲為其臣僕者彼乃誣告萬
邦以謂得其心願意上天臨之萬國有耳目其又可以瞞過
耶是宜億兆熱血潛滯於一腔之中待其時而自發其勢不

得不然也第念今天下有人皆平等也有國皆自主也奚獨鄙邦之人不得自立而被人厭迫悲涼憔悴以死於溝壑也萬國羣公統萬國之務任平和之責其於天下之事無微不燭而獨於區區鄙邦不得蒙平和之澤耶顧今時機一變民智已發達矣人心已團結矣鍾錫等不敢不以本國情狀仰聞於閤下伏願羣公大人細察其本情特依馬関之約及甌西通牒之例許我以依舊獨立自主之權得免日人之羈羅而并列於四海之同胞則是豈特小邦之幸哉實天下萬邦之公義也如謂鍾錫等以無情之辭辱誣萬國則願與日本委員并坐會席之下質其曲直理屈辭窮則甘伏誣罔之律

惟千萬垂察焉

文既成見寗佐書其意欲與子弟門生出生於闕廟等處建儒林之旗一唱萬歲鼓發衆人之心答其書畧言為吾儒者未必為呼萬之舉而既不呼萬則巴里一書不可已也因謄送此文請與聯名適金昌淑自京回言十三道儒生方會京師將以獨立事抵書巴里而非郭俛宇則無製此文使昌淑急下請文于俛宇俛宇曰吾今昏耄無以下筆必得張晦堂之文可也因抵書於我甚要作一文字以送昌淑則既傳此言遂向左峽去為得安東禮安儒林之名而共之也余遂書巴里書一本使家姪始遠齎往茶田與俛翁議其可否其回見俛書曰此文過激不

合於用不得已用自己所作文書一本以來而要我點化之其
文曰
朝鮮賤士郭鍾錫張錫英等敢悤告巴里平和會諸大位閣
下天覆地載萬物幷育於其間大明之照大化之行其道可
知已自夫爭奪之釁旁起而强弱之勢分兼幷之權用而大小
之形懸以至毒人命而恣其威竊人國而私其有嗚乎天下
一何多此也此天之降仁武於今日奉若天地之心照大明
而行大化一天下而歸之大同俾萬物各遂其性者也於是
萬國同觀四海一晏而乃或有聞風而不獲實德綿究而不
徹公聽者豈諸大位之用心獨於此有殊哉抑別有以也則

其所以瀝血陳腔仰首鳴號者亦出於至痛迫切不容自已
之意惟諸大位試察之嗚乎我韓之於天下固蕞爾一小邦
也不堪比數於諸大邦之列而尚賴神聖之後域三千里人
二千萬口維持存保四千有餘年不失爲半島文明之稱亦
萬國之所不能廢也不幸通來昊天不吊文弱成習而國威
不振賊臣內訌强隣外伺馮其武力挾其詐智脅君而鉗民
勒成條約從而攘國土廢天位而無吾韓於天下矣噫日本
之所爲槩可擧矣丙子之與鄰邦大臣盟于江華也乙未之
與淸國大官約于馬關也皆以我韓之自主獨立爲永遵之
證癸卯之宣戰于露國也通牒于列國斷斷以鞏固我韓獨

立為聲明此萬國之所共悉也曾未幾何機詐百出內脅外
欺獨立變而為保護保護變而為吞併誘之以韓民之情願
圖免萬國之公議是不惟無韓於其手分實亦無萬國於其
心計也未知萬國羣公其真以日本之所為於我韓者為無
傷於公義耶為不失信於萬國耶鄙邦臣民祗知赤手空拳
不能自奮以有為然謳吟永歎惟晝夜於吾君吾國曰尚上
天之鑒我大運之好還包羞忍恥艱辛顛倒于茲十年所冀
自聞諸大伍之設平和大會寡邦人民踴躍奮激以為若萬
國而平和也吾韓亦萬國之一也豈應獨使之不平不和也
既復聞波蘭諸國皆能獨立則又復羣聚呼萬歲曰平和之

議已定矣彼何國也吾何國也一視之仁亦若是已矣天其有時而好還矣諸大位其從此畢其能事矣吾儕其從此有其國矣吾其卽死而瞑于邱垤白骨且不朽矣莫不睢睢盱盱以俟好音而邇近之頃天又不吊寡君卽世擧國涵涵痛徹穹壤乃於國葬之日各教各社個人男女猶唱獨立之聲奉慰吾君之靈雖捕縛鞭戮交加於前而徒手爭先就死而不悔此可見窒鬱之衷積久必洩而抑亦諸大位之啓其機而鼓其勇也然而因循歷月尚不見劃然之區處則又且疑且懼恐寡邦之無由以自達而中間用事者之反覆機詐有以惑諸大位之視聽也請更有以辨明之天之生萬物也必

有是物之能力小則介鱗昆蟲皆有以自由活動人之自爲
人國之自爲國固亦有自人自國之治理能力吾韓雖小環
三千里數二千萬人歷四千年其能足當吾韓者自不乏絶
初何待隣國之代治哉千里不同風百里不同俗彼謂吾韓
之不能獨立而欲以彼國之治理加諸吾韓之風俗則風俗
之卒不可變而所謂治理者祗足爲成亂之階此其不可行
明矣治理之卒不可行而說於公會則曰韓民之願附於日
本久矣韓民之自爲韓民不惟其疆域風土之已定抑亦所
得於天性者然也是以寧屈於一時而受威脅之權而其心
則固將歷千萬年而不失爲韓國之民也本心之存安可誣

也心之本不可誣而欲用萬國所共發之威權以壓萬口一辭之公議此於日本亦未為得計也昔在海牙之會寡邦之臣有李儁者奉寡君之命夜行晝伏冒百險之艱赴愬于公座至乃刳腹剖心以鳴其冤則在會之人或至屬目嘘唏而終不見有為之敍其情而謀其後者寡邦之人至今相語未嘗不痛恨於悒而繼之以血淚也鍾錫等山野癈枯不及詳聞于外邦事實而猶自以為舊國臣子依先君之遺風粗從事於儒教之門今當大界維新之日國之有無在此一舉與其無國而生不若有國而死與其自枯於偏陬孰若獻身於公聽並觀之地一以自暴其鬱抑而俟其進退之也海陸逕

絶閑禁嚴急恐累足未達而疾號不聞朝夕之命無遠於營
壤之痛則此世此懷永無登於自暴矣雖以諸大位之仁武
亦安登其必算及於不見不聞幺麽幽耿之一偏邦哉茲敢
修咫尺之書命一部同情之辭具十年生受之實奉便風於
天涯萬里之外誠悲劇迫切不知所云惟諸大位憐而察之
盖以公判之議使大明之照無不遍而大化之行無不順則
不惟鍾錫等之無國而有國抑亦道德之幸甚於一世而諸
大位之能事畢矣如猶未也鍾錫等寧駢首就死而誓不爲
日國之僕隷二千萬生命獨不關天地之所育而懨條暢之
和氣乎惟諸大位圖之

既見此書余畧加筆削而使高山宋奎善送于荼田李能學適來訪見督府書及巴里書大喜曰吾年八十死何足惜請與同名余壯其義而諾之書送其名於荼田二月晦間金昌淑自安東禮安得諸人名帖而還于荼田翌日發行自北京將轉往巴里也枝村鄭宗鎬來言大邱尹巨濟相泰有志人也聞此間有巴里長書事願附其義而且有緊路於米人可以轉達于巴里願得那書而信付之遂寫一本傳與相泰蓋為昌淑之事萬有一失則不害其為兩路并付也

三月初二日本邑市日也本邑儒生及教徒及市人將以是日大呼萬歲風聲聞甚壯是日食後邑巡檢二人來言曰大邱警部

一人來到本邑請與相見余曰有文字乎曰無曰旣無信蹟吾不可往巡查一人卽乘自行車馳往邑中頃更持文字而來不得已命駕而往至邑近萬歲之聲震動山嶽遂乘轎直入警署署長及警部金鍾元迎我坐椅上待遇甚恭警部曰在達府已聞尊名而此中公務甚煩不能躬往有此請見休罷休罷余曰何以請見曰老人丈爲儒林之長而彼呼萬歲者不爲諭停乃反贊成云故敢問其由余曰呼萬歲乃市人之事也吾未嘗呼之又未嘗贊成然今日萬歲之呼乃天意非人力也彼許多呼萬歲之人豈待吾之贊成耶吾不贊成則其將不呼萬歲耶且吾雖未嘗贊成然吾心則與彼呼萬歲者無以異也且君是韓

人也君雖不呼萬歲而其心則與彼有異乎金鍾元曰吾亦韓人豈無是心乎署長曰聞老人丈喜為詩會云請勿復爾也余曰吾少時未嘗不善為詩而自世變以來發口皆悲憤之辭是以全廢詩會也署長曰他無可言請出署長以下皆下堂而送之才出署門市人屢百人簇擁轎邊隨至旅館請我一呼萬歲余曰日已暮矣吾不得不歸而日暮不散恐生他變君等可即解散也遂促轎夫發行才出邑外萬歲又一塲大起而須臾砲聲亦起市人如風雹之散蓋數千市人日暮不散黑夜處處連呼萬歲日人慮有變怪遂發砲軍所在放砲而砲死者六人中傷者十餘人云噫使彼市人早聽吾言不至於此而匹夫之難

曉如此也乘夜還家 ○ 初九日本邑警部朴在純率巡查二人
來搜索家中文牘壁藏衣籠及小小凡案無不開見凡朋友往
復書札一一搜出而又一一審見其或有語到時象者皆取去
焉且曰以巴里長書事有所查覈請余入邑不得已命駕偕入
至警察署宋舜佐及其子侄二人(宋晦根 宋壽根)及李忠夫(基定)李聲
玉鳳熙李執中(基允)宋賢伯(奎善)兄弟等十餘人或以巴里長
書或以萬歲事先已拘囚獄中而獨舜佐拘之房中不脫其冠
衣蓋待遇也是夜警部呼我入審問室問與郭鍾錫有巴里長
書否又問有通告道內及總督府長書否余曰有之彼曰已皆
傳去否余曰道內告文則少輩活印之督府文亦有委任者而

吾與宋浚弼今皆被拘其傳之與否吾不可知而已里書則郭
鍾錫已發送之矣彼曰其文皆可記誦否曰耄昏者何可記也
彼曰辭意云何曰其辭意則如此如此也彼乃一一錄其言要
我着指章余使之一讀而着指於其文警部曰儒林待遇異於
他人之拘因使之衣冠而處於堂上曰前高山往復時石安基
持書而往坐此為罪吾入邑時隨吾偕入拘之獄中翼日放出
李寅先曾與吾書有言及長書事亦坐此而捉來拘囚李景載
德厚成洛賢大涀亦皆以長書入名入來 一次審問後即使出
去巡査輩以一文字示余乃賊臣完用警告文也余曰吾不顧
見此人文字曰其言曰獨立萬無必成之理無為浮言所動云

如此至言何不聽信而長書之爲也余曰此人此說吾不願聞
君等可休罷也○十三日署長語余曰老人全不開明至於世
界形便似不辨菽麥矣此間多開化文字可遍覽否余曰吾所
知者聖賢書而已本不閱於開明文字而今已日迫西山何可
回頭向他岐去耶以吾所知而終吾生足矣○十六日曉頭警
部告余曰今日將移往大邱聽上府處決已指委外間等待轎
丁矣須臾乘轎出署門吾子姪及各家子弟皆等候門外矣是
日同移者二十一人而皆高山大浦及鄕內之人也以鐵鎖鎖
其兩手以繩縛其腰兩兩成行夾道而去滿目慘淡不可形喻
巡查十數輩皆帶銃砲軍十餘人皆荷砲相間列立簇擁左右

各家子姪皆歐逐而不敢近至村前近店子婦使婢負鳳孫號泣伏轎前見之不覺傷心强自寬之曰豈謂余死而不返耶死生在天不足憂也因號鳳孫曰拜鳳孫從婢背上點頭屈腰作拜狀余撫之曰善在遂行至倭舘車塲親戚故舊沓來見者甚衆遂升車須臾至大邱下車升人力車至裁判所前半日留置於拘置監晡時巡查二人押入裁判所檢事一人通辯一人列生卓上使余立卓下余曰老夫不堪立語遂生椅上通辯傳檢事之言問所居坊里年幾何所業何事從前有受律與否余隨其問而答之彼曰與郭鍾錫爲巴里長書請以朝鮮獨立有之否曰有之彼曰又爲通告道內及總督府長書有之否曰有之然

道內書則道內之人皆已鼓動書或無益督府書則擺立認許乃日皇之事非一箇總督之所可許故吾雖作文而衆論携貳適吾被捉至此其傳書與否吾不知也彼曰其辭意則云何曰今不能誦其文而其大意則如此如此彼曰煽動人心違反國法可乎余曰吾自爲吾國之事而貴國法之違反與否吾所不知也彼曰出去遂隨巡査出拘置所宋浚弼以下諸人皆以次入裁判所出來少間巡査要吾與宋浚弼以下諸人往監獄署入署門至事務所有一日人坐卓上使吾輩脫冠網及上服有皆且而難之者輒下來奉踢而辱之雖欲不從而不可得也遂先脫冠網次脫浚衣次脫小周衣次脫襪彼皆書各人姓名藏

之別處使一人引吾輩入署中夜已向深皆露髻徒跣隨後所
之至第一監十三房有一人迎之即渠所謂擔當官吏也開鎖
金使投房中與吾同入者宋浚弼成大湜李鳳熙宋奎善李基
定等諸人先處房中者十餘人皆異教人也執中諸君落後不
知轉入何房念不能忘也夜與諸君相對歎息而又隘狹不能
容也蓋署中有一監二監三監其他病院及長廊不知幾千百
間而監皆十六房兩邊爲房中爲堂堂及房皆鋪木板房皆一
木門門中爲穴可容一手被以鐵絲網對壁有二穴中立六鐵
柱雖賁育莫能撤却而僅通外氣而已所謂擔當巡查終夜巡
行於堂上窺見各房鐵網隙有不跪坐者有私相言語者有生

不向他人背者有晝而卧者有夜而不卧者皆開門入犯頻蹋
腰百端凌辱蓋韓人之入此中者曾畜生之不若也房之一隅
置水桶朝夕受水一隅置糞桶𡱁尿皆於桶上而後入者必居
糞桶傍至食時官食則房中喫私食則臺上喫食必跪坐又相
背坐不相通語不相流睇署中徵役者常時不下一千五百人
而今番獨立被罪者至爲五千餘人通十三道爲十七萬名云
每房人數每不下二十四五人而坐卧稠疊肩背相磨夜不堪
卧或生而待朝入獄之日或慮此心之有變遷作一句語以自
警曰
斷送一點和泥氣常持千仞立壁心

居一日巡查輩開門請剃髮李基定以下諸人以次引出一齊
削去少頃僧頭十餘人以次入房見之悲惨不覺失聲一哭也
次及舜佐舜佐放聲大哭不出門外余亦執舜佐手而大哭曰
斷吾頸然後吾髮可斷彼輩相顧曰老人姑且寛之待旣决而
削之未晩也又居數日看守者向余曰居處狹隘老人最是不
便請移他房乃十五房也稍似寛裕日人徵役者所居而畧干
餘人也其人皆强盜殺人無禮無義者而見我疲癃慢侮太甚
困迫日至而獨有金春吉者自稱居金海向我頗致欵又有廣
園吉太郎者呼父於我而不無情念又有由郎者貌甚不揚而
頗識字云故以絶絶句相和之蓋幽囚中初無紙筆可寫凡言

語皆以指寫於席而此亦彼輩之大禁也○二十五日自裁判
所送巡查謂有審問盖獄例入獄日始一審問旬日前又一審
問二十二日內有公判而若過廿二日則付之例審無期限云
朝後衆巡查會諸罪人於一處各於兩腕以鐵鎖之又以一鐵
連鎖兩人之手又以鐵索縛腰頭戴蒼蒙笠足掛倭屨兩人爲列
合五十餘人縣綴而去余唯手鎖腰索非力可免不得不任渠
所爲而足屨則窄跣而不欲着遂投之而跣行足刺如針果所
不堪也入裁判所拘置監以次招入次及於余檢事曰違反國
法煽動人心非國家之賊耶余答而曰裁判所乃決訟地也吾
請以訟理言之令有人奪人土地而被奪者欲覓土地則奪之

者賊耶覔之者賊耶覔者與奪者來訟於裁判所則裁判官將以何者爲賊彼無荅乃曰巴里長書時往復於郭鍾錫否曰然彼曰何日往復何人持書而往余曰余固耄昏不記其日子又不記何人送書也彼曰郭鍾錫言張博士始遠持書而來何故欺情余曰始遠乃吾姪也郭鍾錫之言如是則又何必問我也且夫知其有往復之事則足矣必問其持書之人送書之日何濟於事不亦刻覈之甚耶且郭鍾錫之言何以聞之彼乃以一幅長書示余曰知此書爲何書耶余視之乃倪宇所送巴里書也曰此是吾輩所爲巴里書也此書何由而來彼曰郭鍾錫持來余以是知倪公來也彼又問通告道內及督府長書辭意如

何余答之如初遂出○四月十日余謂捲當巡査曰彼同房徵
役輩無道太甚侮慢老者吾不堪久處於此可使我移於他房
否捲當曰此非吾所自主報告於典獄署長然後可諧遂請願
於署長署長使巡査請與相見余隨往焉躡二層梯升最上層
有一人袖綴兩金圈坐了椅上云是日官之高等也余坐對椅
上言移房之意署長曰此非吾獨斷洵同于此中各官吏可也
請少俟之其人年可六十言貌甚恭待遇頗隆焉○十三日有
一巡査來言以署長命移房引余往拘置監第十五房乃日人
未決囚之所居也見居者三人蓋日罪囚之居多不過十人以
下也自此居停甚寬然自在一監時所與處者日人役雖終日

喧聒吾不知其何說又無書冊可見又無四友可以書寫大抵有耳而無所聞有目而無所見有手而無所用長長夏日獨坐如泥塑人夜則終夜無寐獨自臥起言念身世良亦悲歎是月初家兒賫學案十四冊自外入送乃淸儒陸稼亭以下諸賢心性理氣說也自是以後稍可消暑而每遇會心發聲諷讀則彼人輒訶止之蓋日本讀書之法心讀而不發聲云可笑也○十六日云是公判朝後又鎖縛如初入於拘置所諸罪人一齊偕入於裁判所俛令亦入來此是十年後初面而今相見於兒府之中直欲握手一痛哭而拘於彼法不能一語相酬悲夫吾與俛翁及舜佐長書諸人爲一列其他呼萬歲者各以次爲列而

各人之親戚故舊來觀者洞開門而并許入見盖千百計也判
事檢事列坐卓上而最初問於倪序倪序云云以答次及於余
余曰此事原委本於呼萬歲而身爲儒者只可以文字明義理
故呼萬歲則初不爲之巴里書則果與郭鍾錫相議爲之彼曰
文是誰文曰郭鍾錫所製而吾亦自製一文也彼曰聯名乎曰
金昌淑之去吾不見之文字正本吾亦不見然此事乃吾之所
倡起也吾名豈有不入此之理乎吾與郭鍾錫爲四十道義之
交而同功一體也况此事乃兩人之合議則聯名與否更何論
乎次及尹佐以下諸君皆以實對檢事曰金昌淑郭鍾錫張錫
英皆處以二年懲役宋浚弼一年半以下長書人及呼萬歲者

或十二月或十月處律判事曰以今二十日(卽陰曆二十一日)入受判決卽皆起身入內受律者雖欲言其不可受役而無及矣皆退出還入署中○二十一日又鎖縛如初入裁判所判檢事列坐如初以次判決而無少異於公判之說問答畢仍處之以二年徵役退還署中自念當初擧事知有禍機而二年處役何其酷也朝暮之年無復望於生出獄門而與其赭衣而織緜網荷蕢桶苟求生活無寧一死之爲安而自縊自刎以傷遺體初非聖人之法門第唯夷齊之清聖而聖人許其餓于首陽吾今不欲處役則寧自餓死泉壤之下見夷齊而無愧也遂作八絶詩以誓死其詩曰

妄擬江南明社復徒然海北漢旌吞室家妻子都忘却阿臭
蒼磨亦自安
如人如獸此何地非死非生我久留那時劈却千重鎖一隱
長空寫我愁
板門生出杳無期却憶蘇郎羝牧時時復看看乳也未勝吾
終日生無為
三載文山柴市在十年洪佛冷山遲吾今老矣生無益苟活
牢中愧望之
匹夫為諒奈非當文毋遺身況可傷追惟古聖求仁地獨有
夷齊餓首陽

三朝絕粒不知飢此去重泉問幾時回首三韓千萬里可憐
人命畜生微
吾人大義不曾隳生與同生死與歸他年我有東門目會見
韓人自立時
斯道平生我自任禮書勘覈尚餘今直卿不見身先死後輩
何人述此心

又作詩歌三章其歌曰

八(팔)公(공)山(산)져구름아 每從門隙中望見八公山餘麓雲烟黯淡不禁悲憤下淚 오고가고너
는自(자)由(유)로다너도사故(고)國(국)悲(비)懷(회)못보는가往(왕)來(내)間(간)비춘주든기
淚(누)水(수)로다

金烏江(금오강)깃픈물은누를위하야맛비가노漁父(어부)야비머물너라

十七萬(십칠만)寃獄淚(원옥누)져江水(강수)와비교ᄒᆞ시

三角山(삼각산)켜닷숩고漢江水(한강수)가깁것마ᄂᆞᆫ五百年(오백년)王家疆土(왕가강토)一(일)

朝屬誰家(조속수가)오啓母石下(계모석하)呱(고)呱(고)聲(성)이나져가마子何處止(하처지)오

詩成後自念吾雖死矣獨此二詩爲信蹟而咫尺千里無由可達於吾兒生前死後此將泯然適因出堂寫抵兒書每空日則搪當巡査問囚徒爲書札者有則出堂上列坐書之預備一片小紙暗覘彼輩不見潛寫此詩將納之衣領中以備身死後家人攫見寫未畢被巡查輩之窺見詰問而遂攫去之自公判日爲始凡三日絶粒不知甚飢而筋力如常譫言餓死者男七女九其言似誤也三日而猶如此

大畧不數十日則似無可死之理也第四日[二十四日]有人從門隙中叫余曰為控訴乎余曰控訴何謂也其人曰凡一審曰地方法院二審曰覆審法院三審曰京城大審院一審而不欲爲役則控訴於二審又不得則上告三審也因以一冊子列錄控訴者名而授余曰欲為控訴則姓名下着指章若過五日則雖欲控訴不可得也余不詳其事狀而咨且未決諸巡查等自外力請曰公之三日不食雖死而其死無名公今年老矣徵役則非但不能堪亦不宜爲也若控訴則下不失執行猶豫[在家受役]請勿復疑余唯死非樂為亦固無名姑從彼言且觀受役之期限而觀他下回之如何可也遂着指於名下○二十七日有日人伯歧

者以私欵罪入来其人善為解語其言曰吾坐因警署已近十日而竊聞警察官吏相語曰星州罪人雖受两年徵役然其人自十歳前有才名令名滿一國年今七十此人不久必為執行猶豫云今見先生此必是先生之謂也願先生勿慮不久當出獄且曰星州吾足迹遍踏處往来星邑時夙聞尊名也余曰余本無名何以當此言也其人又稍解文字時復以言語酬酌稍可慰懷也○五月一日自裁判所謂有檢事調查事呼余入檢事曰大邱禹氏一人春間曾有一來否余曰大邱禹氏初無知面所知者只是禹玄風也彼曰禹玄風何名余曰其人死已三十年間名何用吾又忘其名也彼曰知其子孫乎曰初無知者

役曰二月間的有往拜者而何不吐實余曰記得春間余方往
遊隣洞而出門之際有一人拜之余曰吾方有事往隣洞而不
能待客請與吾子姪輩安坐吾將不久即還矣其人曰渠亦辭
退數日後當更來遂去其後不復來見今更思之此人似是禹
姓云役曰其人之名不入於長書否曰出門暫見何暇語及於
長書事耶此則吾所不知也且曰吾既控訴則無所関於裁判
所矣裁判官何故呼我也若有調查則來我而調查可也鎖吾
手而縛吾腰呼入於無所関之裁判所此何法例也役曰郭鍾
錫則不為控訴張錫英則控訴事同而處事之異何也余曰人
見各自不同處事亦或有異控訴與不控訴者其事則不同而

其心則未嘗不同不控訴者非自服其有罪也控訴者非自丐其免罪也旣疑我控訴一欵則吾當爲一書而明吾志也請借紙筆役曰此無格例不可借也日暮還獄中屢回思量不可無一言自明使彼輩知吾控訴之義也遂投書于控訴院其書畧

曰

此身之有罪無罪可詳於前後問答之辭而在日本則謂我罪人在吾韓則當然底義理也設有大罪徵役則不可受也七十年讀聖賢書身爲儒林之首而其可以苟活於徵役之辱乎此則萬無可受之義而旣不受役則唯抵死不服然後吾志可明爲此控訴乃所以明吾志也貴國之人旣謂我以

罪人則寧可處我以死刑而徵役則吾不可受也
初四日警察官率通辯出來調査於我問曰柳必永柳潤博李
晩燁李能學盧相稷等知之乎余曰知之又問其所居邑所居
坊里余曰某鄕人某洞人面名則不知其下列問一百三十餘
人知者答以知不知者答不知問畢遂去余唯此皆巴里書中
人也那書發於二月晦間而洽才數朔業已綻露彼輩之調査
苛刻大率類此未知昌淑君已達於巴里耶抑未達而露出耶
獨坐思量不勝憂慮也○初五日與家兒面會蓋獄例未決則
一月再面會旣決則二月一面會也入獄之後面會變例而數
朔之後父子相見悲不可言自吾來此之後兒子右遠及始遠

并留旅館吾之朝夕私食渠輩自手供饌而每時買了魚肉烹
飪調味而鎬鐺之屬皆具有若別設一産云監中有沐浴湯以
木爲函四圍各數丈而盛以熱水使各房囚徒五日輪番一浴
余初間不欲出浴而晩後試一出浴水熱如蒸精神爽然自覺
每五日一出夜則長懸電燈蓋日入則電燈自明日出則自滅
每兩房穴壁而掛琉璃使兩房通明而終夜不滅者蓋備暗中
有非常之變也所謂擔當名稱渡爲人頑慢初間待我甚薄久
後忽加敬待每曰吾視公如父毋每吾之裁判所出入隨吾之
鎖手縛腰以此報告典獄署長曰此人年老長者特加待遇署
長又報告于裁判所出入時脫去手鎖但以細繩長長繫腰特

位於家囚徒之後蓋優待也且於朝夕食時以次呼班號出坐堂上而百餘人食畢入房之後使余出食又於數十百人面會入來最後使余出會至於沐湯時使余與日人同房者最先出浴入房後出他房之人其言曰先人群居同食則飲食易噎面會沐湯群出群入則易為顛躓故待遇如此云然探其實際則以我為首罪人渠所謂上官密通於監獄中居處出入飲食之際嚴防其與韓人相見或慮其有交睞私談也是故監中人皆目我以國賊云可笑也安坐喫飯飯不消下故只進朝夕兩時飯兒輩屢書欲進午飯而吾不許既不午食則掃除輩例進官食太飯此是雜以沙石者不但不堪食吾豈為渠輩所謂官食

哉嚴禁之使不進而掃除必進食於壁孔中曰此傳例也日人
同房者固請我勿禁渠輩私自分食以此之故向我稍似溫恭
世間矣京大宰類此也陜川居朴性薰者自云主事基鎬子也
基鎬吾十數年情親之人而屢受吾文字者也性薰見我甚歡
待而吾亦待之如子姪生在禽獸群中已屢月而忽見故人之
子可喜也有阪元正行者日本民議黨也以與政府不協衝火
於其外務大臣之家而受律來此者也年今二十三狀貌儒雅
稍有識字而卒業英文又善英語向我執弟子之禮曰出獄之
日願從先生受學為門生余曰君與吾長孫同庚君若先我出
獄則訪吾家與吾孫同學以待吾還自此人之入稍可慰懷而

每以指爲席酬以文字每見我有憂愁之色則輒曰悲歎無益願自安心又或曰基督曰欲後伸者必先屈先生必有大伸之日安心以待天命又或曰有捨己神必有救己神願先生安意以待神救又或曰心配無益(日人以心憂謂心配)心配而自死者愚也死生在天不必爲無益之心配也余曰吾非汝師汝言乃吾師也每日以此等說消却永日而其言往往多格言居一朔竟受一年徵役往于役房其去時語余曰先生二年吾一年吾之出獄必先於先生出獄之日先訪先生之宅當與令孫同學以待先生還此意教示於令孫千萬伏望因書一絶詩曰

男兒立志出鄕關學若不成死不還人間到處有青山埋骨

何須在故園

山洋伏呈

山洋其自號云也且曰此是英詩體與漢文少異也余和其詩曰

幽囚幾日似鄉關賴子才明慰我懷知君志氣立如山他日應須訪我來

余曰君若先我而出則先往吾家待吾之還我或有天神之助先君而出則吾當待君之來一年之後君必訪吾相見之日以此詩為證相與揮淚而別自別阪元益復無料無所獻為每看書倦或端坐主靜收斂心神或從壁孔中窺見日影之長短日長如年晝而待夜夜而待晝得過一日如度十年同房之羣不

遲時復慢侮百端悶不可言余嘗有不卧工夫自朝起至夕後卧寢前未嘗暫卧蓋數十年今用此工夫終日整坐與後輩不相計較彼之稍慧者終亦敬服外間所聞寂然不知而或因面會時出外見新入署中者私相告之曰願安心進飯朝鮮獨立已得萬國許可而不久可成云未知果否稍可慰也謾唫一絶曰

一封朝寄海西書夕入監門作釜魚北地王春何日暢獄中枯骨也吹噓

有巡檢一人每日往來於門外見我苦楚之狀若或注目而相矜一日瞰門外無他巡檢以其鉛筆題一句詩傳與我其詩曰

雨雪風霜過去後一輪明月在江心

觀其詩意蓋題余而慰余令雖苦楚他日有好時節云也余感其意受其鉛筆書其下方曰

雨雪風霆雖蔽塞一輪明月未曾虧

其人又書其下曰君子之心固當如此遂過去蓋其人不詳其爲何人而若是解人則必有言語以其無言可知其日人若是日人則其亦好人也噫彼獄卒防守甚苛使不得與此輩詩人共論詩文爲之忘懷也時光不掩奄已六月矣熇熱如火無望生全而又得癬疥之疾遍身搔癢當暑益熾一日之生爲一日之辱而蓋亦無以自脫也○六月六日即彼之陽曆七月一日也

擬當者以五柄尾扇遣之名房蓋獄例然也以五柄扇輪回扇之亦可幸也○二十四日面會家兒兒言倪翁於數日前還家蓋其病勢漸劇病院院長報告於裁判所而自裁判所以執行停止出送執行停止者以病出送而病差則還囚云也既聞此說儘覺快豁而從之於儒林一邊稍有待遇亦可知也○二十五日警察官與通辯一人又爲出來請見我而謂查乃前者已里書中人名謂查而毫無異於前日也余又荅之如前日而至李基聲曰不知彼曰居在同坊而不知云耶曰同坊內果有此名而其人則已以其親命索名於宋淺齋其人已索名則此必是更有同名者故曰不知也又至李鉉昌李萬成李季垓李啓

源曰不知也彼曰同里之人而曰不知耶曰同里似有此等名而此人皆耆農爲業名不著於鄉里者也豈有以不著之名而入於此書乎此亦必是有同名故曰不知也査畢遂還蓋彼輩於五月初以此調査於我而于今五十餘日寢〻掩置者其間潛自搜探以知其所居地也今又調査以驗其學舍與否而自此必將一一捕促矣士林之禍其可勝言哉吁亦痛矣居數日適出堂上見李洙仁自外來矣拘於獄例不得開口問之而驚歎則極矣蓋於日前調査時聞李洙仁三字出於彼口而其夜夢有一老人自稱爲洙仁姑母夫余曰洙仁之名入於彼錄而禍機已迫請公往告于洙仁使洙仁預知而爲之地也其人曰

吾將往矣而似已無及云不數日果見洙仁之來大寧人之䰟
魄發於其存諸心者而其孚驗亦或類此也聞有四五老人云
是忠清儒生聯名者皆入署中又聞安禮老人柳必永柳尙博
李晩燦諸公皆就囚于星州而移於大邱云又於食時見尹相
泰余問何以至此曰非長書事也別有事端勿慮也又於壁孔
中望見二老人露髮徒跣踉蹌而來諦視之李能學李晩燦也
蓋二月間李公能學訪我于巖棲見吾邑里文字請與聯名故
果書其名矣今見此公之來伯仁將由我而死也八耋老人將
何以耐得此苦阨也滿心驚惶不啻若自己之痾也○二十八
日又以調查事入裁判所路中見李啓源在諸囚徒中余問曰

宗茂來否宗茂李萬成字曰不來遂不敢復言飯入與陪源因之對房而日已向晩終無調査使之還出署中想是閔建李陪源之事而終無所問未可知也○七月初三日又以調査事入裁判所終日無所問至晡時呼余入問李陪源之名勝錄於巴書中耶余曰居在同隣故事機則或相告知而其名則渠未嘗許之吾未嘗書之遂出囚如初黃昏時又呼入云是例審判事調査而問曰巴里書何故也曰爲復國也曰國可復乎曰復不復天也自盡己事而已人各自爲己事非他人之所可問也彼曰曾因大邱禹夏敎來請有曺兢燮所作長書校正事乎曰禹夏敎吾所不知曺兢燮之書吾所不見而焉有校正之事乎彼曰又嘗有

尹相泰處文字校正事守曰尹乃吾所知面者而初無文字之
校正也彼曰控訴欲得執行猶豫守曰此身既爲俘虜生殺在
人非吾力之所可及也控訴只是發明吾不受役之義也苟使
我而歸死於家則幸也又使我而瘐死獄中亦有所不辭也時
日已暮而擧燭矣遂出蓋彼所謂調査多是閒話說漫擘虛而
但務細碎刻薄令人耐煩不住前後三四朔呼余入而調査者
七渠輩出而調査者二而今番兩次調査則究其說而不得也
其後因面會人聞之李啓源被拘六七日放出李洙仁月餘放
李基殷嘗亦與洙仁同出安禮諸老及李能學氏或自星邑而放
去或至大邱拘繫二三日而去云諸囚徒之必先至星州者以

吾在星州而已里書之倡出於吾也○十四日巡查二人請余出外隨出至堂下有一官人坐椅上列搭影板於其前搭影者要余坐椅上余曰搭影何故既搭吾影則吾不可以不知其由役曰自上府有命也余曰然則此非吾力之所可禁也然蓬頭寫眞是甚貌樣役曰無傷也搭影者從影板中窺一窺弄其手俄頃撥之使余還入蓋莫知其所以然也余初入獄時得一夢此間有古人影幀吾頭戴其影幀出獄門之外矣今日搭影無乃是出獄之兆耶○二十一日覆審院告余以今日公判朝後入院辯佐諸人皆來會焉檢事列坐而通辯傳檢事之言曰凡罪有偶然而犯者又有故犯者張錫英宋浚弼等是故犯也不

可容貸依初審所受律處以二年徵役以下諸人皆依初審之
律判事曰更以今二十一日（即陰曆二十文日）入受判決遂皆入內去
了雖欲接語爭詰而不可得皆退出還至署中無復望於生出
獄門而思之痛惋寧欲無言莫於公判之時判事凡三人首判
事則言畢入內末判事一人留後向余曰張錫英年老矣院中
待遇極隆余曰何謂待遇彼自執其手腕曰此不鎖鐵又腰不
縛繩是極待遇也余曰使老且病者二年處役死於獄中是可
曰待遇乎腕鐵不鎖此外面小小待遇何足道哉其人微笑而
入此其或者有變動之說而異於檢事之云耶○二十六日朝
後入受判決判檢事列坐如初觀聽者彌滿於中外判事使書

記傳言曰張錫英以下宋浚弼成大湜李基定自己之言雖曰爲巴里長書然證據不充分特爲無罪白放其他呼萬歲諸人或一年半或一年或十個月處役語畢遂使退出還於署中不入於本房而入于十一房留止半日以待院中放出通知而晡時出獄各家子姪皆等候門外矣覓所脫衣服之所置者而出私食館林士洪家親戚故舊來會者不可勝記五朔之間不飲酒不吸茗果甚難堪少輩進酒進茗久廢之餘不覺痛飲又吸茗而不知休人情之隨境易遷還可戒也夜宿室中開窓見之有物當窓盤臥乃狗也敺之不去朝起視之那狗尚盤臥不去逐之又不去有知其狀者向余言曰此日狗也此去日人家稍

間而令胤每於朝夕自炊供具奉飯盒往監獄前才出此門此
狗便跟隨風風風雨雨未嘗不隨而及至監獄門前令胤立於門
外待其飯盒之出而泣涕不已此狗不離其側逗遛不去反飯
盒既出令胤還則狗亦隨還至此家門前便辭去日以為常令
於出獄之日又此來衛驅之不去此必是令胤之孝感而致然
也滿座諸人皆為感歎而吾亦思之蓋非尋常之事也余曰此
狗或可買歸否諸人曰日日人非吾族類必無賣狗之理而雖或
賣之價必夥然欲買則必不諧矣余曰然因教右遠發行之時
撫狗而詔之渡致眷戀之意而言其惜別之意蓋天衆之感人
獸未嘗不同尚恨其不得買歸也飯後出車塲升車甘英八麒

鈺聖樞濟鈺從昆弟隨至車場而別午抵倭館親戚故舊來見
者反渡江後路次來見者皆不可勝記日暮還家蓋星邑滯留為
九日自星邑移大邱至初審公判為三十一日自初審公判至
控訴公判為一百一日通計為一百四十一日也
此錄成於十月晦間而十一月一日鷄既鳴卽冬至日夢至一處官
室惟帳甚盛云是上皇來臨大臣數人列坐臺上云是閔忠
正泳煥也須臾一卒押罪囚四五人伏前數其罪告之曰罪人
完用等正刑矣從官向余言曰出此門外廣告人民余曰此不
可家喩而人告之也請作一詩而傳布於世詩既成大叫曰快
哉便挑身一踊遂覺而記其詩詩曰

喜看武穆斬秦檜更願神州復漢都寄語吾東千萬族太平
同我共歡呼

附朝鮮儒林與中華政府書

庚申八月孫伯淵晋洙自上海還傳金昌淑之言而要我作一
書遂作此而付之其書曰

朝鮮賤儒某某等拜書于中華政府諸公閣下某等竊以爲
天地之大而五方之人性皆同古今之遠而萬世之公義不
易是以凡爲人類而失其性而背於義則人亦可以獸也生
亦不如死也某等國破君亡身爲俘虜生固非榮死不足惜
然其受於天之彛性不泯而平生讀書所講究者人獸之别

也令其至痛在中大義難屈則不得不瀝血陳腔仰首鳴籲於大邦諸大位之下以聽其察不察也嗚乎獘邦僻在海隅土壤偏少而自箕師渡江八條宗張爲文明之國國朝五百年右文崇德爲天下之小中華及夫末年朝綱隳於內强隣伺於外而賊臣李完用等乘時弄權賣國於日人彼日人者即竪我宗社賤辱我君主虐待我民命小邦之民沫涕飮血誓不作讐國之臣僕而所以含血茹痛大耐今日者亦將有待於皓天之反而陰厓窮谷尚冀有昭回之日也乃於戊午之冬國變層生上皇暴崩人情洶洶莫保朝夕適會巴里有事孤弱者許以獨立此聞播傳於世寡邦之人於是乎睜睫

煩寃渴喉引歠內食之癰不得不潰乃於因山之日八域齊會逹獨立之旗倡萬歲之呼一日之間舉國齊唱是蓋義血彌中不怕湯火之殺人而國未復則雖生而辱國復則雖死而榮也儒林郭鍾錫張錫英等三百餘人舉本國情形書告巴里送金昌淑冐萬死涉滄溟號訴於萬國之會蓋欲以日人奸騙之狀弊邦冤痛之情致逹於萬國之席而尚庶幾見憐而垂察也坐此一著呼萬歲及長書之人幽囚於日獄者不知其幾千萬人而或中丸喫棒而死或放火而屠殺或赭衣而隷役或九死而僅生其困苦如此而人心之團結益甚今於經歲之後上自京都下至閭巷連呼萬歲一箇箇摩拳

擦掌咬牙切齒若將不死則不休此可見天意之所在而人心之所同也竊聞中華上海之間有弊國政府而天涯萬里聲息中絶或曰聲勢孤弱非時月可期或曰已承認於萬國而最得中華之矜憐國中之人翹首西望有若嬰兒之望乳哺而岳鄂之旌旗遲回武侯之興復無期噫其悲哉茲曷故焉顧今弊邦現狀苟或似此因循延拖時期則全國人命其將不救涸轍而訪之枯魚之肆矣人命既盡則國雖復而其將誰與而為國也竊念寡邦之於中華事大畏天今四千餘年皇明之世受再造之恩含恩盛德至今謳吟而不忘自我大行之末始建獨立之名而所以仰慕大邦豈特列強之比

第者哉大邦之視之本同一家而今於危急存亡之秋不宜
以秦瘠之視其理明矣且夫日人之吞噬寡邦其意豈徒然
哉蓋自壬辰之訌寡邦被上國之厄而令其驕恣跳踉倍甚
於其時先吞寡邦次及南滿山東一路可探囊中而神州萬
里一超直入無全牛於庖丁之目是不但無寡邦於天下實
亦無中華於日人之心計也嗚乎寡邦之事已無可言而中
華之人亦可得高枕而無憂哉貴邦之政府諸公佩天下之
重望任天下之大權秉天下之大義凡天下之事無不可以
總裁況寡邦之情如此其可哀者乎赤子入井仁人之所惻
剝床有安君子之所戒伏願羣公大人特察寡邦之情形且

念我政府諸人萬死危險賢勞王事其精誠義理有可以動
天地而感鬼神者其可不惻然而為之悲耶此在大邦特一
擧手之勞也一旅之師賦无衣而同仇旌麾東渡掃除陰氛
中華萬年永無東顧之憂而使我東人生死肉骨復見天日
之光明則環東土萬億含生世世生生敢不結草而隕首也
哉某等海外腐儒文不能以黼黻皇猷武不能以執殳前驅
而亡國十年劇蹐囚舌求死而不得矣既因事會之相當以
一書而聲明於春秋令又陳其悃愊仰干崇嚴之下出位之
言固知罪合誅戮然彛性所同大義可伸則亦不得無望於
諸公之曲察也嗚乎興滅國而繼絕世聖王之大法尊中國

而攘夷狄春秋之大義也以春秋之義行聖王之法中國爲
天下之盟主而寡邦旣絶而復興蠻方退聽於邊徼則猗歟
盛矣豈不休哉某等每念宗社空灑表安之淚封函萬里敢
效包胥之哭無任猥越之至

附錄 家弟在獄時誦杜工部憶弟看雲白日眠一句賦懷七
絶 一帆病兄

兆去猶難一日離況今三月長相憶秖可死生扶義牢區區
情界詎能憶
夜誦坡翁寄弟詩與君世世爲兄弟東坡在囚中寄子由詩曰與君世世爲兄弟更結來生未了因相從在原鶺鴒猶知急難共兄弟

倚枕頻移孤燭残開窓偶坐遠山看癯容暫入前宵夢夢裡
無由仔細看
天鑑昭昭善惡分有時瓊雪更春雲平心逆境機關在大祖
良箴詎耳雲
吉凶惟係在穹蒼義理寧渝蹈刃白志士困窮從古然不須
齎怒轉睛白
壽昌城裏雨蕭蕭歌管樓臺異舊日滿眼傷心故國墟淚泡
一點向朝日
君何孤鴈自罹網我似籠鐶長不眠為待君歸長枕設頭從
令夜共甘眠

喜聞家弟出獄　一帆

忽聞羣君出福臺乍歡乍嘆心如狂備經百惻行守素終獲再生信彼蒼天降孤鴻空自叫沙頭雙鶴更回翔一身招辱総為國解後那時闢舊疆

3-1

대구지방법원 판결문

판결기관 대구지방법원 **판결날짜** 1919. 5. 20.
주문 징역 2년(국가기록원)

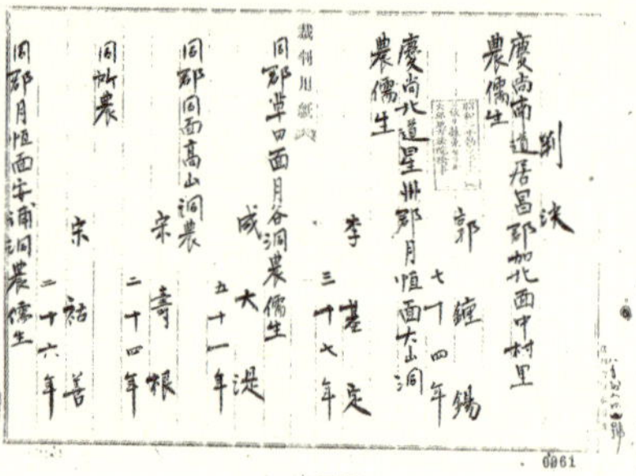
判決
慶尙南道居昌郡加北面中村里
農儒生 郭鍾錫 七十四年
慶尙北道星州郡月恒面大山洞
農儒生 李基定 三十七年
同郡草田面月谷洞農儒生 成大湜 五十一年
同郡同面高山洞農 宋壽根 二十四年
同所農 宋祜善 二十六年
同郡月恒面牛南洞農儒生

判決

慶尚南道居昌郡加北面中村里
農儒生 郭鍾錫 七十四年

慶尚北道星州郡月恒面大山洞
農儒生 李基定 三十七年

裁判用紙

同郡草田面月谷洞農儒生 成大湜 五十一年

同郡同面高山洞農 宋壽根 二十四年

同所農 宋祜善 二十六年

同郡月恒面安浦洞農儒生

0961

張錫英 六十九年

同郡草田面高山洞農儒生 宋圭善 四十年

同所農 宋勳翼 三十五年

同郡星州面龍山洞農 金熙奎 二十六年

裁判用紙

同郡草田面高山洞農儒生 宋浚弼 五十一年

同郡碧珍面伽岩洞農 李鳳熙 四十年

同郡草田面高山洞農 宋晦根 四十三年

0962

同所　農　宋文根　二十五年

同所　農　宋寅輯　十九年

同所　農　宋千欽　三十年

同郡大家面七峰洞　農　金昌淑　四十一年

右保安法違反被告事件ニ付朝鮮総督府検事長尾戒三干與シ被告昌淑千欽寅輯ハ闕席其他ハ對席審理判決スルコト左ノ如シ

主文

被告鍾錫、張英、昌淑ヲ各懲役二年、被告浚弼、鳳熙、圭善ヲ各懲役一年六月、被告基定、大提、祜善、海根ヲ各懲役

0963

一年、被告壽根、勲、翼熙、奎文、根、寅輯、千欽ヲ各懲役十月ニ處ス

押收物件中證第一、二号ノ旗ハ之ヲ没收シ其他ハ差出人ニ還付ス

此判決ハ被告昌淑、寅輯、千欽ニ對シ闕席判決ナルニヨリ同被告等ハ自ラ判決ノ送達ヲ受ケタル日又ハ判決ノ執行ニヨリ刑ノ言渡アリタルコトヲ知リタル日ヨリ三日以内ニ故障ノ申立ヲ為スコトヲ得

理由

一、被告昌淑ハ大正八年三月中慶尚南道居昌郡加北面中村里居住ノ名儒郭鍾錫ヲ訪問シ自分ハ今京城ヨリ来レルモノナルカ目下全鮮各地ニ於テ獨立ヲ希望シ萬歳ヲ唱ヘテ示威運動ヲ為セルカ今回佛國巴里ニ開催中ノ平和會議ニ於テハ小國ノ獨立ヲ承認スルトノコトニテ既ニ京城ニ於ケル儒生團ハ同會議ニ朝鮮獨立ニ關スル連名ノ請願書ヲ提出シ之ニ依リ目的ヲ達スルコトニ協議一定シタルニ付其請願書ニ儒

0964

生ニ一員トミテ郭鍾錫ノ氏名ヲ連ネ置
クヘキコトニ同人ノ賛成ヲ求メ尚其請願書
ノ案文起草方ヲモ同人ニ依頼勧誘シ
被告鍾錫ハ右ノ如ク金昌淑ヨリ勧誘ヲ受
ケ之ニ賛同シ同月中人ヲ府書地ナル張錫
英方ニ遣ハシ前示京城ニ於ケル儒生ノ状
況ヲ傳ヘテ右請願書ニ（同人ノ）氏名ヲ連ネ置
クコトニ賛成スヘキコトヲ勧誘シ同月中
請願書ノ案文ヲ作成シ
被告錫英ハ右ノ如ク郭鍾錫ヨリ勧誘ヲ受
ケ之ニ賛同シ同月中府書地ナル被告居宅
ニ於テ更ニ宋浚弼李基定宋圭善ニ對
シ順次前示京城ニ於ケル儒生ノ状況ヲ語
リテ右請願書ニ氏名ヲ連ネ置クコトニ賛
成スヘキコトヲ勧誘シ
被告浚弼基定圭善ハ右ノ如ク張錫
英ヨリ勧誘ヲ受ケ各之ニ賛同シ同月
中更ニ被告浚弼ハ李鳳熙ト成大湜
ニ被告基定同圭善ハ李悳孝ナル者ニ
對シ何レモ順次前示京城ニ於ケル儒生ノ

0965

状況ヲ語リテ右請願書ニ氏名ヲ記載シ
置クコトニ賛成スヘキコトヲ勧誘シ
被告鳳熙大湜ハ右ノ如ク宋浚弼ヨリ勧
誘ヲ受ケ各之ニ賛同シ同月中更ニ被告
鳳熙ハ張鎮諧ニ被告大湜ハ呂相洛ナル
者ニ對シ各府書地ナル居宅ニ於テ何レモ
順次前示京城ニ於ケル儒生ノ状況ヲ語
リテ右請願書ニ氏名ヲ記載シ置クヘ
キコトニ賛成スヘキコトヲ勧誘煽動シ
何レモ治安ヲ妨害シタリ然レトモ被告錫
英浚弼ハ各右ノ意思継続シテ犯シ
二 被告詰善晦根ハ大正八年三月以来
全鮮各地ニ於テ朝鮮独立ニ干スル示威運
動ノ開始セラレタルヲ聞キ加之同年四月二
日星州邑内市場ニ於テ耶蘇教徒カ
獨立萬歳ヲ唱ヘタルトノコトナリモヨリ之ニ
對應シテ多数儒生等ヲ集メ同市場ニ
於テ萬歳ヲ唱ヘ同様獨立ノ運動ヲ起サ
ンコトヲ決意シ被告圭善鳳熙壽根熙
翼文根熙奎千欽寅輯ニ謀リ同人

0966

等ノ賛同ヲ得並ニ同被告等ハ同年四月
二日午後一時頃右市場ニ集マリ被告ノ内
熙奎ハ押收ニ係ル證第一号被告善ハ同
第二号ノ韓國旗ヲ手ニ持チ約五百名
ノ群衆ト共ニ耶蘇教徒ノ獨立運動ト
相呼應シテ朝鮮獨立萬歳ヲ連唱シ
因テ治安ヲ妨害シタリ而シテ被告圭善
鳳熙ハ各意思継續シテ第一第二ヲ犯
シタルモノトス

右第一事實ハ

被告鍾錫ノ當公廷ニ於ケル私ハ大正八年
陰二月金昌淑ナル者京城ヨリ来リ私ニ對
シ彼地ニ於ケル儒生協議シテ巴里平
和會議ニ朝鮮ノ獨立シムル請願書
ヲ提出スルコトトナリシカ該請願書ニ私
ノ名ヲ記入シ置クヘク尚私ニ其案文ヲ
起草シ呉レト申ス故私ハ同人ニ対シ
該請願書ニ氏名ヲ記入スルハ差支ナ
キモ其案文ノ作成ニ付テハ私ハ目下病
中故執筆スルコト能ハサルニ付他人ニ依

0967

賴スルトサンタル処金昌淑ハ之ヲ承知シテ
立去リシカ其後同月二十五六日頃張錫
英カ其案文ヲ作成シタリトテ同人ノ姪カ
之ヲ私方ニ持参シ添削ヲ乞ヒタリ私ハ
其案文ヲ閲見スルニ意味ハ別ニ悪シカラ
サルモ多少文辞ノ点ニ缺クル所アリシヲ以
テ遂ニ添削ヲ能ハス私カ全部一通ヲ作成
スルニ至リ而シテ張錫英ノ姪ハ自ラ私ノ
作リシ案文ヲ写シテ張錫英ノ作リシ案
文ト共ニ同人方ニ持戻リ私ノ作リシ案文
ハ其翌日當時私方ニ居リシ金昌淑カ京
城ニ持行キタルカ其際金昌淑ハ案文ヲ
京城ニ持行キ辞書ノ上巴里ニ發送スル
ト申シタル旨ノ供述

被告錫英ノ當公廷ニ於ケル大正八年陰二
月中郭鍾錫ヨリ私ニ對シ書面ヲ以テ朝
鮮儒生名義ヲ以テ巴里ノ講和會議ニ朝
鮮ノ獨立ヲ要求スル旨ノ請願書ヲ提出
セントスルカ賛成セヨト申来リタル故私
ハ之ニ賛同シ置キタル所其ハ數日後金昌

0968

淑ナルモノ郭鍾錫方ヲ経テ来リシトテ私
ニ對シ巴里ノ平和會議ニ提出スヘキ請願
書ノ案文ヲ作成シ呉レト依頼シタル故私
ハ之ヲ作リ其添削ノ為メ郭鍾錫方ニ
持参セシメタル處同人ハ其案文ヲ閲讀
シ意味不十分ナリシトテ自ラ一通ヲ作成シ
其写シト私ノ作リシ案文トヲ私方ニ送
リ来タリ郭鍾錫ノ作リシ案文ハ金
昌淑カ郭鍾錫方ヨリ直接京城ニ持チ
行キシトノコトヲ聞知セリ而シテ其請願書
ノ主意ハ今朝鮮各地ニ於テハ獨立ヲ希望
シ萬歳ヲ唱ヘ運動ヲ為シツヽアリ講和會
議ニ於テ今回小國ヲ助ケ獨立セシムルトノ事故
朝鮮モ獨立セシメ呉レト云フニアル旨ノ供述
被告圭善ノ當公廷ニ於ケル私ハ三月十日
頃京城ヨリ帰リシ金昌淑ニ會ヒシ處
同人ハ京城ニ於ケル儒生連中カ朝鮮獨立
ニ干シ巴里講和會議ニ請願書ヲ提
出スヘク協議シ其請願書ハ目下郭鍾
錫ニ於テ起草中ナリト申シ居リ私ハ其

0969

頃張錫英ヨリ同人カ作リシ請願書ノ案
文ヲ示シ呉レタル旨ノ供述
被告基定ノ當公廷ニ於ケル私ハ陰二月頃
張錫英方ニ赴キタル処同人ノ作リシ請願書
ノ案文ヲ見セタルニ付之ヲ閲讀シ自分ノ
名前モ夫レニ加ヘテ呉レト頼ミ置キタル旨
ノ供述
被告大是ノ當公廷ニ於ケル陰二月頃宋濬
弼方ニ行キシ処同人ハ私ニ對シ今朝鮮獨
立運動ノ為メ巴里ノ平和會議ニ請願
書ヲ出サントシテ居ル所ナリトテ張錫英カ
作リシ請願書ノ案文ヲ見セタル故私ノ
名前ヲモ夫レニ加ヘ置キ呉レト頼ミタル旨
ノ供述
被告錫英ニ對スル検事ノ訊問調書中
私ハ陰二月頃各地ニテ朝鮮獨立運動
行ハルヽヲ聞キ自分等儒生ニ於テモ相當
ノ事ヲ為サント思ヒ居リシ処郭鍾錫ヨリ
巴里ノ講和會議ニ於テ小國ヲ獨立サセルト
ノコト故同會議ニ宛獨立ノ請願書ヲ出

0970

モテハ私何トモナク書面カ來リ其後間モナク
同人ヨリ巴里會議ニ宛タル請願書ヲ送
リ來リシ故自分ハ夫レニ同意シテ署名シ
尚宋浚弼ヲ呼ヒ同人ニ其請願書ノ案
ヲ示シテ署名ヲ勸メタル處同人モ亦之ニ賛成シ
同様署名ヲナシタル故夫ヲ郭方ニ返送シ
タルカ多分同人ヨリ會議ニ送リ出シタ
ルモノト思フ旨ノ供述記載
被告金鳳熙ノ同上官ノ訊問調書中私ハ
同陰二月末頃宋浚弼方ニ到リシニ同
人ハ居昌ノ郭鍾錫ト相談シ巴里ノ平和
會議ニ朝鮮獨立ノ請願書ヲ送ル樣ニ
ナシタクトノコトヲ申エヒ付私モ之ニ賛成シ
名前ヲ加ヘ其ヒタル旨ノ供述記載
被告李善ニ對スル同上官ノ訊問調書
中私ハ陰二月廿日頃月谷洞李惪厚
方ニ到リ京城儒林中間ニ於テ巴里
ノ平和會議ニ對シ朝鮮獨立ノ請願
書ヲ發スルコトヽナリ居ルニ付之ニ連名
方ノ同意ヲ求メタル處同人ハ其事ナ

0971

ニハ既ニ李基定ヨリ勸誘ヲ受ケタル樣
語リ居タル旨ノ供述記載
李惪厚ニ對スル同上官ノ訊問調書中
陰二月廿日頃宋圭善カ來リ巴里ノ平
和會議ニ朝鮮ノ獨立ニ關スル請願書
ヲ提出スル計畫アルコトヲ話シ賛成ヲ求
メタルヨリ私ニ儒生タル關係上之ニ賛同
シ請願書ニ名前ヲ列記スルコトヲ承諾
シタル旨ノ供述記載
呂相淵ニ對スル同上官ノ訊問調書中
陰二月末頃成大湜ヨリ今回張錫英ト
郭鍾錫宋浚弼等カ巴里ノ講和會議
ニ朝鮮ノ獨立ニ關スル請願書ヲ提出スル
筈ニ付賛成方ヲ求メラレ之ニ賛同シ其書
面ニ名前ヲ加ヘルコトヲ承諾シタル旨ノ供述
記載
張鎮浩ニ對スル同上官ノ訊問調書中
私ハ陰二月頃張錫英等カ巴里ノ平
和會議ニ朝鮮獨立ノ請願書ヲ提
出スル計畫ヲ爲シ居ルコトヲ李鳳熙ヨリ

0972

申聞ケラレタル旨ノ供述記載
張鎭浩ニ對スル司法警察官ノ訊問調書中舊二月二十七日郭鎔錫ト張鎔英等ニ於テ朝鮮獨立運動ニ對スル宣言書ヲ作出シタクトノコトヲ李鳳熙ヨリ聞キ之ニ賛成シタル旨ノ供述記載ニ依リ之ヲ認メ
第二事實ハ
被告結善ノ當公廷ニ於ケル私ハ大正八年四月二日午後一時頃京山洞ノ市場ニ於テ約五百名ノ者ト共ニ證第二号ノ旗ヲ振リツヽ韓國獨立萬歳ヲ高唱シタル旨ノ供述
被告李善壽根歡賀翼文根ノ當公廷ニ於ケル各私ハ四月二日買物為メ京山洞ノ市場ニ行キシ處他人カ韓國獨立萬歳ヲ唱ヘ居リシ故同様萬歳ヲ唱ヘタル旨ノ供述
被告熙奎ノ當公廷ニ於ケル私ハ四月二日午後一時頃韓國獨立萬歳ヲ唱ヘ手ヲ擧ゲ證第

0973

一号ノ旗ヲ携ヘ現場タル京山洞ノ市場ニ行キタル旨ノ供述
被告結善ニ對スル檢事ノ訊問調書中陰二月末頃私ハ居洞ノ酒屋ニ行キシ處星州邑内ノ助事柳某カ同家ニ來リ居リ居洞ノ禾梅根ヲ呼ヒテ柳某ハ陰三月二日京山洞ノ市場ニテ耶蘇教徒カ主唱トナリ朝鮮獨立萬歳ヲ唱フル故皆ト共ニ萬歳ヲ唱ヘヨト云ヒ尚右運動ノ事ハ自分等教徒カ各谷洞ヲ廻ハリ勸誘シツヽアリト申シ立テ其折リハ旗ヲ持チ來レトノコトナリシヨリ當日梅根方ニ往キ同人カ作リ居リシ旧韓國旗ヲ貰ヒ自分ハ千欽壽根ト共ニ市場ニ行キシ處丁度昼頃關帝廟後山ニテ耶蘇教徒カ獨立萬歳ヲ唱ヘタル故自分等モ來集セシ約五六百名ノ者等ト共ニ同様萬歳ヲ唱ヘタルカ歡賀翼文根賓韓モ其中ニ見エタル旨ノ供述記載
被告梅根同鳳熙ニ對スル司法警察官

0974

ノ各訊問調書中私ハ四月二日星州邑内ノ市場ニ於テ韓国独立万歳ヲ唱ヘタル際ノ現場タル同市場ニ行キタル旨ノ供述記載

被告熙奎ニ対スル司法警察官ノ訊問調書中四月二日伽岩洞ノ鳳熙方ニ於テ同人ヨリ被告等カ本日市場ニテ独立万歳ヲ唱フルコトニナリシヨリ行ケト申サレシニ付同人ト共ニ市場ニ行キ朝鮮独立万歳ヲ唱ヘタル旨ノ供述記載

被告寿根ニ対スル司法警察官ノ訊問調書中私ハ四月二日昼頃京山洞ノ市場ノ中央ニ於テ寅輯鎮翼文根圭善吉善千欽等十数名ト共ニ大韓独立万歳ヲ唱ヘタル旨ノ供述記載並ニ押収ノ韓国旗ノ現在ニヨリ之ヲ認定ス

法律ニ照スニ被告等ノ所為ハ各大正八年制令第七号施行以前ニ在リテハ保安法ト同制令トノ刑ヲ比照スルニ保安

0975

法ニ於テ第七条朝鮮刑事令第四十二条ニ該当スヘキモノ同制令第七号ニ於テハ被告鍾錫錫英浩衡基定大浸昌澈ハ第一条第二項ニ被告晦根寿根鎮翼文根吉善熙奎千欽寅輯ハ同法条第一項被告圭善鳳熙ハ同法条第二項第一項ニ該当スヘク併ス被告錫英浩衡圭善鳳熙ニ対シテハ仍ホ刑法第五十五条ヲ適用スヘキモノトス左レハ保安法ノ刑軽キヲ以テ同法第七条ニ照シ所定刑中何レモ懲役刑ヲ選択シ各被告ヲ主文ノ刑ニ処断シ押収物件中證第一号ハ被告熙奎證第二号ハ被告吉善ノ所有ニ属シ何レモ判示第二犯罪ノ用ニ供シタルモノナルヲ以テ刑法第十九条ニヨリ之ヲ没収シ其他ハ刑事訴訟法第二百二条ニ従ヒ差出人ニ還付スヘキモノトス

仍テ主文ノ如ク判決ス

大正八年五月二十日

0976

大邱地方法院
朝鮮總督府判事 松下直美

朝鮮總督府裁判所書記 鄭奎來

裁判用紙

0977

3-2

대구복심법원 판결문

판결기관 대구복심법원 **판결날짜** 1919. 8. 21.

주문 무죄(국가기록원)

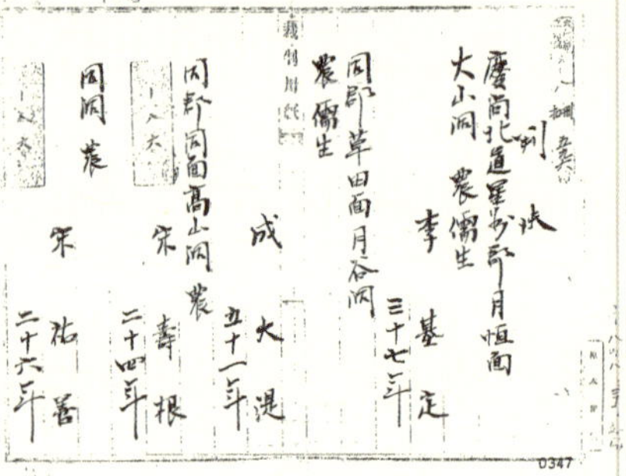
判決

慶尙北道星州郡月恒面

大山洞 農傭生 李基定 三十七年

同郡草田面月谷洞 農傭生 成大湜 五十一年

同郡同面高山洞 農 宋壽根 二十四年

同洞 農 宋祐晳 二十六年

0347

判決

慶尙北道星州郡月恒面
大山洞 農 儒生
李基定 三十七年

同郡草田面月谷洞
農 儒生
成大混 五十一年

同郡同面高山洞 農
宋壽根 二十四年

同洞 農
宋祐晉 二十六年

裁判用紙

0347

同郡月恒面安浦洞
農 儒生
張錫英 六十九年

同郡草田面高山洞
農 儒生
宋圭晉 四十年

同洞 農
宋熏翼 三十五年

同郡星州面龍山洞 農
金熙奎 二十六年

同郡草田面高山洞
農 儒生

裁判用紙

0348

宋浚衡　五十一年

同郡碧珍面伽岩洞　農

李鳳熙　四十年

同郡草田面高山洞　農

宋梅根　四十三年

同洞　農

宋文根　二十五年

右外四名保安法違反被告事件ニ付大正八年五月二十日大邱地方法院ニ於テ被告張錫英ヲ懲役貳年ニ被告宋圭善宋浚衡李鳳熙ヲ各懲役壹年六月ニ被告李基定

0349

成大湜宋祐善宋梅根ヲ各懲役壹年ニ被告宋壽根宋勳翼金熙奎宋文根ヲ各懲役拾月ニ處シタル判決ニ対シ同十二名ノ各被告ヨリ控訴ヲ申立タリ依テ當院ハ朝鮮總督府検事野田鞆雄干與審理ヲ遂ケ判決ヲ為ス左ノ如シ

主　文

被告宋祐善宋梅根宋壽根宋勳翼金熙奎宋文根ノ控訴ハ孰レモ之ヲ棄却ス

原判決中被告張錫英宋圭善宋浚衡李鳳熙李基定成大湜ニ関スル部分ヲ取消ス

被告張錫英宋浚衡李基定成大湜ヲ各無罪トス

0350

被告宋圭善李鳳熙ヲ各懲役拾月
ニ處ス
押收證第一号及第二号ノ旗ハ之ヲ沒收
シ其余ノ押收品ハ孰モ之ヲ差出人
ニ還附ス

理由

被告宋祐善宋壽根ハ大正八年四月
二日午後一時頃慶尚北道星州郡
星州邑内市場ニ於テ多數ノ朝鮮人
カ朝鮮獨立ノ企図ヲ以テ共同シテ獨
立万歳ト高唱スル示威運動ヲ為ス
ニ方リ率先之ニ參加シテ同様ノ高唱
ヲ為シ被告宋壽根宋勲翼金熙奎
宋文根宋圭善李鳳熙ハ孰モ同運動
ニ參加シ同様ノ高唱ヲ為シタルモノトス
判示犯罪事實ハ

0351

當審公廷ニ於ケル被告宋祐善ノ耶蘇
教徒等カ示威運動ヲ擧行スルト聞キ
之ニ合同シテ同運動ヲ為サント決意
シ獨立国ヲ説廻リ且旧韓国旗ヲ作
リ之ヲ携ヘテ判示同日時同市場ニ群
集セル約五百名ト共ニ朝鮮獨立萬
歳ヲ高唱シツツ市場ヲ練廻リ示威
運動ヲ為シタルニ相違ナキ旨 被告
宋壽根ノ判示同日時場所ニ群集
約五百名ト共ニ朝鮮獨立万歳ヲ高
唱シ示威運動ヲ為シタルニ相違ナキ
旨 被告宋勲翼ノ同上表顕ノ行為
ヲ為シタルニ相違ナキ旨 被告宋文根
ノ同上示威運動ニ參加シ全部ノ高唱
ヲ為シタルニ相違ナキ旨ノ各供述
檢事ノ被告宋祐善訊問調書中

0352

同被告ノ供述トシテ陰二月末ニ該洞ノ酒店ニ来リ居タル星州邑内ノ助事柳某カ該洞ノ宋晦根ヲ呼ヒ陰三月二日市山洞ノ市場ニテ耶蘇教徒ノ主唱ニテ朝鮮独立万歳ヲ唱ヘル故共ニ万歳ヲ唱ヘ呉レ尚ホ同運動ノ事ハ自分等教徒カ各面洞ヲ廻ハリ勧誘シツヽアリ運動ノ折ハ旗ヲ持来レトノ事ナリシ故自分ハ当日晦根方ニ行キ同人カ作リ居リシ旧韓国旗ヲ貰ヒ宋中欽、宋寿根ト共ニ市場ニ行キタルニ恰モ関帝廟後山ニテ耶蘇教徒カ独立万歳ヲ唱ヘタル故自分等モ来集ノ約五六百名ト共ニ同様万歳ヲ唱ヘタルカ勲翼、文根及宋寅輯モ其中ニ見エタル旨ノ記載

0353

司法警察事務取扱ノ被告金熙奎訊問調書中同被告ノ供述トシテ判示同日昼頃李鳳熙方ニ於テ同人ヨリ被告等カ同日星州邑内市場ニテ朝鮮独立万歳ヲ唱フヘシトノ事ヲ聞キ鳳熙ト共ニ同市場ニ同道シ一所ニ万歳ヲ唱ヘタル旨ノ記載

司法警察官ノ被告宋晦根訊問調書中同被告ノ供述トシテ判示当日万歳ヲ唱ヘシ為自分ハ現場ノ市場ニ至リタルニ相違ナキ旨ノ記載

原審公判始末書中被告宋圭養ノ判示当日同市場ニ於テ他人カ韓国独立万歳ヲ唱ヘ居タル故同様万歳ヲ唱ヘタル旨ノ供述記載

司法警察官ノ被告宋寿根第二回

0354

訊問調書中同被告ノ供述トシテ大正八年
陰三月二日星州邑内市場中央
ニ於テ宋圭善宋祐善宋勲翼宋
文根宋寅輯宋千欽外数十名ト共ニ
大韓独立万歳ヲ高唱シタル旨ノ記載
ヲ綜合シ且押収第一号及二号旗ノ現
存ニ徴シテ之ヲ認定スルニ証憑十
分ナリトス
法律ニ照スニ被告宋祐善宋疇根
宋寿根宋勲翼金熙奎宋文根
宋圭善李鳳熙ノ所為ハ大正八年
四月公布制令第七号施行前ノ犯罪ニ
係ルヲ以テ刑法第六条及第十条ニ照シ
犯時法ト重法ノ両法ヲ比照スルニ犯時ノ法
律ニ拠レハ保安法第七条及朝鮮刑事令
第四十二条ニ該リ犯罪後ノ法律ニ拠

0355

レハ前記制令第一条第一項ニ該リ犯時
ノ法律ノ刑軽キヲ以テ同法律ノ前記
当該法条ヲ適用シ懲役刑ヲ選択シテ
被告宋祐善宋疇根ヲ各懲役壹年
ニ被告宋寿根宋勲翼金熙奎宋文
根宋圭善李鳳熙ヲ各懲役拾月ニ
処スルヲ相当ナリトシ押収品中証第
一号及二号ノ旗ハ本件犯罪ノ供用
物ニシテ共犯者以外ノ所有ニ属セサルモノ
ト認ムルヲ以テ刑法第十九条ニ従ヒ之ヲ
没収シ証第三号ハ没収ニ係ラサルモノナル
ニ付刑事訴訟法第二百二条ニ則リ之ヲ
差出人ニ還付スヘキモノトス
被告張錫英宋浚弼李基定宋圭善
李鳳熙成大湜カ大正八年三月中
儒生ノ連名ヲ以テ巴里ニ開催ノ講和

0356

會議ニ朝鮮ノ獨立ニ関スル請願書ヲ提出シ尚ホ朝鮮全道ノ儒生ニ対シ朝鮮ノ獨立運動ヲ促スヘキ通文ヲ発送センコトヲ慫慂シ張錫英外一名ニ於テ講和會議提出ノ原文ヲ起草シ張錫英宋浚弼ニ於テ儒生ニ対スル通文ヲ起案シ同志者ノ賛成ヲ求メ政治上不穏ノ行動ヲ為シテ治安ヲ妨害シタルトノ點ノ公訴ニ付テハ同各被告犯罪ノ証憑十分ナラサルニヨリ被告張錫英宋浚弼李基定成大湜ニ対シテハ刑事訴訟法第二百五十八條第一項第二百三十六條及第二百二十四條ニ據リ各無罪ヲ言渡スヘク被告宋圭善李鳳熙ニ対シテハ前判示ノ犯罪ト連続ノ一罪トシテ起

0357

訴アリタルモノナルニ付本點ニ付殊ニ無罪ノ言渡ヲ為サス押収品中証第四号乃至第七号ハ没収ニ係ラサルモノナルニ付刑事訴訟法第二百二條ニ則リ之ヲ差出人ニ還付スヘキモノトス

原判決カ被告張錫英宋浚弼李基定成大湜ノ犯罪ノ証憑十分ナリト認定シタルハ失當ナルヲ以テ被告宋圭善李鳳熙ニ対スル其科刑ハ重ニ失シ同六名ノ各控訴ハ理由アルニ因リ刑事訴訟法第二百六十一條第二項ニ基キ同六名ニ関スル原判決ノ部分ハ之ヲ取消スヘク原判決カ被告宋祐善宋晦根宋壽根宋勲翼金熙奎宋文根ニ対シ同前ノ事実認定法律ノ適用科刑没収並

0358

ニ遷附ノ處分ヲ命シタルハ至當ニシテ
同六名ノ各控訴ハ理由無キニヨリ同條
第一項ニ基キ之ヲ棄却シ主文ノ如ク
判決ス

大正八年八月二十一日

大邱覆審法院刑事第一部

裁判長朝鮮總督府判事 竹尾義麿

朝鮮總督府判事 長野一郎

朝鮮總督府判事 原田等

朝鮮總督府書記 山之井雄治

0359

대구감옥 127일, 그 고난의 기록

-제4부-

『흑산일록』과 판결문

영인

초고본 | 교정본 |

대구지방법원 및 복심법원 판결문

4

태극기 목판